KUAGUO GONGSI YU DONGMENG
CHANYE JIQUN DE FAZHAN

跨国公司与东盟
产业集群的发展

林丽钦◎著

中国纺织出版社有限公司

内 容 提 要

东盟是中国“一带一路”国际合作的优先方向。本书主要对跨国公司直接投资与东盟产业集群互动进行研究，总结东盟国家利用跨国公司发展本国产业集群的经验和教训，为当前中国的外资政策调整、产业结构升级提供借鉴，并探讨如何通过加大对东盟等“一带一路”国家的投资，构建以中国为主导的区域或国际产业链，以真正实现国内国际双循环相互促进的发展格局；同时对新发展格局下中国企业对东盟投资的现状、面临的机遇、投资的效率及影响因素进行了分析，并提出相应的对策和建议。

图书在版编目（CIP）数据

跨国公司与东盟产业集群的发展 / 林丽钦著. --北京：中国纺织出版社有限公司，2022.10
ISBN 978-7-5180-9762-3

Ⅰ. ①跨… Ⅱ. ①林… Ⅲ. ①跨国公司—国际直接投资—研究—中国②产业集群—国际合作—研究—中国、东南亚国家联盟 Ⅳ. ①F832.6②F263

中国版本图书馆CIP数据核字（2022）第143790号

责任编辑：江 飞　　责任校对：楼旭红　　责任印制：储志伟

中国纺织出版社有限公司出版发行
地址：北京市朝阳区百子湾东里A407号楼　邮政编码：100124
销售电话：010—67004422　传真：010—87155801
http://www.c-textilep.com
中国纺织出版社天猫旗舰店
官方微博 http://weibo.com/2119887771
天津千鹤文化传播有限公司印刷　各地新华书店经销
2022年10月第1版第1次印刷
开本：710×1000　1/16　印张：16.5
字数：250千字　定价：99.90元

前言

在经济全球化和区域化背景下，以跨国公司为主导的产业集群的形成与发展，成为当前世界经济研究领域的重要课题。东盟国家引进外资由来已久，许多国家产业集群都是靠跨国公司投资带动发展起来的。同时，东盟国家日益发展的产业集群又吸引了更多跨国公司前来投资，两者之间形成了密切的关系。本书主要对跨国公司直接投资与东盟产业集群的互动进行研究，探讨东盟国家利用跨国公司发展本国产业集群的经验和教训，为当前中国的外资政策调整和产业结构升级提供借鉴；同时对新发展格局下中国企业对东盟投资的现状、面临的机遇、投资的效率以及影响因素进行了分析，并提出相应的对策建议。

本书首先阐述了跨国公司与东盟产业集群互动发展的理论依据，通过对跨国公司与产业集群有关理论的梳理，发现两者之间存在理论的耦合点。其次，对跨国公司与东盟产业集群互动的现状进行分析，发现东盟较具有竞争力的产业集群都有跨国公司的参与，而跨国公司的投资建立在东盟一定的产业和空间基础上。在此基础上，本书提出跨国公司与东盟产业集群互动的机理，认为跨国公司与东盟产业集群互动发展的内在机理是竞争与关联效应，而一些外在因素（如世界生产体系的变迁、跨国公司所在产业的特性、东盟国家的政策条件、东盟国家的比较优势以及东盟区域一体化的进程等）对两者互动发展也会产生重要的影响。随后，本书分别以东盟具有代表性的新加坡裕廊石化产业集群、马来西亚槟城电子产业集群、泰国汽车产业集群和越南纺织服装产业集群为例，对这四大产业集群与跨国公司之间的关系进行了案例研究。接着，本书分别从正反两方面分析了跨国公司与东盟产业集群互动对东盟经济发展和产业升级的影响。然后，本书探讨了新发展格局下，中国企业对东盟扩大投资的必然性，分析了影响中国投资东盟效率的因素并提出相应的建议措施。最后，本书总结了东盟国家的经验和教训，并得出了对中国引进外资战略、产业结构调整，如何构建国内外区域产业链以实现“双循环”发展战略等方面的启示。

本书从跨国公司与产业集群互动的角度来研究东盟经济的发展，并以系统理论研究方法提出跨国公司与东盟产业集群互动发展的机理，使研究的结果更趋于客观全面。

林丽钦

2022 年 6 月

目 录

第一章

>>>>>>>>

导论

第一节　问题的提出

在当前经济全球化和区域化背景下，资本、技术等生产要素的流动性不断提高，供应、制造、服务和研发链条的全球化程度持续增长，国际直接投资在地理格局上呈现日益集中的态势，国际生产体系中不同部门的地理集中特征越发明显，产生国际直接投资的区域集中特征的主要原因是产业集群的形成和发展。因此，对作为国际直接投资主体的跨国公司与产业集群的研究是当前世界经济发展中的两个重要课题。目前全球范围内，各个国家和地区都已经形成了各具特色的地方产业集群。在中国，有江苏昆山的电子信息产业集群、广东顺德的家电产业集群、浙江温州的打火机产业集群，北京中关村高新技术产业集群等。在美国，有底特律汽车产业集群、明尼阿波利斯的医学设备产业集群，西密歇根的办公家具产业集群等。在德国，有多特蒙德的钢铁产业集群、索林根的刀具产业集群，图特林根的外科器械产业集群等。在东盟，有新加坡的石油化工和生物医药产业集群、马来西亚的电子产业集群，泰国的汽车产业集群，越南的服装纺织产业集群等。其中，许多产业集群的发展背后都存在着跨国公司的身影。

作为一种空间集聚现象，国内外学者对产业集群的关注和研究由来已久，而且从不同的角度对它进行了定义。关于产业集群内涵的研究可以追溯到马歇尔在 1980 年提出的产业区理论，该理论为后来的产业集群理论的发展奠定了坚实的基础。迈克尔 · 波特在其 1990 年出版的《国家竞争优势》中提出的产业集群概念较具有代表意义，他把产业集群纳入竞争优势理论的分析框架，创立了产业集群的新竞争经济理论，认为产业集群是集中在特定地理区域的，在业务上相互联系的一群企业和相关机构，包括原材料和零部件的上游供应商、提供中间产品和互补产品的水平供应商、下游的渠道与顾客，以及提供相关技能、标准或公共基础设施的服务部门[1]。

近年来，在技术进步和互联网发展的推动下，世界各国的经济联系和相互依赖程度日益提高，世界经济全球化和区域化的进程正在不断加深，跨国公司为了在日益激烈的国际竞争中取得竞争优势，将其生产布局日益细化，在全球范围内进行资源的最优化配置，构建全球价值链（GVC），以最大限度地降低其运营成本。跨国公司越来越专注于研发、品牌和营销网络等核心竞争力的培养，而将制造、生产和装配等非核心环节外包给成本较低的发展中国家的企业。同时，发展中国家的本土企业通过承接跨国公司的外包业务也越来越深入地参与到全球分工中去。全球价值链在世界经济中的主导地位日益明显，全球生产经营活动逐渐纳入基于全球价值链的全球生产体系。这些全球价值链通常由跨国公司主导，由跨国公司主导的全球价值链约占全球贸易的 80%。全球价值链对附加值、就业和收入有直接的经济影响。此外，它们还是发展中国家构建生产能力（包括通过技术传播和技艺构建），为长期工业升级开发机遇的重要途径。一些发展中国家显著提高了参与全球价值链的水平，之后设法增加国内增值在全球价值链中的比重。这些国家要么提高了高附加值产品和服务的出口，要么在价值链中获取了更大的份额。在中国、马来西亚、菲律宾和新加坡等许多国家，随着外商直接投资不断流入价值链中技术含量较高的经济活动，这种出口升级模式逐渐涌现[2]。

在经济全球化的背景下，跨国公司的国际直接投资对发展中国家经济的发展是一把双刃剑，对产业集群发展起到的作用也不能一概而论，跨国公司的直接投资从一定程度上带动了发展中国家相关产业集群的发展，但同时也带来了一定的危险，发展中国家有可能被限定在低附加值活动领域而无法实现产业升

---

❶ Porter M E. The Competitive Advantage of Nations. New York: The Free Press，1990.

❷ UNCTAD. 世界投资报告 2013——全球价值链：促进发展的投资和贸易（中译本）[R]. 北京：中国财政经济出版社，2014.

级。由跨国公司直接投资带动的产业集群往往处于全球价值链的下游，竞争日趋激烈，并越来越受到高端上游的封锁和影响，一旦跨国公司的投资策略发生变化，就很容易被转移和替代，可能使发展中国家的产业集群发展面临较大的外部风险。发展中国家要根据自身具体情况和要素禀赋，认真衡量参与全球价值链的利弊，以及先发制人地促进全球价值链的政策或全球价值链主导的发展战略产生的成本和收益[1]。而且，由跨国公司带动的产业集群在产业组织形态上既嵌入本地产业集群，同时又嵌入全球价值链。这种产业双重嵌入、企业被迫处于全球价值链低端的现实，对建设世界级先进制造业集群来说，既有有利的一面，又有阻碍和约束的一面。企业在“双重嵌入”条件下的动态学习能力和集体行动能力，是决定价值链攀升和产业集群升级的两个最为关键的问题。而产业集群中理性的单个企业，是不会主动产生提供公共服务品的行动的。为了克服这种“搭便车”困境，需要政府或公共机构出手，进行以为产业集群提供公共或半公共品为特征的集体行动。[2]因此，发展中国家如何寻求整体突破，政府如何做出正确的政策引导与支持，事关重大。

东盟国家引进外资由来已久，而且许多国家经济和产业集群都是靠跨国公司带动发展起来的。20 世纪 60 年代开始，发达资本主义国家进行国内产业结构调整，向包括东盟在内的发展中国家转移劳动密集型工业。东盟国家抓住机会，出台了一系列的引资政策，推动了以出口为主的劳动密集型制造业产业集群的发展。20 世纪 80 年代中期到 90 年代中期，日本、“亚洲四小龙”和欧美等跨国公司大规模向东盟国家投资，带动了东盟许多支柱产业集群如电子、石化、汽车等的快速发展，东盟经济和出口也因此飞速增长，创造了令世人瞩目的经济奇迹。但随后的亚洲金融危机和世界电子产业的衰退使东盟国家的外资纷纷撤资，导致东盟国家的电子产业集群迅速地向其他成本更低廉的发展中国

[1] UNCTAD. 世界投资报告 2013——全球价值链：促进发展的投资和贸易（中译本）[R]. 北京：中国财政经济出版社，2014.

[2] 刘志彪 . 攀升全球价值链与培育世界级先进制造业集群 [J]. 南京社会科学工作者，2018 年第 1 期 .

家转移，东盟经济也随之陷入困境，这使许多学者开始重新审视跨国公司对发展中国家产业集群的作用。在2008年由美国次贷危机引发的世界金融危机中，在母国遭受重创的跨国公司自顾不暇，纷纷减少乃至撤回其在东盟国家的投资，使东盟由跨国公司占主导的产业集群面临很大的风险，东盟经济也受到严重影响。近年来，发达国家纷纷开启再工业化之路，通过“再工业化”和“贸易保护”的“组合拳”来维持其在全球价值链中的霸主地位，发达国家的这种战略调整对东盟国家产业集群的影响不容忽视。

从以上跨国公司与东盟产业集群之间关系的发展历程来看，有几个问题需要我们进一步探讨：跨国公司与东盟产业集群之间到底存在什么样的关系？这种关系对跨国公司的全球价值链布局会产生什么样的影响？对东盟产业集群乃至于东盟的经济和产业发展会产生怎样的影响？东盟产业集群中的本土企业在全球价值链中的地位如何？作为东道国的东盟是如何做出政策引导的？

中国和东盟许多国家同属于发展中国家，虽然两者基本国情、经济规模和社会制度等方面有很大差异，但在参与全球化的过程中两者之间存在许多共同点，尤其在引进外资、产业发展等方面面临着相同的机遇与挑战。2013年中国提出“一带一路”倡议，在各方的共同努力下，“一带一路”已成为开放包容的国际合作平台和广受欢迎的全球公共产品，促进了全球共同发展繁荣。在“一带一路”倡议下，为提高自己的国际竞争力，中国企业积极“走出去”，主动布局投资海外，邻近的东盟成为中国企业对外投资的主要地区之一，东盟已成为中国第二大直接投资目的地，中国是东盟第五大投资来源地。中国企业对东盟的投资已形成了一定的产业集群效应，例如，围绕柳州五菱、上汽通用五菱、东风小康三个主要汽车品牌，中资企业在印度尼西亚集聚了40余家汽车零配件企业，能够生产除发动机、汽车电子零部件以外的全部零配件，形成了规模庞大且完善的汽车产业集群，其中也有耐施特、曼胡默尔等国际企业共同参与[1]。

---

[1] 张海粟：中企对印尼投资已形成集群效应 [N/OL]. 中国贸易新闻网，2020-12-04[2020-12-09].

中国企业家把一些劳动密集型企业转移到东盟和周边国家，把核心的部门留在国内，这既是国内经济转型的内在需要，也是对外在压力的应对。2020 年 11 月 15 日，中国、东盟十国、日本、韩国、澳大利亚、新西兰 15 国领导人正式签署区域全面经济伙伴关系协定（RCEP）。这标志着全球最大的自贸区成功启航，是东亚区域经济一体化新的里程碑。RCEP 现有 15 个成员国的总人口、经济体量、贸易总额均占全球总量的约 30%，意味着全球约三分之一的经济体量形成了一个一体化大市场。这将有力支持自由贸易和多边贸易体制，促进国际抗疫合作，稳定区域产业链、供应链，助推区域和世界经济恢复发展。联合国贸易和发展会议指出，RCEP 深度融入全球价值链，占世界全球价值链贸易额的 26%。RCEP的全球价值链主要集中在中国、日本和韩国等国家，这为越南、柬埔寨等周边东盟国家的贸易与投资创造了空间。全球价值链与外商直接投资密切相关，RCEP 内的五大全球价值链产业吸引了总价值超过半数的绿地投资（建立国际独资或合资企业）项目。RCEP 深度融入全球价值链，中国正实行国内外双循环战略，东盟的人口和收入都在增长，这些因素也将成为吸引更多投资流入 RCEP，特别是东盟国家的主要动力[1]。总之，在当前中国政府明确提出加快推动形成以国内大循环为主体、国内国际双循环相互促进的新发展格局下，深化中国与东盟合作，是促进双循环新发展格局的重要路径之一。因此，了解东盟产业集群的发展状况，借鉴和吸取东盟国家利用跨国公司发展本国产业集群的经验和教训，研究中国与东盟不同国家国际直接投资（FDI）的合作度以及投资效率，对当前中国的外资政策调整、对外直接投资和产业结构升级具有重要的现实意义。基于以上原因，本书运用当代跨国公司、产业集群和全球价值链相关理论，以经济全球化和区域化为背景，阐述东盟跨国公司的投资状况和产业分布，分析东盟产业集群的发展特征，论证跨国公司与东盟产业集群互动的机理，并探讨两者互动对东盟经济产生的效应，以期为中国的双循环经济发展格局、外资引进、对外直接投资和产业升级等提供借鉴。

---

[1] 莎朗 · 塞 .RCEP 助推东盟投资增长 [J]. 中国东盟博览，2021（5）.

第二节 国内外文献综述

马歇尔（Marshall，1922）是最早揭示了地理相近性所产生的正外部性或地理空间“聚集效应”的学者。从马歇尔到当代经济学家，中小企业一直是产业集群的主要研究对象。然而，近二十多年来，随着经济全球化的发展，交通与通信科技技术的迅速发展，作为经济全球化载体的跨国公司在集群区域的经济发展中扮演着越来越重要的角色，国内外许多学者开始关注产业集群中跨国公司的作用。率先认识并提出跨国公司对产业集群的重要性这一问题的是美国学者马库森（Markusen，1996），此后很多学者开始关注产业集群中跨国公司的作用，并对两者之间的关系展开了一定的研究。目前，对跨国公司与产业集群之间关系的研究主要集中在以下四个方面。

一、产业集群中跨国公司参与的重要性

马库森从产业集群的结构和企业参与集群的方式两个角度把产业集群划分为四种类型：马歇尔式产业集群、轮轴式产业集群、卫星平台式产业集群和国家力量依赖型产业集群，其认为当前的研究主要集中在小企业集群，忽略了区内或区外大企业或跨国公司及其相互间的联系，而在轮轴式产业集群和卫星平台式产业集群中，跨国公司取代中小企业成为集群中的主导者[1]。Storper（1997）指出，集群与外界的联系和在全球生产网络中的定位没有得到足够的重视，而跨国公司作为经济全球化的载体在集群区域的经济发展中扮演着不容忽视的重要角色，更值得关注的是集群中跨国公司的参与已经非常普遍，无论是硅谷、纽约的金融区，还是跨国公司贴牌生产的传统性产业集群中，这支力量无论如何都不应该游离于集群研究的视野之外[2]。Rugman&Verbeke（2003）

---

[1] Markusen A. Sticky places in slippery space: a typology of industrial districts[J]. Economic Geography，1996（72）：293-313.

[2] Storper M. The Regional World: Territorial Developmend in a Gobal Economic[M]. New York: The Guilford Press，1997.

将集群分为四类，他们认为在跨国公司主导的非对称、跨边界的集群中，跨国公司作为核心企业引导集群间相互作用而优化价值链，国际的联系对集群的发展至关重要，接受跨国公司作为集群的国际联系领导者比通过各个网络参与者独立国际化扩张更有效率，尽管跨国公司参与并主导的这类集群并不一定比其他类型的集群更有效率，但是有必要认识到它的存在性和重要性❶。王缉慈（2001）认为跨国公司在现代集群中的参与不占少数，但现有理论对其论述不多。而实际上，跨国公司对当代空间产业结构的影响越来越大❷。Chia Siow Yue（1997）研究发现，在新加坡的电子产业发展中，跨国公司的直接投资起着支配作用❸。黄韬（2017）认为外国跨国公司主导了新加坡生物医药科学产业的形成与发展，超过 30 家的世界领先生物医药科技公司在新加坡设立区域或全球总部、投资建厂以及成立研发中心，对该国生物医药科学产业的发展产生了重要影响❹。周国林等（2020）提出，外源集聚是以跨国公司外来资本、技术、管理等高素质产业要素集聚为核心，由跨国公司主导推动的产业集聚发展模式。中国开发区的产业发展首先从高素质的外源型产业集聚起步，将开发区融入全球化、价值链系统中，加快外源性产业集聚进程，由此使得本土产业升级路径沿着全球价值链的底端向两端发展，逐步走过从委托加工（OEM）、贴牌生产（OAM）到自主设计和加工（ODM）的基本路径，从而走完产业升级的初始路径。❺

---

❶ Rugman A M，Verbeke A. Multinational Enterprises and Clusters: An Organizing Framework Management International Review，2003，43（3）：151-169.

❷ 王缉慈，等.创新的空间：企业集群与区域发展 [M]. 北京：北京大学出版社，2001.

❸ Dodson W，Chia S Y. Multinationals and East Asian Integration. Ottawa: International Development Research Centre，1997：31-61.

❹ 黄韬.新加坡生物医药科学产业发展研究（2000—2015 年）[D]. 厦门：厦门大学，2012.

❺ 周国林，李耀尧，伏开放，等.外源型产业集聚与本土产业升级——基于中国开发区外商投资促进产业升级的分析 [J]. 广东商学院学报，2020，21（1）：14-35.

二、产业集群对跨国公司战略和竞争优势的影响

早在20世纪初，Weber（1929）就指出了工业集聚对厂商区位选择影响的问题，他在前人的基础上提出了区位因子及其体系的概念，这个体系包括运输成本、劳动力成本和集聚三大因子。他认为不仅运费能对生产成本构成影响，同时工资、集聚也是很重要的影响因素。据此，韦伯分三个步骤分析了区位选择的规律：第一步，根据运费成本最低原则初步确定工业区位，因为运费仍然是对区位起着最重要影响的决定因素；第二步，运费最低的地点未必是工资成本最低的地点，因此有必要根据劳动力成本修改工业区位，选择运费和工资之和最低的地点；第三步，根据集聚因子最终确定区位布局，他主张，如果工业集聚力的作用十分强大，那么它可能使生产区位放弃由运费及工资定向的地点而转移至集聚经济效益最明显的地点[1]。

Wheeler和Mody（1992）认为，聚集经济（表现为基础设施的质量、工业化程度和现有FDI的存量）显示出高度的统计显著性并对FDI的区位选择具有很大的正面影响[2]。Head等（1995）提出日本跨国公司在美国的区位决策是为了获得聚集经济的收益，而不是利用各州之间在自然资源禀赋、劳动力和基础设施方面的差异[3]。Luger和Shetty（1995）分析了三位数的产业研究，证实了集聚经济对于跨国公司区位选择的影响。Porter（1998）认为，一个区域之所以对外商直接投资具有吸引力，是因为它拥有发达的基础设施，可以得到特定的服务设施和熟练的劳动力，具有好的区域形象及大量的集中等[4]。Dunning

---

[1] Weber A. Theory of the Location of Industries[M]. Chicago: The University of Chicago Press，1929.

[2] 转引自UNCTAD. 2001年世界投资报告：促进关联[M]. 北京：中国财政经济出版社，2002：78.

[3] Head K, Ries J, Swenson D. Agglomeration Benefits and Location Choice: Evidence from Japanese Manufacturing Investments in the United States[J]. Journal of International Economics，1995（38）：223-247.

[4] Porter M E. Clusters and New Economics Competition[J]. Harvard Business Review，1998（11）：77-90.

（1998）对自身原有的区位优势理论进行了改进，并认为空间集群区已成为跨国公司重要的战略性区位优势之一[1]。Drucker通过研究发现，跨国公司通过FDI集聚生存增强了群体竞争优势，集聚生存是跨国公司基于各自核心竞争优势，为获取合作伙伴的互补性资产，以扩大企业利用外部资源的边界，增强彼此的市场竞争地位而形成的一种事实上的相互依赖、互为客户或以联盟为基础的生存战略。Rugman 和 Verbeke（1995，2000）认为跨国公司不仅仅从母国的产业集群中获取竞争优势，而且从多个国家的"钻石区域"获取优势；跨国公司进入当地知识集群的目的是增加其知识基础。Barrell 和 Pain（1999）探讨了东道国国内的聚集经济对美国跨国公司在欧洲投资区位选择的影响，认为聚集经济可以吸引大量的外国投资，在欧洲大陆形成的经济"聚集中心"是影响美国对外直接投资区位决策的重要因素，而且通过 FDI 形成的国际间技术和知识的转移可以极大地促进东道国经济的发展。Andersson, Forsgren 和 Holm(2002）提出优势集群作为战略性资源有助于提高跨国子公司的能力和业绩，子公司区位优势的转移使跨国公司整体能力得到升级[2]。Campos 和 Kinoshita（2003）采用 25 个转型国家 1990—1998 年的面板数据分析了 FDI 的决定因素，认为集聚经济、市场规模、低廉的劳动力成本以及丰富的自然资源是转型国家吸引 FDI 的重要因素[3]。Crozet, Mayer 和 Mucchielli（2004）运用法国的数据样本，对空间聚集效应与外商直接投资的区位决定因素之间的关系进行了经验研究，他们的研究不仅验证了空间聚集效应的显著影响，还发现了不同产业具有不同的聚集效应，计算机、汽车制造等产业中的 FDI 具有很高的聚集倾向，而

---

[1] Dunning, J. Location and the multinational enterprise: A neglected factor？[J]. Journal of International Business Studies，1998，29（1）：45-66.

[2] Anderson U, Forsgren M, Holm U. The Strategic Impact of External Network: Subsidiary Performance and Compentence Development In the Multinational Corporation[J]. Strategic Management Journal, 2002，23（11）：979-996.

[3] Kinoshita Y, Campos N. Why Does FDI Go Where it Goes? New Evidence from the Transition Economies[J]. CEPR Discussion Paper，2003：39-84.

石油冶炼等产业中的 FDI 则不具有聚集特征[1]。在发展中国家投资的考察中，Deichmann，Karidis 和 Sayek（2003）的研究发现，聚集经济对跨国公司在土耳其的地区分布同样具有显著正向作用[2]。UNCTAD（2007）认为跨国公司在东道国区域开展经济活动除了要考虑所有权优势和内部化优势外，还要考虑具体的区位条件，包括：东道国的整体政策环境、有关区位的经济特征、开展特定经济活动的实际条件等，如果这些区位条件符合跨国公司国际化的要求，那么就构成了区位优势。Nigel Driffield 等（2004）认为马来西亚的电子电器产业面对中国等其他地区的竞争仍然对跨国公司具有很大的吸引力，其主要原因是马来西亚拥有光电子研发以及供应链等较高附加值的产品和产业基础[3]。

以美国学者格兰诺维特（Granovettor）为代表的新经济社会学者认为，经济行为是根植在网络与制度之中的，这种网络与制度是由社会构筑并有文化意义的，它对经济活动会产生重要的影响。产业集群区所形成的地方化弹性生产系统或区域创新网络成为跨国公司全球战略必争的重镇要地，这些地方"根植性"的特色网络使跨国公司获得了竞争优势，而且这种竞争优势由于其复杂的社会和文化现象，集群外的企业是很难模仿并获得的，它存在于当地的社会文化网络中，其他跨国公司要想获得这种优势必须将这种集群区的生产链纳入自身的全球经营网络中，因此集群区内的跨国公司就从集群中获得了持续的竞争优势，超越了其竞争对手[4]。Nachum 和 Keeble（2000）以伦敦传媒业为案例，认为跨国公司内部网络与当地集群网络存在一定的替代关系，子公司从跨国公司内部网络获得的知识不能完全替代从当地集群网络中获得的知识，尤其是与

---

❶ Crozet M I，Mayer T， Mucchielli J L. How do Firms Agglomerate? A Study of FD in France[J]. Regional Science and Urban Economics，2004，34：27-54.

❷ Deichmann J S, Karidis, Sayek S. Foreign direct investment in Turkey: Regional determinants[J]. Applied Economics，2003，35：1767-1778.

❸ Wei Yingqi A, Balasubramanyam V N. Foreign Direct Investment: Six Country Case Studies[M]. Edward Elgar Publishing，2004：74-94.

❹ Granovettor M. Economic Action and Social Structure ： The Problem of Embeddedness[J]. American Journal Sociology, 1985，91：479-490.

集群企业进行合作所需要的专门知识，为获得这种特殊知识，跨国公司就必须进入集群，并尽量使其子公司融入本地经济。进入集群有助于隐性知识的流动和对集群行为的模仿，从而使集群内外资企业与本地企业的差别通常小于集群外的外资企业与本地企业的差别❶。汪建成（2017）认为，FDI 在一定区域引发产业的集聚后，专业化分工的程度便将影响 FDI 的溢出效应。因为当这种集聚效应（集聚程度和专业化分工程度）达到最佳规模和最佳效率的状态时，跨国公司的本土化意愿和需要都更加强烈，从而加大了对当地的技术引进、研发投入、人才培养、配套企业培养等的投入，加强了 FDI 在技术和管理经验等方面的知识溢出。在研发方面，产业集群发展到一定阶段，跨国公司基于全球化战略的考虑会逐渐将研发中心迁入集群内部。随着集群的发展，跨国公司逐步与当地企业、政府实体、各种公用事业部门、学校、研究团体等建立起持久的关系，形成一个协同创新的环境、弹性生产网络和本地化创新网络，使得产业集群的社会根植性进一步加深。在这个过程中，集聚经济效应进一步扩大和强化，不断吸引新的 FDI 进入，有力地促进着 FDI 产业集群的发展❷。

三、跨国公司对产业集群形成与发展的影响

Rugman（2001）认为具有高度竞争力的地方集群往往得益于对外直接投资的大量涌入，而在那些尚未成熟或缺乏竞争力的集群中，本地企业与跨国公司分支机构共同演进的结果却充满了不确定性；新生的产业集群如能够吸引知名大型跨国公司的直接投资，就可以产生强烈的示范效应，促使直接投资存量迅速扩大。Hood 和 Peters（2001）的分析证明跨国公司对地方产业群的发展具有明显的推动作用，而且其子公司自主权越大，出口倾向越强，人力资本素质

---

❶ Nachum L, Keeble, K. MNE Liukages and Localised Clusters: Foreign and Indigenous Firms in the Media Clusters of Central London[J]. Journal of International Management, 2003, 9（2）: 191-192.

❷ 汪建成 . 产业集聚、FDI 溢出及其互动对企业创新升级的作用——基于中国汽车产业的实证研究 [J]. 中山大学学报（社会科学版），2017，57（1）: 10.

越高，与地方企业及研究机构联系越密切，对本地产业集聚的推动作用就越明显。Birkinshaw（2002）指出，产业集群成长存在三种路径，在不同路径的产业集群中，跨国公司的作用也各不相同，其中依赖型产业集群的成长往往得益于跨国公司对相关产业的带动作用，形成以子公司为核心的地方化生产系统，跨国公司对产业集群的模式和发展起着主导作用。Philippe 和 Serge（2007）通过对跨国公司投资与东道国地方产业集聚的关系进行分析，论证了跨国公司投资和地方产业集聚对东道国产业竞争力提升的重要作用[1]。

大量的案例研究揭示了在发展中国家当地产业集群发展的初始阶段跨国公司所发挥的重要作用，即跨国公司如何促进和影响当地产业集群的发展。例如，Patibandla 和 Petersen（2002）认为，德州仪器公司在印度巴加罗尔的早期投资对于印度软件集群的发展具有重要作用；Giuliani 等（2005）研究了拉丁美洲的巴西、智利等国家的汽车零部件、软件等产业集群，Kenney 等（2004）对新加坡以及马来西亚槟榔屿的电子产业集群进行了分析，研究表明当地产业集群都是跨国公司投资的结果[2]。Henry 等人（2006）研究了中国北京的一个数字移动通信制造业集群——诺基亚星网工业园，证明了诺基亚作为本地产业集群领导者的重要作用。另外有些学者认为外商直接投资对发达国家的产业集群也起到了推动作用，Enright（2002）的研究表明，美国纽约药业集群的顺利成长得益于法国和瑞典的外商直接投资，而美国的 FDI 则在加拿大电信服务业集群形成中发挥了重要作用。Ikuo 和 Toh mun（2008）等人研究了新加坡的案例，发现新加坡政府通过吸引跨国公司的投资，使生物医药产业集群通过嵌入跨国公司的全球生产网络而得到很大的发展[3]。

---

❶ Gugler P, Brunner S. FDI Effects on National Competitiveness: A Cluster Approach[J]. International Advances in Economic Research，2007（3）：268-284.

❷ Kenney M, Florida R. Locating Global Advantage[M]. California：Stanford University Press，2004.

❸ Ikuo K, Toh Mun H. Production Networks and Industrial Clusters: Integrating Economies in Southeast Asia[M]. Singapore: Institute of Southeast Asian Studies，2008：158-189.

国内学者徐康宁、陈奇（2003）指出，FDI 在国内一些产业集群的形成过程中起着非常关键作用。赵蓓、莽丽（2004）将跨国公司的嵌入性分为经济嵌入性、社会嵌入性和体制嵌入性，分析了跨国公司的嵌入性对产业集群的重要作用，通过适度嵌入性这一纽带，外资能够促进产业集群的形成和发展❶。李恒（2008）分析了在长期发展过程中居于主导地位的跨国公司是如何通过其战略行为影响产业集群的长期发展的，其认为跨国公司的战略行为可以消除产业集群因锁定而可能发生的衰退风险，通过居于主导地位的跨国公司的行为来实现产业升级是可行的思路，产业集群内占据主导地位的跨国公司是影响产业集群演进的重要力量❷。王勤、林少霞（2019）认为，泰国汽车产业的形成与发展，与跨国公司在当地的投资设厂密切相关，泰国利用跨国公司的资源，致力于发展本国的汽车及零部件工业，跨国公司在泰国的投资设厂，对促进当地的经济发展、产业结构升级、扩大出口和融入全球供应链等均发挥了重要作用❸。

然而，也有一些学者认为，跨国公司对产业集群不会产生显著的积极影响，甚至会产生负面影响。Anderson（1994）认为产业集群中的外资企业的活动增值较少，其研发、设计等主要增值部分集中在母公司，进入集群区域的子公司往往技术含量较低，自主性差，与本地企业和消费者联系不密切，难以对本地企业的技术升级产生明显的带动作用❹。Birkinshaw（2000）认为往往跨国公司在集群中的分支机构或多或少受到区外总部的控制，它们在集群中的根植性要比中小企业低，因此，一旦区位条件发生变化，跨国公司完全有可能撤资或转移其分支机构❺。Harris 和 Robinson（2001）选用 1974—1995 年英国制造业

❶ 赵蓓，莽丽，外资与中国产业集群发展——从嵌入性角度的分析 [J]. 福建论坛（社科版），2004（7）：4.

❷ 李恒 . 基于 FDI 的产业集群研究 [M]. 北京：社会科学文献出版社，2008.

❸ 王勤，林少霞 . 泰国汽车产业的国际竞争力 [J]. 南亚东南亚研究，2019（6）：76-89.

❹ Anderson G. Industry Clustering for Economic Development[J]. Economic Development Review，1994，12（2）：26-32.

❺ Birkinshaw J. Characteristics of Foreign Subsidiaries in Industry clusters[J]. Journal of International Business Studies，2000，31（1）：141-154.

的企业面板数据进行了研究，发现有外资存在的产业集群中外资导致的溢出效应不明显。Damijan 等（2001）对 8 个转型经济国家制造业 1994—1998 年的企业面板数据进行了考察，结果发现上述国家的制造业跨国公司都不存在明显的溢出效应。周晨（2011）认为苏州技术创新能力未随着外资的进入而提高的关键在于技术溢出环节，而技术外溢环节出现问题的原因包括外资对本土技术创新的挤出效应、产业集群中的主导企业抑制技术扩散、集群中的内资企业被排斥到产业链低端或初级产业和原有产业集群随 FDI 而来[1]。周国林等（2020）运用实证方法检验了中国开发区外源集聚可以促进产业升级，但是，开发区外源集聚也产生了一定的产业升级风险，包括同构性风险、周期性风险、锁定性风险、政策性风险、环境性风险等，因此需要转变集聚发展方式，这就要求加快内源集聚、混合集聚发展，以取得开发区产业升级的更大动力[2]。张彦（2020）认为全球价值链调整对东盟制造业发展的影响“弊大于利”，不仅导致东盟制造业趋向低端化、边缘化方向，而且给“东盟凝聚力”乃至“东盟方式”带来了负面效应[3]。

四、跨国公司与产业集群间互动关系

Lall（1979）运用综合模型，通过回归分析得出了外商直接投资与马来西亚的产业集中度存在正相关关系[4]。Enright（1996, 1998, 2000）在集群与公司战略的研究中论述了集群对跨国公司战略的影响，认为集群与外资跨国公司战略之间存在协同效应，并分析了集群的地方优势与全球竞争的关系，指出跨国公司是集群中一支不容忽视的力量，此外还分析了香港金融产业集群与跨国公司

---

❶ 周晨 .FDI 影响技术创新中间传导环节的实证分析——基于苏州地区 1995—2008 年的数据 [J]. 管理评论，2011（3）：11-20.

❷ 周国林，李耀尧，伏开放，等 . 外源型产业集聚与本土产业升级——基于中国开发区外商投资促进产业升级的分析 [J]. 广东商学院学报，2020（1）：14-35.

❸ 张彦 . 全球价值链调整下的东盟制造业发展 [J]. 东南亚研究，2020（2）：16-39.

❹ Lall. Multinationals and Structure in on Open Developing Economy: The Case of Malaysia[J]. Weltwirt Schaftliches Archir，1979：325-350.

的相互依赖关系。Rugman（2001）阐述了现今影响跨国公司海外机构与地方集群关系的几大趋势，认为跨国公司特别倾向于在技术水平高的东道国区域进行研发性投资，以加强当地的研发活动，从而在东道国区域出现当地企业与跨国公司海外分支机构共同演进的过程。联合国贸易与发展会议（UNCTAD）（2001）认为跨国公司有助于利用、促进和保持企业的聚集，聚集经济对跨国公司的区位决策具有重要影响[1]。Thompson（2002）通过香港服装生产公司的案例研究了跨国公司对外投资的集群化问题，案例分析表明跨国公司投资的集群化较分散化更有利于技术与知识的转移，从而对集群的升级演化以及跨国公司自身能力的提高都具有一定的积极作用，集群内部本地企业对于技术学习和创新的成果也比没有吸引 FDI 加入之前要更优[2]。

近二十年来，国内很多学者开展了跨国公司与产业集群间互动关系的研究。郑国汉等人（2000）通过分析 1985—1995 年的中国省际 FDI 面板数据，考察了外商投资的聚集经济效应以及区位决定因素。在他们的分析中，当前的外商直接投资水平部分地取决于以往的投资水平，因而可以体现出跨国公司直接投资活动在不同地理区位所表现出来的自增强反馈效应。王益民（2007）提出了跨国公司战略—地理空间互动分析模式，认为一方面跨国公司在全球范围内所展开的战略运作过程，通过价值链活动的分解、重组与配置，以及组织内外网络联系的构建等，影响、塑造了包括当地集群在内的各种地理空间经济单元的形成与发展，进而重构了产业的空间疆域变迁过程；另一方面，在一个互动演化的过程中，地理空间经济单元（产业集群等）本身的变化发展又会反过来对跨国公司全球战略及其竞争优势的进一步演变产生反馈效应。他又以磁盘驱动器（HDD）产业为例，分析了东盟地区 HDD 产业集群与跨国公司之间的

---

[1] UNCTAD. 2001 世界投资报告：促进关联 . 北京：中国财政经济出版社，2002：82-89.

[2] Thompson E R. Clustering of foreign direct investment and enhanced technology transfer: Evidence from Hong Kong garment firms in China[J]. World Development, 2002，30（5）：873-889.

互动关系[1]。任胜钢（2007）通过对苏州跨国公司参与的生产型产业集群为例，对跨国公司与集群的互动关系进行了实证分析，认为跨国公司推动了苏州产业园区的经济增长，促进了产业网络的形成，跨国公司在园区内建立的生产基地将苏州产业园区纳入国际化的劳动分工网络之中，与外界保持着密切的技术、市场、人才交流；另外，苏州产业集群对跨国公司竞争优势的影响是比较明显的[2]。陈景辉、邱国栋（2008）认为跨国公司与东道国地方产业联系越来越密切，将研究的视角从"单向嵌入观"转向"双向嵌入观"，提出跨国公司本地嵌入与地方产业全球价值链嵌入是一种相互嵌入、互相耦合的关系，并根据我国的广东和浙江的实践进行了论证[3]。刘荷（2017）指出跨国公司通过当地采购、选择当地企业为上下游合作对象、增加当地员工比例等方式与集群区域建立了互动双赢、共同发展的关系，即嵌入集群。跨国公司在我国制造业产业集群中的嵌入性主要受到区位因素、全球价值链因素和跨国公司自身因素的影响，如地理性、创新性和制度性区位因素，以及跨国公司的扩张战略及其在价值链中所处的位置等。这种嵌入性的演进历程，一般需要经过三个阶段：受政策吸引而与当地政府部门联系，与当地企业形成业务联系，社会联系。不同类型跨国公司的嵌入演进历程与类型存在差别[4]。

通过对以上国内外文献的梳理，我们发现：一是以往的学者主要研究发达国家产业集群与跨国公司的关系，对发展中国家研究较少，特别是对东盟国家的研究更少；二是研究产业集群中跨国公司的作用或产业集群对跨国公司的优势影响的文献较多，而对两者之间的互动研究较少；三是大多数学者主要研究的是正面影响，研究负面效应的不多；四是主要研究发达国家的跨国公司的国

---

[1] 王益民．基于共同演化视角的跨国公司战略与产业集群互动研究 [M]. 北京：经济科学出版社，2007.

[2] 任胜纲．跨国公司与产业集群的互动研究 [M]. 上海：复旦大学出版社，2007.

[3] 陈景辉，邱国栋．跨国公司与东道国产业集群的"双向嵌入观" [J]. 经济管理，2008（11）：6.

[4] 刘荷．跨国公司对我国物流产业集群的嵌入性分析 [J]. 福建行政学院学报，2017（4）：8.

际直接投资，对发展中国家的国际直接投资研究不多。

第三节 研究方法和结构

本书主要采用理论演绎与归纳以及案例研究、实证分析相结合的研究方法，综合经济学、管理学、社会学、地理学等多学科的研究成果，对跨国公司在东盟国家的直接投资以及东盟国家产业集群的发展进行了全面的分析和研究，力求做到理论与实际的紧密结合。具体结构安排如下：

第一章，首先提出本书研究的问题，认为作为东盟国际直接投资主体的跨国公司与东盟产业集群的发展是当前东盟经济发展的重要课题，然后对国内外相关文献和已有研究进行了回顾和梳理，最后提出切合本书主题的研究方法和思路。

第二章，相关理论回顾。本章首先回顾了产业集群理论、跨国公司及国际直接投资理论，发现两者之间存在理论的耦合点，产业集群理论是跨国公司区位优势的延伸，接着分析东道国产业集群对跨国公司竞争优势的影响以及跨国公司战略对东道国产业集群的影响。

第三章，论述跨国公司与东盟产业集群互动的现状。本章首先对东盟投资环境对跨国公司的吸引力进行分析，然后对跨国公司在东盟的投资发展阶段及产业分布进行研究。接着具体分析东盟各国产业集群的概况及外资参与状况，发现东盟较具有竞争力的产业集群都有外资的参与。最后得出结论，东盟产业集群的发展需要跨国公司的参与，跨国公司的投资建立在东盟一定的产业和空间基础上。

第四章，研究跨国公司与东盟产业集群互动发展的机理。本章首先提出跨国公司与东盟产业集群互动发展的内在机理是竞争与关联效应，接着分析了外在因素，如世界生产体系的变迁、跨国公司所在产业的特性、东盟国家的政策条件，东盟国家的比较优势以及东盟区域一体化的进程等对两者互动发展的影响。最后，提出跨国公司与东盟产业集群互动的理论模型。

第五章，对跨国公司与东盟产业集群互动进行案例研究。本章分别以东盟具有代表性的新加坡裕廊石化产业集群、马来西亚槟城电子产业集群、泰国汽车产业集群和越南纺织服装产业集群为例，对这四大产业集群与跨国公司之间的关系进行了案例研究。

第六章，分析跨国公司与东盟产业集群互动对东盟经济发展的影响。本章分别从正反两方面分析了跨国公司与东盟产业集群互动对东盟经济发展和产业升级的影响，发现两者互动在前期对东盟经济和产业发展的效应是正面的，但在后期负面影响越发显现出来。

第七章，对新发展格局下中国对东盟直接投资策略进行实证分析。首先分析了新发展格局下中国扩大对东盟直接投资的必然性，接着分析中国对东盟直接投资的现状、效率及影响因素，最后提出中国对东盟直接投资的具体策略建议。

第八章，结论与启示。本章先对全书进行总结，接着根据东盟的经验和教训，提出两者互动对中国引进外资战略和产业结构调整等方面的启示。

第四节　创新与不足

本书的研究在充分吸收前人各方研究成果的基础上，力求在以下几个方面进行一些创新，以弥补前人研究的不足。

一是以系统理论研究方法提出跨国公司与东盟产业集群互动发展的机理，认为两者互动发展既受内在机制即竞争和关联的影响，同时也受外在各种因素如世界生产网络、行业特性、国家政策和区域经济合作等的影响。

二是从一个较新的视角即跨国公司与产业集群的互动角度来研究东盟经济的发展，而以往研究东盟的文献中大部分只是从单一的视角即跨国公司或者产业集群来研究东盟的经济发展。

三是从正反两方面研究跨国公司与东盟产业集群互动的效应，认为在一定时期内两者互动确实推动了东盟经济的发展，但两者互动也存在一定的负面效应，在有些国家和地区这种负面效应已经制约了经济的发展。

不过，由于笔者自身能力的限制和数据资料收集等客观条件的约束，本书仍存在许多不足之处，主要体现在没有能够运用数据分析模型来实证分析跨国公司与东盟产业集群之间的关系。如有条件和机会，笔者在后续的研究中将尽力弥补。

第二章

>>>>>>>>

相关理论回顾

第一节　产业集群理论

产业集聚是一种产业空间组织形式，在古典时期，人们就开始关注集聚的问题，如亚当·斯密在其《国富论》中，就以其关于分工的论述为基础，探讨了集聚所带来的优势。但在很长时期，企业聚集现象主要受到区位学者的关注，直至20世纪80年代以后，随着产业集聚的发展，主流经济学者、经济地理学者、管理学者和社会学者才纷纷涉足这一领域。产业集群理论是随着产业集聚现象的发展一步步深入发展的，其中有代表性的包括马歇尔的外部经济理论、韦伯的工业区位论、胡佛的产业集聚最佳规模论、佩鲁的增长极理论、以Scott为代表的新产业区理论、波特的新竞争优势论、克鲁格曼的新经济地理论和Bathelt的"本地蜂鸣—全球通道"理论等。

一、马歇尔的外部经济理论

马歇尔对于产业集聚的研究与外部规模经济这个概念紧密相连。马歇尔区分了内部规模经济和外部规模经济。内部规模经济主要来源于企业本身生产规模的扩大。由于生产规模扩大和产量增加，分摊到每个产品上的固定成本会越来越少，从而使产品的平均成本下降。外部规模经济指当整个产业的产量因企业数量的增加而扩大时（企业外部的因素），该产业各个企业的平均生产成本下降。马歇尔指出，企业会因为追求外部规模经济而集聚。马歇尔将产业集聚归因于外部规模经济，那么，外部规模经济为什么会存在呢？马歇尔把集群产生的外部经济或利益具体归结为三个方面：①企业聚集形成了知识信息的溢出和创新的环境，在集群中行业的秘密不再是秘密，而似乎公开散发在空气中；②企业聚集有利于共享的非贸易投入品和服务行业的发展，生产最终产品的企业聚集可以为辅助企业的产生和高价机械的使用提供条件；③企业聚集使具有专业技能的劳动力市场形成，节约了雇主和劳动力之间的相互搜寻成本。此外，马歇尔还注意到了聚集给顾客带来的便利，他还认识到集群这种专业化的生产区域容易受到经济萧条的更大影响[1]。

二、韦伯的工业区位论

1909年，德国经济学家阿尔弗雷德·韦伯出版了《工业区位论》一书。在该书中，韦伯从工业区位理论的角度研究了产业集聚的问题。韦伯认为集聚是工业企业在空间中布局的方式。他探讨了工业生产活动聚集“在某个地方”以及“以何种方式聚集”的问题。他把影响工业区位的因素分为两类：一类是影响工业分布于各个区域的“区域性因素”，另一类是引起工业再分布的“集聚因素”。集聚因子的作用分为两种形态或两个阶段：①初级集聚阶段，即企业经营规模的扩大；②高级集聚阶段，即由多种企业在空间上集中的集聚。若干个工厂集聚在一个地点能给各个工厂带来更多的收益或节省更多的成本，原因有四：第一，集聚强化了技术设备专业化的整体功能；第二，集聚强化了劳动力市场的优化配置；第三，集聚提高了批量购买和出售的规模，降低了交易费用；第四，集聚带来了基础设施的共享，减少了经常性开支的成本[2]。韦伯的理论与马歇尔的理论有不少相通之处。二者都强调集聚给企业带来的降低成本的好处。虽然韦伯没有使用外部规模经济这个概念，但他有关集聚能够为企业带来利益原因的分析与马歇尔显然是极其相似的。韦伯的贡献更多地集中在对于区位问题的分析方面。他首次提出了关于决定工业区位的最小成本原理，创造性地提出了大量有关区位分析的概念和工具，如原料指数、区位重等运费线等。

---

[1] 马歇尔．经济学原理[M]．陈良璧，译．北京：商务印书馆，1964.

[2] 阿尔弗雷德·韦伯．工业区位论[M]．李刚剑，陈志人，张英保，译．北京：商务印书馆，1997：12-13.

三、胡佛的产业集聚最佳规模论

美国经济学家胡佛在 1948 年出版了《经济活动的区位》一书，提出了产业集聚最佳规模理论。在该书中，他将规模经济区分为三个不同的层次。他认为，就任何一种产业来说，其规模经济都有三个层次：第一，由单个区位单位（工厂、商店等）的规模决定的经济；第二，由单个公司（即联合企业体）的规模决定的经济；第三，由该产业在某个区位的集聚体的规模决定的经济。而这些经济各自得以达到最大值的规模，则可以分别看作是区位单位最佳规模、公司最佳规模和集聚体最佳规模。胡佛的主要贡献在于指出产业集聚存在一个最佳的规模，如果集聚企业太少，集聚规模太小的话，则达不到集聚能产生的最佳效果；如果集聚企业太多，则可能由于某些方面的原因使集聚区的整体效应反而下降。

四、佩鲁等的增长极理论

1955 年，法国经济学家 F. 佩鲁（Francois Perroux）首创的增长极概念是由抽象经济空间延伸出来的，之后法国经济学家 J.R. 布代维尔（J. R. Boudeville）在 1966 年将增长极的经济概念转化为地理概念。佩鲁、赫希曼等经济学家，虽然在增长极概念的建构中，也注意到了地理空间的不平衡性，但在他们的眼中，地理空间不过是经济空间在地理上的投影。布代维尔在区域经济规划研究中，就明确将佩鲁等抽象的经济空间转换为具体的地理空间，认为经济空间是经济变量在地理空间中的运用；由于外部经济和集聚效益，形成增长极的工业在空间上集中分布，并与现存城市结合在一起。增长极理论认为，把推动性产业（propulsive industry）嵌入某特定空间可以形成集聚经济，产生增长中心，推动整个区域经济的增长。该理论成为政府参与产业园区建设、空间选址引导、功能定位和政策制定等方面的基础[1]。

---

[1] 王辑慈，朱凯．国外产业园区相关理论及其对中国的启示 [J]. 国际城市规划，2018（2）：1-7。

五、Scott的新产业区理论

Becattini针对意大利的中北部和东北部地区中小企业集中生产的现象，首先采用马歇尔的产业区理论进行解释，新产业区学派由此产生。Scott认为新产业区是柔性生产综合体，但他主要对集群垂直分工和纵向分工现象进行了研究，并将新制度经济学交易费用分析方法具体运用到研究中，认为集群的兴起和增长是企业内外部交易成本之间进行抉择的结果。以Scott为代表的集群理论又被称为加利福尼亚学派和新的产业空间学派。该学派的主要观点是，在社会分工日益加深的情况下，企业间的交易频率大大增加，由于企业间交易的频繁性、不可预测性和复杂性，交易费用的高低与地理距离有非常密切的关系，而本地化投入产出联系和生产协作网络所形成的弹性、降低风险和专业化等相互依赖的外部经济优势，能够有效降低交易费用并保护合作，所以企业通常有近距离寻找交易伙伴的愿望，从而促成地方产业集群的形成。新产业区理论重要观点为：①认为生产体制与经济发展阶段相联系，集群“弹性专精”的生产方式能够使中小企业发挥其优势；②强调专业化分工和本地合作的作用、本地网络对本地社会制度文化的根植性；③认为集群具有特殊的创新和技术学习的方式[1]。

六、波特的新竞争优势论

美国经济学家波特1990年在《国家竞争优势》一书中提出了产业集群的概念。产业集群是与产业集聚相关却有着不同内涵的概念。产业集聚指在一个空间范围内，某种或某几种产业大量出现，形成专业化的产业地区或产业带。而产业集群指在一个产业区中，企业在一定的相对小的空间范围内集中，这些集中的区域，有某种外部性关系或知识溢出联系，形成产业群落。产业集聚区域中往往分布着多个产业集群，产业集群是产业集聚的一种微观结构。其后，

---

❶ 魏剑锋．国外产业集群理论：基于经典和多视角研究的一个综述[J]．研究与发展管理，2010（3）：10-17.

波特在 1998 年发表的《产业集群和新竞争经济学》一文中，系统阐述了以产业集群为主要研究目标的新竞争优势论。他指出，集群包括一连串的上、中、下游产业以及其他企业或机构。集群通常会延伸到顾客、互补性产品的制造商以及和本产业有关的技能、科技等方面的公司上，甚至还包括政府、大学、研究机构、训练中心等。波特认为，国家的竞争优势主要不是体现在比较优势上，而是体现在产业集群上。因为只有创新才是获得竞争优势的关键所在，而产业集群正是实现创新的一种有效途径。波特认为集群优势是多方面的：①集群通过增强公司的生产力、推动创新的方向和步伐、鼓励新企业的形成三种方式影响竞争；②企业加入集群将使他们在寻求投入、获得信息技术及所要的制度、协调相关公司和促进改善等方面运作起来更加有效；③集群为企业获取雇员、供应商和投入要素提供了更好途径，可以降低交易成本；④集群是取代垂直一体化的更好选择；⑤产生互补性效益，一个集群成员之间广泛联结而产生的总体力量大于其各部分之和；⑥集群是获取机构和公共物品的途径；⑦集群使当地的竞争更具动力，集群通常可以使衡量和比较公司业绩更为便捷[1]。

七、克鲁格曼的新经济地理论

到了 20 世纪 90 年代，以克鲁格曼为首的新经济地理论为产业集聚理论注入了全新的内容。克鲁格曼认为经济活动的地理集中是由收益递增、运输成本及需求因素之间的相互作用决定的。他提出了一个一般均衡垄断竞争模型——中心—外围模型，来解释产业聚集现象。克鲁格曼认为，关键系数的微小变动会使经济发生波动，原先两个互相对称的地区发生变化，起初某个地区的微弱优势不断积累，最终形成产业聚集中心，而另一个地区则变成外围。在传统的经济增长理论中，报酬递减与完全竞争是最基本的假设条件。克鲁格曼的创新在于以规模报酬递增和不完全竞争的市场结构为假设前提，认为产业集聚是由企业的规模报酬递增、运输成本和生产要素移动通过市场传导的相互作用而产生

❶ Porter M E. Clusters and new economics of competition[J]. Harvard Business Review, 1998，76（6）：77- 90.

的。新经济地理论认为，经济活动的空间集聚核心内容主要集中于三个方面：报酬递增、空间集聚和路径依赖。克鲁格曼新经济地理学所谓的报酬递增，是指经济上相互联系的产业和经济活动，因为在空间位置上的相互接近性而带来的成本节约，或者是由于规模经济带来的产业成本节约。报酬递增所带来的成本节约将导致产业在空间上的进一步集聚。企业和产业一般倾向于在特定的空间集聚，不同的产业倾向于在不同的地方集聚。所谓路径依赖是指无论生产要素的最初分配状态如何，通过贸易活动，总会使某些产品的生产集中于某些工业区。

八、Bathelt的“本地蜂鸣—全球通道”理论

近年来，知识学习与技术创新有利于提升产业集群的竞争力这一观点已经被越来越多的学者认同，而这些促进集群升级的知识的来源又引起了学者们的关注。Bathelt 等学者在 2004 年提出了“本地蜂鸣—全球通道”（local buzz-global pipelines）的概念模型。该模型旨在表明创新、知识创造和学习是集群内主体间产生的正式与非正式的知识流动（本地蜂鸣）与集群内的主体与跨地区参与者间有目的沟通合作中产生的超本地知识流（全球通道）共同作用的结果，他们认为：①集群内企业通过与区域集群外部建立跨区域通道（或全球通道），获取到信息和知识联系而受益；②通过全球通道获取信息的企业，在集群内，通过本地蜂鸣的方式，将所获取信息再传播给集群内其他企业；③集群与远距离知识联系的通道发展得越好，集群内企业受益于本地蜂鸣的价值也就越高[❶]。

第二节 跨国公司及国际直接投资理论

关于跨国公司和国际直接投资的理论流派较多，尽管理论视角各不相同，

❶ Bathelt H， Malmberg A， Maskell P. Clusters and knowledge: local buzz, global pipelines and the process of knowledge creation[J]. Progress in Human Geography，2004，28（1）：31-56.

但一般从微观和宏观两个角度进行讨论。微观即从企业行为视角出发，研究企业开展对外直接投资的动因、区位选择与投资模式选择问题；宏观主要从一国产业甚至更宏观的角度来解释对外直接投资。比较有代表性的微观理论有：垄断优势论、内部化理论、产品周期理论、国际生产折衷论、小规模技术论、技术地方化理论以及引力模型等；宏观理论主要有：边际产业扩张论、技术创新产业升级理论、投资诱发要素组合理论和全球价值链等。这些理论早期主要以发达国家跨国公司为研究对象，伴随发展中国家跨国公司的发展，后来也出现了专门针对发展中国家跨国公司的理论如小规模技术论、技术地方化理论和技术创新产业升级理论。实际上，跨国公司和国际直接投资理论的演进过程，本质上就是对企业开展国际生产经营活动的认识不断加深的过程。近年来，以价值链分析为代表的国际组织生产结构的内生化与动态化也被进一步纳入跨国公司国际直接投资理论的分析框架中。

一、垄断优势论

1960年，斯蒂芬·海默在其博士论文《国内企业的国际经营：对外直接投资的研究》中从实证研究美国跨国公司入手，创立了跨国公司的垄断优势理论。该理论试图运用西方微观经济学中关于厂商垄断竞争的行为原理来说明跨国公司对外直接投资的动因。该理论认为，跨国企业进行国际投资的动力在于能够在东道国获得高于母国的企业利润。只有掌握某种特定优势的企业才能进行跨国经营活动，这种优势是与该企业所有权相联系的、不容易丧失的有形资产或无形资产的优势，并且可以冲抵对外直接投资产生的额外成本和不确定性风险。只有在市场不完全竞争的条件下，企业才能拥有这种垄断优势，主要包括三个方面的优势：一是规模经济优势，即跨国企业通过对外直接投资可以达到最优规模，获得规模经济效益；二是来自产品市场不完全的优势，即跨国企业可以通过对外直接投资得到东道国某些特殊的原材料，并接近东道国市场；三是来自生产要素市场不完全的优势，包括知识信息、技术专利、生产工艺以及管理经验、销售技能等无形资产。垄断优势论的结论是，垄断与优势相结合，是跨国公司从事对外直接投资的主要动机，其中技术优势是跨国企业所有优势中的核心优势。

垄断优势理论以产业组织理论为基础，以结构性市场不完全和企业的垄断优势两个基本概念为前提，提出市场不完全性是企业获得垄断优势的根源，垄断优势是企业对外直接投资的基本条件，可以解释美国式的发达国家大型跨国企业对外直接投资行为，但不能解释发展中国家迅速增长的对外直接投资。

二、内部化理论

1976年英国里丁大学经济学家巴克利（Buckley）和卡森（Casson）在《跨国公司的未来》一书提出了内部化理论。该理论在继承垄断优势理论关于市场不完全性理论前提的同时，运用科斯的交易成本理论来解释跨国企业的对外直接投资行为。内部化理论中的市场不完全特指因市场失灵、商品特殊性或垄断因素存在而导致企业市场交易成本上升的市场内在缺陷。由于中间产品特别是知识产品市场的不完全竞争性，使中间产品定价困难，从而导致企业市场交易成本增加，促使企业将中间产品不完全的外部市场转移到企业内部，从而降低成本，实现企业利润的最大化。这里的中间产品不仅包括通常意义上的原材料、零部件等中间产品，而且泛指技术、管理和组织技能、营销网络等广义上的生产能力要素。当企业内部化行为超越国界便形成了跨国企业。市场内部化的过程取决于以下四个因素：①产业因素，即产品自身的特性，是属于劳动密集型、资本密集型，还是技术密集型，产业是否具有明显的规模经济性；②区位因素，指母国与东道国在地理位置上的距离、文化差异和经济社会特点等；③国家因素，是指东道国的政局是否稳定、法律法规是否健全、金融市场配套服务等对跨国公司业务产生影响的因素；④公司因素，指不同企业组织内部管理市场的能力。其中，产业因素最为关键。内部化在产生收益的同时，也会产生相应的成本，如规模经济成本、信息通信成本、国家风险成本和跨国经营成本。只有当跨国企业通过市场内部化获得的收益超过外部市场交易成本和为实现内部化而付出的成本时，内部化才切实可行。

三、产品生命周期理论

美国经济学家雷蒙德・弗农于1966年在《产品周期中的国际投资和国际贸易》一文中提出了产品周期理论。产品生命周期理论将美国企业的对外直接投资与产品生命周期紧密结合起来，用产品生命周期的变化解释第二次世界大战后美国企业对外直接投资的动机与区位选择。弗农将产品生命周期划分为三个不同的阶段，即产品创新阶段、产品成长和成熟阶段、产品标准化阶段。在产品生命周期的不同阶段，企业依据不同的生产成本，做出不同的生产区位选择，从而达到延长产品生命周期，获取最大利润的目的。首先，在产品创新阶段，因国内市场尚未充分开发，产品尚未完全定型，需要有一个与市场和消费者密切沟通和反馈的过程，产品一般集中在国内生产，并通过出口满足其他经济结构和消费水平类似国家的需求。该阶段因企业对新产品具有技术垄断优势，且需求价格弹性较低，对生产区位的要求不高，所以选择国内生产可以更加贴近市场，降低成本，实现规模经济并保持技术垄断，实现利润最大化。其次，在产品成长和成熟阶段，产品设计和生产已经趋于定型，产品市场需求量增大，需求价格弹性逐渐提高。与此同时，国外竞争者开始模仿并生产这种新产品，市场竞争日趋激烈。此时，由于产品生产成本的控制越发重要，企业开始重视海外市场，希望通过规模经济来降低成本，获得价格优势，维持和占领国内外市场。如果企业出口该产品的边际成本加上运输成本和关税，高于在国外生产该产品的平均生产成本，企业就会选择对外直接投资在当地生产该产品。最后，在产品标准化阶段，产品生产已经完全标准化，企业的技术垄断优势丧失，对生产者劳动技能和工艺的要求有所降低，生产成本和价格成为竞争的最重要因素。于是，企业通常选择到生产成本低廉的发展中国家直接投资建厂，并从东道国返销廉价的最终产品来满足国内需求。企业在逐渐放弃这一产品生产的同时，开始研究开发新产品，继续保持垄断优势地位。

20世纪70年代，弗农多次撰文修正自己的论点，主要是引入“国际寡占行为”来解释跨国公司的对外直接投资行为。弗农仍将产品周期划分为三个阶段。第一，以创新为基础的寡占阶段。这一阶段的厂商拥有创新技术和产品的垄断优势，主要以国内为生产基地，以便及时协调研制、生产和销售活动，并受到国内生产要素状况的影响。弗农认为，美国公司在满足高收入阶层的需求、节约劳动力的产品创新方面拥有比较优势；欧洲公司在节约土地和原材料的产品创新方面拥有比较优势；日本公司在节约原材料的产品方面拥有比较优势。第二，成熟的寡占阶段。在这一阶段，跨国公司以创新为基础的垄断优势消失，规模经济成为其垄断优势的基础。各跨国公司一方面利用规模经济优势排斥竞争者的进入，另一方面到对方的主要市场进行直接投资，削弱对方的市场力量。第三，老化的寡占阶段。在这一阶段，跨国公司以规模经济为基础的垄断优势也已经消失，大量的竞争者涌入该产品的生产领域，成本和价格竞争十分激烈，一些厂商被迫退出该产品的生产。跨国公司在这一阶段主要依据生产成本选择区位进行对外直接投资❶。

四、国际生产折衷论

1977年约翰·邓宁在《贸易、经济活动的区位与多国企业：折衷理论探索》一书中，提出了著名的国际生产折衷理论，构建了国际直接投资理论研究的综合框架。该理论认为一个企业对外投资必须具备三个优势，即所有权优势、内部化优势和区位优势。邓宁将所有权优势定义为一国企业拥有或能够获得而国外企业没有或无法获得的资产及其所有权。所有权优势主要包括技术优势、企业规模优势、组织管理优势和金融优势等。内部化优势是指企业对其所拥有的资产加以内部使用而带来的优势。拥有无形资产所有权优势的企业，通过扩大自己的组织和经营活动，将这些优势的使用内部化，从而可以比非股权式的转让带给无形资产所有者更多的潜在利益。跨国公司的内部化优势就是指跨国公司通过对外直接投资，运用内部交换机制替代外部市场交易，以克服市场失效的能力。区位优势是一个相对的概念，它包括直接区位优势和间接区位优势。直接区位优势指东道国的有利因素所形成的区位优势，间接区位优势指由于投

❶ 杨建清．解读西方对外直接投资理论[J]，湖南商学院学报，2004（3）：18-21.

资国某些不利因素所形成的区位优势。区位优势的大小不仅决定着一国企业是否进行对外直接投资和投资地区的选择，还决定了对外直接投资的类型和部门结构。

邓宁认为，如果企业仅拥有一定的所有权优势，则只能进行对外技术转让；如果企业拥有所有权优势和内部化优势，则选择出口贸易是较好的方式；如果企业同时拥有所有权优势、内部化优势和区位优势，则发展对外直接投资是参与国际经济的最好形式。

五、小规模技术论

美国哈佛大学教授威尔斯在传统的比较优势学说基础上，提出了小规模技术理论。该理论认为发展中国家跨国公司对外直接投资有其特定的比较优势，这种优势与母国的社会经济环境紧密相连，具体表现在三个方面，首先是适合东道国市场需求的小规模生产技术。由于大多数发展中国家的国内市场需求小于发达国家企业在当地建厂所需达到规模经济的最小值，因此，可以通过对引进技术的改造来使其满足本国小规模、多样化的市场需求，然后将这种小规模劳动密集型生产技术应用到对与本国市场特征类似的发展中国家直接投资中。其次是当地采购和生产特殊产品。发展中国家的跨国公司通过在与母国地理位置相近、经济文化相似的国家或地区投资，可以更多地吸收和使用东道国的原材料、零部件配套生产能力，并为东道国提供具有民族文化特色的商品。最后是产品低成本。发展中国家劳动力便宜，广告开支等费用少，只要引进先进技术，就能够生产出比发达国家更为物美价廉的商品。

威尔斯的小规模技术理论摒弃基于垄断技术和规模经济优势进行国际直接投资的传统观点，把发展中国家对外直接投资的竞争优势与自身的市场特征有机结合起来，为经济落后国家开展对外直接投资提供了理论依据。

六、技术地方化理论

1983 年拉奥于《新跨国公司——第三世界企业的发展》中，提出了关于发展中国家跨国公司的技术地方化理论。拉奥认为，发展中国家跨国公司的技术特征表现为适应小规模市场、标准技术和劳动密集型技术等，但这种技术包含着独特的创新活动。他从以下几方面分析了发展中国家跨国公司如何形成和发展自己的“特定优势”：第一，技术知识的当地化是在不同的环境下进行的。不同的环境下要素的价格及供给条件都有极大差异，对技术的适应性改造是一种创新活动，而不只是单纯的模仿。第二，发展中国家生产的产品适应自身的经济条件和市场需求。各地的消费者对产品的偏好并不一致，只要企业对技术加以改造，使产品更好地满足市场需求，这种技术创新就可以形成竞争优势。第三，创新活动中所产生的适应性技术在当地市场比原有技术具有更高的经济效益。第四，在市场较大、经济发展不平衡、消费者的品位差别大时，发展中国家的企业能开发出与发达国家技术先进企业不同的产品，仍然可以在市场中占有一席之地。第五，由于国家之间在民族、文化、语言、风俗习惯等方面的差别，发展中国家企业的上述几种优势可能会得到加强。

七、边际产业扩张论

日本学者小岛清在比较美国和日本企业国际直接投资的基础上，提出了比较优势理论，即边际产业扩张理论。边际产业扩张论的核心思想是：“一国应从已经或即将处于比较劣势的产业开始对外直接投资，并依次进行。”“边际产业”包括的范围较广，主要指处于比较劣势的产业，或同类产业中处于比较劣势的中小企业，也包括同一企业中处于比较劣势的部门。根据这一思想，小岛清阐述了若干论点：一是在国际直接投资中，投资国与东道国从技术差距最小的产业依次移植“比较优势”，由技术差距较小的投资国的中小企业作为这种移植的担当者。技术差距越小，对母国来说越容易移植出去，对东道国来说越容易吸收进来。二是国际直接投资是顺贸易导向的。从边际产业依次进行对外直接投资，一方面可以拉动投资国机器设备等的出口，另一方面也会促使投资国增加进口原材料。由于切合了比较优势原理，双方都会从中得到好处，并促使贸易扩大。三是国际直接投资可以为投资国与东道国双方制造比较优势，创造更多利润。投资国从处于或即将处于比较劣势的边际产业依次进行对外投资，可以将东道国因缺乏资本、技术和管理等经济资源而不能发挥的潜在比较优势挖掘出来，扩大两国间的比较成本差距，为双方进行更大规模的进出口贸易创造条件。

八、技术创新产业升级理论

坎特威尔和托兰惕诺于1990年在《技术积累与第三世界跨国公司》一文中，提出了发展中国家跨国公司技术创新产业升级理论。该理论认为，技术学习与积累对发展中国家非常重要，技术能力是发展中国家跨国公司对外直接投资的决定性因素。技术创新产业升级理论提出了两个基本命题：第一，发展中国家企业技术能力的提高是一个不断积累的结果，技术能力的稳步提高推动了发展中国家产业结构的升级；第二，发展中国家企业技术能力的提高是与它们对外直接投资的增长直接相关的，技术能力水平是发展中国家跨国公司对外投资的决定因素。在此基础上，该理论认为发展中国家对外直接投资的产业分布和地理分布是随着时间的推移而逐渐变化的，并且是可以预测的。就对外直接投资的产业分布而言，首先是以自然资源开发为主的纵向一体化生产活动，其次是以进口替代和出口导向为主的横向一体化生产活动，最后是从事涵盖高科技领域的生产和开发活动；就对外直接投资的地理分布而言，因受“心理距离”的影响，首先是充分利用种族联系，在周边国家进行直接投资；其次随着海外投资经验的积累和种族因素重要性的下降，逐步从周边国家向其他发展中国家扩展直接投资；最后，在工业化程度不断提高和产业结构升级的基础上，为获取先进技术知识，开始对发达国家直接投资。

九、投资诱发要素组合理论

20世纪90年代初，经济学家把研究的重点转向外部因素对跨国公司行为的影响方面，形成了具有较大影响的投资诱发要素组合理论，也称综合动因理论。该理论认为，任何形式的对外直接投资都是在直接诱发要素和间接诱发要素的共同作用下发生的。直接诱发要素包括存在于投资国或东道国的劳动力、资本、技术、管理及信息知识等生产要素。当投资国拥有某种诱发要素，如拥有技术或管理的相对优势时，就可以利用该优势开展对外直接投资，将其转移到东道国。而当东道国拥有这种要素优势时，投资国也可以通过对外直接投资来获取东道国的这种要素优势。间接诱发要素指除直接诱发要素以外的其他可以诱发对外直接投资的因素，主要包括三个方面：一是投资国的诱发要素，如投资国的宏观经济、鼓励性投资政策和法规、政府与东道国的协议和合作关系等；二是东道国的诱发要素，如东道国稳定的政局、优惠的外资政策、完善的基础设施、健全的法律法规等；三是全球性的诱发要素，如经济全球化、区域一体化发展、全球科技创新、国际金融市场利率和汇率波动、国际协议及法规等。

十、全球价值链理论

全球价值链理论的概念最早由波特在《竞争优势》一书中提出，其将价值链（value chain）定义为：一种商品或服务在创造过程中所经历的从原材料到最终产品的各个阶段，或者是一些群体共同工作，不断地创造价值、为顾客服务的一系列工艺过程，每一个企业都是在设计、生产、销售、发送和辅助其产品的过程中进行种种活动的集合体，这些互不相同但又相互关联的生产经营活动，构成了一个创造价值的动态过程，即价值链[1]。随后寇谷特（Kogut，1985）对价值链进行了开创性的研究，在《设计全球战略：比较与竞争的增加链》一书中，他在波特的价值链研究基础上，在价值增值链（value added chain）框架下分析了企业的国际战略："在这一价值不断增值的链式结构中，单个企业或许仅仅参与了某一环节，或者企业会将整个价值增值过程都纳入其垂直分工体系当中。"[2]联合国工业发展组织（UNIDO，2002）将全球价值链明确定义为："全球价值链是指在全球范围内为实现商品或服务价值而连接生产、销售、回收处理等过程的全球性跨国企业网络组织，涉及从原料采集和运输、半成品和成品

---

[1] 迈克尔·波特．竞争优势 [M]. 北京：华夏出版社，2002.

[2] Kogut, B. Designing Global Strategies: Comparative and Competitive Value Added Chains [J]. Sloan Management Review， 1985， 26（4）：15-28.

的生产和分销，直至最终消费和回收处理的过程。它包括所有参与者和生产销售等活动的组织及其价值利润分配，并且通过自动化的业务流程和供应商、合作伙伴以及客户的链接，以支持机构的能力和效率。”❶全球价值链理论突出了全球价值链的“链”式结构特征，形象地对产品分散于世界各国、地区和在不同公司生产的抽象过程进行了描述。Gereffi（2001）揭示了全球价值链（GVC）结构的动态性，其研究确定了价值链结构中的价值所在、创造者和分配者。“在GVC中，并非每个环节都能创造同等程度的价值，其中的战略环节才是最重要的环节，并能创造出最多的价值。生产厂商控制了战略价值环节后就能控制和主导该产业的GVC。”❷全球价值链理论的核心是全球价值链治理。治理模式是指价值链的主导者对其各个环节的协调和控制，决定了价值链的运行机制和收益。

第三节 跨国公司理论与产业集群理论的耦合点

通过前面对产业集群和跨国公司有关理论的梳理，可以发现两者在区位优势和全球价值链方面具有一定的耦合点。在企业投资动机与区位特征的互动影响中，产业集群理论为跨国公司对外投资动机提供了一种更全面的解释。跨国公司是全球价值链形成的动因和载体，产业集群是跨国公司全球价值链布局的结果。

一、区位优势

在当代跨国公司理论中，邓宁的国际生产折衷理论最具有代表性。该理论

❶ UNIDO.Industrial Development Report 2002/2003： Competing through Innovation and Learning[R].United Nations Industrial Development Organization， 2003.

❷ Gereffi G.Shifting Governance Structures in Global Commodity Chains, with Special Reference to the Internet[J].American Behavior Scientist，2001，44（10）：1616-1637.

认为跨国公司从事国际直接投资，主要由三个基本因素决定，即所有权优势、内部化优势和区位优势。对发展中国家而言，比较有意义的是区位优势，它强调了发展中国家本身所具有的引资能力，在一定程度上决定了发展中国家外资来源的大小和投资方向。

（一）跨国公司理论中关于区位优势的论述

传统的跨国公司理论主要是建立在交易成本理论的基础上，它围绕跨国公司"为什么能够成功对外直接投资""为什么采用直接投资的国际化模式""选择什么样的区位直接投资"这三个基本核心问题展开，先后提出了"垄断优势理论""内部化优势理论"和"折衷理论"等理论。早期的垄断优势理论和内部化理论主要是讨论前两个问题即跨国公司对外直接投资的条件与动因，虽然当中有涉及诸如市场规模、市场结构、当地合作伙伴、关税和非关税壁垒、汇率变化等区位因素，但都没有直接回答跨国公司到哪里去投资的区位问题。邓宁在研究美国在英国制造业的投资时，认为拥有所有权优势仅仅是跨国公司对外直接投资的必要条件，并不意味着跨国公司必然会对外直接投资，跨国公司拥有内部化优势，也只能说明跨国公司在内部对技术和知识等中间品加以利用可以获得某种优势，但得不出跨国公司必然要对外直接投资的结论，只有在引入区位优势之后，才能解释跨国公司在海外投资设厂的动机，他提出了综合的"折衷理论"。邓宁认为区位特定优势来自东道国的环境条件，包括以下三种：一是由当地特定资源禀赋结构决定的成本优势；二是由当地有关的政策法规带来的优势；三是由原料地、生产地、市场之间的运输距离所决定的运输成本优势❶。

20 世纪 80 年代，邓宁提出解释直接投资促进东道区域产业成长的"投资发展路径"机制，认为东道国区域可以借助区位优势吸引直接投资，而当地企

❶ Dunning J H. Trade, Location of Economic Activities, and the MNE: A Search for an Eclectic Approach[C]//Ohlin B. International Allocation of Economic Activity. Iondon: Palgrave Moomillan，1977：395-418.

业则凭借产业关联提升本企业的所有权优势❶。90年代，邓宁进一步发展了区位优势理论，他根据跨国公司对外直接投资的动机把对外直接投资分为四种类型：资源寻求型、市场寻求型、效率寻求型和战略资产寻求型（见表2–1）。邓宁通过20世纪70年代和90年代对外直接投资动机的比较，认为战略资产寻求型直接投资是20世纪70年代以来跨国公司发展的新动向，跨国公司追求的战略资产包括技术知识、管理技能、产业组织调整策略和中间产品供应能力等。从表2–1可以看出，在投资动机上，邓宁特别强调产业集群这种区位因素对直接投资的吸附作用。邓宁认为对于东道国区域来说，对外直接投资的最主要意义在于通过产业关联，尤其是供应联系来提升当地企业和产业的竞争力，随着东道国区域的经济发展，直接投资的类型也会由较低级的资源和市场寻求型向效率和资产寻求型转化。在此过程中，产业集群既可以对寻求战略并购或战略联盟的直接投资产生吸引力，也可以接纳以增强本企业所有权优势为目标的直接投资，产业集群对直接投资的吸引力来自跨国公司在该区位获得的集聚利益。

表2–1 跨国公司开展对外直接投资的动机❷

FDI类别	20世纪70年代的特征	20世纪90年代的特征
资源寻求型	1.关注自然资源的可获得性及价格、质量 2.强调用于资源开采或产品出口用途的基础设施的完备程度 3.重视东道国政府对FDI进入及资本、红利返汇的限制 4.投资优惠政策（如税收减免）具有吸引力	1.特别看中在东道区域进行产品生产、加工、运输的可能性 2.希望在东道区域找到理想的合作伙伴，共同开展知识或技术密集型开采

❶ Dunning J H. Explaining the international direct investment position of countries: towards a dynamic or developmental approach[C]//Black J, Dunning J H. International Capital Movements: Papers of the Fifth Annual Conference of the International Economics Study Group. London: Palgrave: Macmillan，1982: 84-121.

❷ 资料来源：Dunning, John. Location and the multinational enterprise: A neglected factor?[J]. Journal of International Business Studies，1998，29（1）：45-66.

续表

FDI 类别	20 世纪 70 年代的特征	20 世纪 90 年代的特征
市场寻求型	1. 产品主要覆盖东道国市场，有时兼顾周边区域市场 2. 关注实际工资和原材料成本 3. 关注运输成本，关税及非关税壁垒 4. 重视东道国政府对 FDI 及资本、红利返汇的限制，同时还希望获得享受优惠的进口许可证	1. 寻找容量大、发展快的国内市场，如北美自由贸易区、欧盟等 2. 关注熟练技术人才的成本及可获得性 3. 强调相关企业的存在和竞争力，如关键的上游产品供应商 4. 看中东道国区域基础设施的质量和制度环境 5. 市场空间联系较弱，集聚经济和地方服务支持系统的作用较强 6. 东道政府刻意寻求特定的宏观经济和产业组织政策 7. 知识密集型部门的直接投资有必要靠近产品使用者 8. 区域或地方发展机构推销活动的重要性凸显
效率寻求型	1. 主要考虑生产成本（劳动力、原料、设备等） 2. 看中从事中间产品和最终产品贸易的权利 3. 偏好集聚经济地区，如各类出口加工区 4. 各类投资激励措施，如税收优惠、加速折旧、政府捐赠、优惠用地等作用明显	1. 除生产成本外，更强调熟练劳动力、相关产业、基础设施、制度环境、产业集聚水平等多方面因素 2. 政府部门在组织经济活动和提升人力资源等方面所起作用日趋关键 3. 看中专业化产业集群的作用，如科技园区、服务支持系统、专业要素投入品的可获得性；强调创业环境、企业内部和企业之间的分工、协作
战略资产寻求型	1. 强调知识资产及能够保护、提升投资企业所有权优势的资源的可获得性 2. 关注影响外国企业收购战略资产的制度环境等因素	1. 知识资产地理分布日趋分散，在国外控制此类资产成为对外直接投资的主要动机 2. 重视能够为外国投资者带来“合力效应”的资产的价格和可获得性 3. 重视获取地方性隐含经验类知识的机会 4. 重视了解不同文化、制度、消费者需求、偏好的机会

后来，有关跨国公司理论中对外直接投资区位选择的研究基本延续了邓宁的折衷理论的分析框架，很多学者重视产业集群和产业关联对跨国公司对外直接投资的影响。联合国贸发会议（UNCTAD）在 2001 年的世界投资报告中总结了三代投资促进政策的差异：前两代政策都是通过政策放开、减少外资流入障碍、建立国家投资促进机构等措施“推销”本国和区域，但到了现行的第三代促进政策，东道国开始将吸引投资者的目标定位在产业和集群层面上，把区位优势与满足外国投资者的需求结合起来[1]。2007 年世界投资报告指出，除了所有权优势和内部化优势外，跨国公司在东道区域开展经济活动还要考虑具体的区位条件，包括东道国的整体政策、有关区位的经济特征、开展特定经济活动的实际条件等。

（二）产业集群理论关于区位优势的演进

国外产业集群理论的演进过程，从时间顺序来看经历了马歇尔的外部经济论、韦伯的工业区位论、波特的竞争优势论和克鲁格曼的新经济地理学四个阶段，这四个阶段都涉及了区位优势问题，只不过在不同阶段的描述不相同。早在 1922 年，马歇尔在《经济学原理》中就提到了“在特别的地方，专业化的产业集中”，他将由大量相关的专业化小企业组成的产业集聚区域称为“产业区”，强调产业区的分工与交易过程中的互相信任，并在此基础上共同实现了外部规模与范围经济。马歇尔从三个方面阐述了由于某种产业的聚集而产生的外部规模经济：一是产业区提供了专门技能的劳动力市场，节约了劳动力搜寻成本；二是区内辅助性工业的存在降低了生产成本；三是有利于技能、信息、技术和新思想在区内的传播与应用。后来克鲁格曼（Krugman，1991）把这三个方面归纳为产业集群产生的三个要素：劳动力市场共享、中间产品投入和技术外溢。因此，马歇尔的外部经济论主要是论述了产业区内区位优势的来源是产业区的外部规模经济。

工业区位理论的创立者德国经济学家韦伯（Weber）同样研究了产业集

---

[1] UNCTAD. 2001 年世界投资报告：促进关联 [M]. 北京：中国财政经济出版社，2002：142.

聚，把影响工业区位的经济因素分为区域因素和位置因素。区域因素包括运输成本和劳动成本，位置因素则包括集聚因素和扩散因素。他把集聚因素又分为两个阶段：第一阶段是初级阶段，仅通过企业自身的扩大而产生集聚优势；第二阶段是最重要的高级集聚阶段，各个企业通过相互联系的组织而实现地方工业化。韦伯认为，在高级集聚阶段有四个因素促使企业为追求集聚带来的成本节约而自发地聚集在一起：一是生产的专业化，二是劳动力的专业化，三是专业市场的扩展，四是基础设施的共享❶。韦伯关于高级集聚的这四个方面类似于马歇尔的"外部规模经济"，促进了产业集聚的自发形成。无论是马歇尔的外部经济论还是韦伯的工业区位论，都探讨了产业集聚所产生的区位优势问题，但他们主要是单纯从资源禀赋等角度来考察，而忽略了制度、社会、历史等因素。20 世纪 80 年代以来，由于世界经济中出现了越来越多的各种各样的产业集群，关于"新产业区"研究的文献层出不穷。一些学者在马歇尔的产业区的基础上，把重点从小企业的集聚转移到更广泛的社区和相互联系的企业间融合上来，把一些非经济因素（社会、制度、文化、网络等）加入进来，这些"新产业区理论"的主要观点是经济交易的活动与社会生活的网络间有着相互嵌入关系，这样的社会经济关系使产业区企业作为一个集体从而具有本地化优势。

虽然马歇尔和韦伯很早以前就谈到了"产业集聚"问题，但作为专业术语的"产业集群"概念是迈克尔·波特在 1990 年才提出来的，他认为"集群是特定领域里相互联系的公司和机构在地理上的集中，集群区包涵一系列相互联系的产业和其他重要的竞争主体。集群的边界是由那些对竞争至关重要的跨行业和机构的相互联系和互补性决定的"。❷实际上集群与区位优势既有联系又有区别。联系在于两者都离不开地理位置的重要影响，区别在于区位优势主要是从静态角度来考虑某个地理区位拥有重要禀赋资源的比较优势，而集群则是从动

❶ Webe A. Theory of the Location of Industries[M]. Chicago: The University of Chicago Press，1929.

❷ Porter M E. The Competitive Advantage of Nations[M]. New York: The Free Press，1990.

态的角度来考查在特定区域中的各主体之间的互动而产生的优势，因此集群可以说是一种动态的不断变化的区位优势，这种优势是可以不断提高集群内企业的竞争力的。波特认为集群会提升集群内企业的生产率，其原因有四点。第一，企业能更好地接近雇员和供应商。富有潜力集群区中的公司可以利用业已存在的专业化且有经验的雇员储备，从而在吸收新成员时降低他们的搜寻和交易成本。第二，企业能获取专业化信息。广泛的市场、技术和竞争性信息在集群区中积累，而集群的成员们也渴望得到它们。此外，个人关系和社区联系培育了相互间的信赖，促进了信息的流动，使得信息更具有可传递性。第三，集群区成员间大量的联系导致整体的扩增大于其各部之间的加总。配套产品使得从集群区购买商品对顾客更具吸引力。第四，获得机构和公共物品的投资能提高一个公司的生产率。集群还会推动集群内企业的持续创新能力，并使集群日益成为创新中心❶。波特的竞争优势论是从竞争的角度来解释产业集群内的区位优势的，他不但强调了产业集群对生产效率的提高及对创新的促进作用，同时也强调了政府政策对集群的重要影响。

克鲁格曼（Krugman，1999）是第一位把产业集群与国际贸易因素紧密联系起来进行研究的著名新经济地理学家，他通过建立一个不完全竞争市场结构下的规模报酬递增模型，成功地把空间问题纳入主流经济学的研究范围。克鲁格曼的产业集群模型基于以下事实：企业和产业一般倾向于在特定区位空间集中，不同群体、不同的相关活动又倾向于集结在不同的地方。空间差异在某种程度上与产业专业化有关。这种同时存在的空间产业集聚和区域专业化现象，是在城市和区域经济分析中被广泛接受的报酬递增原则的基础。当企业和劳动力集聚在一起以获得更高要素回报时，存在本地化的规模报酬递增为产业集群的形成提供了理论基础❷。Venables（1996）以新经济地理学模型为基础，发展

❶ Porter M E. Clusters and New Economics of Competition[J]. Harvard Business Review，1998，76（6）：77-90.

❷ Fujita M，Krugman P，Venables J. The Spatial Economy: Cities, Regions and International Trade[M] . Cambrige: MIT Press，1999.

了跨区域贸易的产业集群理论，他认为，假定生产要素不能自由流动，如果中间商品受到规模经济和运费的影响，生产过程中必然会出现区际经济不平等问题。在这种情况下，拥有大量制造业门类的区域能为中间商品提供比较广阔的市场，使这些区域趋向于地域一体化集中，从而使下游生产具有成本优势，并强化这种优势，进行循环往复[1]。

从上述产业集群理论发展的历程来看，产业集群与区位优势既有联系又有区别，产业集群就是一种动态的、不断变化的、可持续的区位优势。而跨国公司的主流理论研究跨国公司投资的动机与区位优势之间的关系，认为跨国公司对外投资的动机差异会对区位要素产生不同要求，并左右跨国公司相应的策略选择；而东道国的区位要素禀赋又存在着极大的差异，反过来会导致跨国公司对外投资区位选择的巨大差异。在当前世界经济全球化和区域化的背景下，在企业投资动机与区位特征的互动影响中，集群理论为跨国公司对外投资动机提供了一种有益的解释。因此，跨国公司理论与产业集群理论之间存在理论的耦合点，产业集群理论是跨国公司区位优势的延伸。

二、全球价值链

（一）跨国公司是全球价值链形成的动因和载体

在《国家竞争优势》一书中，波特认为："企业要在国际竞技场上获胜，它的竞争优势不外是以较低的生产成本或者与众不同的产品特性来取得最佳价格，企业的竞争优势由成本优势与产品差异化构成，而跨国公司将其丧失生产优势的产业转移到发展中国家就是为了获取这两种竞争优势。"[2]

基于科斯的交易成本理论和不完全市场理论的内部化理论，为跨国公司的经营现象提供了一个简洁且精致的解释。内部化理论建立在三个假设基础之上：一是企业在不完全竞争市场中追求利润最大化；二是企业具有在中间产品

---

❶ Venable A J. Equilibrium Locations of Vertically-linked Industries[J]. International Economic Review，1996（37）341-359.

❷ Porter M E. The Competitive Advantage of Nationals[M]. New York: Free Press, 1990.

市场不完全条件下创造内部市场以替代外部市场的动力；三是企业的内部化行为跨越国界时，就形成了对外直接投资。内部化理论对中间产品和中间品市场进行了划分，并与成品交易的完全市场进行区分，这与全球价值链中的“垂直分工”的观点不谋而合。内部化理论不仅能解释全球价值链中的分工动因：效率寻求型的跨国公司出于提高企业内部交易效率和降低成本的目的，在全球范围内采取直接投资的方式以寻求低成本的生产场所，发达国家的企业通过这种方式与发展中国家的企业构建了联系，并且将其视作一个潜在的更高效的投资和中间产品的生产市场；而且也能解释全球价值链分工的形成：在不完全市场中，基于降低成本和消除信息不对称的目的，跨国公司通过全球的效率寻求将具有一定生产能力的发展中国家的企业加入自己构建的生产体系中，即对其进行“内部化”，他们在发展中国家通过对外投资成立子公司、分支机构或者生产工厂，使其成为自己能够保证产品质量的中间品的供应商。但是，进行公司比较高端的经营活动如发展战略的制定和做出关键决策的仍然是“母公司”，在发展中国家的企业多数以“加工车间”的形式存在，多以执行总部命令实现生产、联络等较为低端的功能，表现为在绝大多数行业的全球价值链中，主导企业通常为发达国家的跨国公司为主，发展中国家的企业多以“加工贸易”的形式嵌入其主导的价值链中，成为其稳定的中间品供应商。由此可以看出，跨国公司对全球价值链形成的影响，实质是指跨国公司根据自己的比较优势、竞争优势来构建产品不同生产环节的全球区位分布，将生产环节置于最优生产区域的选择，从而形成了价值链[1]。所以跨国公司是全球价值链形成的动因和载体。

（二）产业集群是跨国公司全球价值链布局的结果

波特从战略管理学、产业组织角度出发，将产业集群定义为“在某一特定领域中同时具有竞争与合作关系，且在地域上集中并相互关联的企业、各级供应商和相关机构”。由于全球商品链在空间分布上具有离散性，其位于全球各地的生产环节将与本土企业、区域发生互动而衍生出与其相关的联系部门，产

[1] 陈静．跨国公司和全球价值链关系研究 [D]. 北京：对外经济贸易大学，2015.

业集群也可以被视作为一种相互关联的企业之间所形成的企业战略联盟，其认为全球商品链的空间分布促使产业集群形成[1]。产业集群的产生基础是全球价值链的片段化，这些片段化的生产环节在地理上具有集聚性，全球价值链在地理上的分布就是“大区域离散，小地域集聚”，产业集群的构建主体，企业的升级也将沿着全球价值链进行，通过地方的产业集群切入全球价值链，并在价值链中不断发展[2]。曾慧萍（2012）指出了全球价值链形成过程中的全球产业集聚化的作用：生产的片断化分散导致其产生地理上的集聚，从而产生产业集群，企业将通过集群优势嵌入全球价值链，分享全球化的利益[3]。

第四节　跨国公司与东道国产业集群的互动关系

一、跨国公司参与产业集群的类型与特征

目前国内外对产业集群类型的理解和研究有不同视角，有许多学者如马歇尔等把关注点主要放在中小企业集群，波特的钻石模型主要强调集群中企业的对称性。当前许多产业集群是由一个或多个大企业特别是跨国公司所主导，尤其在一些外向型的发展中国家和地区的产业集群中更为明显。本节主要以马库森和鲁格曼等人的分类方式对跨国公司参与的产业集群进行分析，并在此基础上总结跨国公司参与的新兴国家产业集群的特征。

（一）马库森的经典产业集群分类

马库森（Markusen，1996）指出，运输和通信技术的飞速发展已经极大地削弱了地理距离对企业区位分布的影响力，企业的生产空间也变得越来越光

---

[1] Porter M E. The Competitive Advantage of Nationals[M]. New York: Free Press, 1990.

[2] 陈静．跨国公司和全球价值链关系研究 [D]. 北京：对外经济贸易大学，2015.

[3] 曾慧萍．全球价值链视角下地方产业集群升级分析——以福建省为例 [J]. 南昌航空大学学报（社会科学版），2012，14（4）：8.

滑，但与此同时，专业化产业区仍旧保持了对资本和劳动力的吸引力，表现出极大的“黏性”。她将此类黏性定义为“能够像捕蝇胶条那样吸引并保留对外直接投资的能力”❶。

马库森认为忽视产业集群中的大企业是不全面的，她在对美国大都市地区成功产业集群进行了归纳式的研究，并在与意大利、日本、韩国和巴西等经济增长明显的集群区域进行比较的基础上，提出了从产业集群的结构以及企业参与集群的方式来划分产业集群的类型。她把产业集群划分为以下四种类型：一是马歇尔式集群，主要指当地中小企业集群；二是轮轴式集群，主要由一个或多个大企业或供应商主导；三是卫星平台式集群，主要由跨国公司的子公司组成，这些子公司可能是高科技公司，也可能由低成本的制造和加工机构组成；四是国家力量依赖型集群，主要是由政府提供集群的基础设施，吸引企业加入集群。她认为，在美国轮轴式和卫星平台式的产业集群更显重要，而在这两种类型的产业集群中，大企业或跨国公司是集群的主导者，因此在研究外向型产业集群时，应该把大企业或跨国公司纳入研究范畴❷。

马库森不但突出了大企业、跨国公司和国家机构在产业集群中的重要作用，还将产业集群企业关联的地理范围扩大到集群外。在马歇尔式产业集群中，集群内上下游企业间存在着广泛的供应联系，但产业集群内企业与集群外企业间却很少存在着关联。但与马歇尔式产业集群不同，其他三类产业集群都与集群外企业保持着高水平的合作。马库森强调，那些对直接投资产生强烈吸附作用的“黏着性”空间实际上是多种力量运行的产物，其中既有企业战略、产业结构等因素，也有企业利润目标、各级政府政策的影响，因此，在评价企业的区位选择和商业成功时，必须考虑企业的各种外部关系。

---

❶ Markusen A. Sticky Places in Slippery Space: a Typology of Industrial Districts[J]. Economic Geography，1996（72）：pp.293-313.

❷ Markusen A. Sticky Places in Slippery Space: a Typology of Industrial Districts[J]. Economic Geography，1996（72）：pp.293-313.

（二）鲁格曼等人基于“旗舰企业模式”的产业集群

20世纪90年代，迈克尔·波特提出了具有重要影响的“钻石模型”，为战略管理学派提供了研究产业集群问题的重要分析框架。但鲁格曼等人认为，波特的钻石模型所做的关于当地产业集群的研究，过于强调本地条件而忽视了跨国公司的作用，实际上产业集群可能是由一个或多个大企业所主导，因此必须深入地研究跨国公司在涉入和参与当地产业集群过程中所表现出的各种组织特性。

Rugman和Verbeke（2003）在波特原有的“钻石模型”的基础上，首先将不同的产业集群划分为两个类别：对称性集群和非对称性集群，“对称性”集群中若干个企业和组织地位相对平等，没有哪一个企业能够单独起主导性作用，而“非对称性”集群可能由一个或几个“旗舰企业”所主导，并由这些核心企业有意图地促进集群中组织间的共同演化，从而推动集群的持续发展。然后他们按照集群类型（对称或非对称）和集群地理重心（国内或跨国）两个维度把产业集群进一步划分为四种类型（表2-2）。类型Ⅰ是基于波特模型的产业集群，集群内没有核心企业，由国内要素构成；类型Ⅱ是出口导向的中小企业集群，集群内由中小企业组成，并与国外市场存在密切的联系；类型Ⅲ代表传统的成熟产业集群，集群内由一个或几个大企业所主导，但与国外联系较少；类型Ⅳ是基于“旗舰企业模式”的产业集群，集群中跨国公司居于主导地位，并与国际联系密切。鲁格曼等人进一步指出，包括波特模型在内的许多产业集群理论分析模式只适合解释符合“有机式生产”特征的“对称性”产业集群，而不适合用于分析和解释具有更明显“战略性”特征的“非对称性”集群。在这种类型的集群中，参与者之间联合行动以及对集体效率追求的内在动机，和一般意义上的“纯粹聚集”大不相同，在这种集群里，“看得见的手”的作用要比“看不见的手”的作用重要得多[1]。

---

[1] Rugman A M， Verbeke A. Multinational Enterprises and Clusters: An Organizing Framework[J]. Management International review， 2003，43（3）：151-169.

表 2–2　基于“旗舰企业模式”的产业集群分类[1]

集群的地理重心	集群类型	
	对称	非对称
国内	Ⅰ	Ⅲ
跨国	Ⅱ	Ⅳ

按照鲁格曼等人的观点，在基于旗舰企业模式的产业集群中，核心企业即跨国公司以明确的战略意图（“看得见的手”）为基础，对集群参与者之间所自然累积的集群溢出效应的产生和内部化过程不断地进行优化，并创造出各种“关系性租金”，从而通过塑造异质性的企业间联结方式来形成新的竞争优势。

（三）跨国公司参与新兴国家产业集群的特征

马库森的产业集群分类引起人们对跨国公司所参与的产业集群的关注，但她对产业集群的分类主要是基于对美国等一些成熟经济国家的研究，对新兴发展中国家产业集群没有研究，对一些外向型的发展中国家而言，跨国公司参与的产业集群的类型如果用马库森的分类方法很难进行归类。因为跨国公司对这些国家的投资，部分原因可能是由于降低成本的战略考虑，但还有一个主要原因是由于东道国的引资政策、产业政策和基础设施的不断完善，因此政府的引导和跨国公司的战略对产业集群的形成和发展的作用均功不可没，所以这些国家的产业集群应该是马库森分类法中的第三和第四种类型的结合体。

而在鲁格曼等人的分析中，没有对跨国公司的母公司和子公司进行区分，只是把它们笼统地称为跨国公司，实际上在新兴国家的这类产业集群中，“旗舰企业”主要是跨国公司的子公司，这些子公司作为跨国公司全球价值链上的一个联结点，其国际联系和母公司的战略意图对于当地产业集群的成功至关重要，它决定了当地产业集群在全球生产网络中的地位。因此，此类产业集群的动态演化过程中往往带有明显的跨国公司战略色彩。

[1] 资料来源：Rugman A M， Verbeke A. Multinational Enterprise and Clusters: An Organizing Framework[J]. Management International review， 2003，43（3）：151-169.

可以看出，新兴国家中跨国公司参与的产业集群的出现和发展往往是政府政策和跨国公司发展战略的直接产物，它与发达国家的产业集群不太一样。跨国公司的竞争已经由市场和成本竞争演变成公司系统间的竞争，竞争的范围也由原来的单个企业扩大到以跨国公司为领导的整个企业网络，在这种情况下，新兴国家产业集群所具有的某些“战略资产”，就成为吸引跨国公司直接投资的重要因素。因此，为了更深入地理解新兴国家的产业集群，必须运用一种更为广阔的理论视角，才能更全面地把握全球化背景下这些国家当地集群的特征，即当地集群所产生的聚集经济性不但包括了内生于集群之中互动关系的经济性，而且也包括来自于集群外部联系所产生的外部经济性。对新兴国家当地产业集群的研究，不仅需要与集群内外部联系的分析结合起来，而且要和决定这一内外部联系性质的跨国公司全球战略和产业全球价值链的分析结合起来，还需要考虑到这一内外部联系的桥梁——东道国的有关政府政策，这样才能在全球化背景下更为深入地理解这些国家产业集群的内在机理。

二、东道国产业集群对跨国公司竞争优势的影响

在当前全球化条件下，随着信息技术革命的纵深发展，跨国公司的战略已经日趋全球化，跨国公司的投资选址不再囿于单一区位因素的考虑，而更强调区位因素的综合与集成，而产业集群几乎具备了跨国公司区位因素选择的所有条件，而且还具有一些重要的特征和竞争优势，对于跨国公司的区位选择而言更具吸引力。产业集群对跨国公司竞争优势影响的解释，目前已经涉及经济学、管理学和社会学等多个学科领域。

（一）产业集群会提高跨国公司的效率

UNCTAD《2001 年世界投资报告》指出：国际投资不再向劳动和土地要素低成本的方向转移，而是向产业集群转移。产业集群的竞争优势已经代替劳动和土地要素等低成本优势，成为吸引跨国公司投资的主导力量。波特（1990）曾指出：“外国企业并非是和某一家企业进行竞争，也不是与一组企业竞争，

而是与整个区域文化进行竞争。”[1] 波特（1998）认为产业集群的竞争优势主要来源于三个方面：一是提升以地区为基础的公司的生产率；二是推动革新的步伐，支持今后的生产率增长；三是促进新企业的形成，扩大和强化了集群本身。按照波特的观点，跨国公司会从东道国产业集群中获得文化、效率、创新和网络等方面的竞争优势[2]。

跨国公司参与的产业集群内云集了众多的跨国公司、跨国公司子公司、跨国公司的国内外供应商以及相关的配套机构，跨国公司把许多业务分包或外包给供应商，集群内一个产品的作业链条分布在不同的企业之间，各个企业之间有专业化分工，原本由跨国公司一个企业完成的工作成为各个企业之间的分工合作。这种企业之间的专业化分工使每个企业只专注于自己最具优势的生产环节，可将资源禀赋的潜力发挥到最大。同时，原属于一个企业内的生产环节变成了一个个独立企业，由于每个环节的生产企业都要面对市场上众多的购买者，所以能够更好地实现每个独立环节的最佳规模，这种规模经济效益出现在生产的各个环节中，从而降低了各个生产环节的生产成本。

集群内企业间分工使企业治理关系也由内部治理变成了外部约束，原本一体化企业当中的管理者身份变成了集群中的小老板，这种身份的转换提高了激励程度，也消除了管理者的代理成本。同时，在集群中，由于企业间分工精细，生产成本较低，专业化配套能力较强，生产同一产品的上下游企业之间相互吸引，使越来越多的企业加入这一集群网络中，网络规模越来越大，各个成员在网络中所获得的专业化配套能力也越来越强，网络规模效应越来越突出。各企业都从集群网络中享受到了市场竞争、成本降低的好处。因此，产业集群内的企业间分工使跨国公司子公司以及它们的供应商都获得了专业化分工的好处，生产链上的各个环节都最大限度地提高了效率，降低了成本，从而从整体

---

❶ Porter M E. The Competitive Advantage of Nations[M]. New York: The Free Press，1990.

❷ Porter M E. Clusters and New Economics of Competition[J]. Harvard Business Review，1998，76（6）：77-90.

上大幅度地提高了跨国公司的效率。

（二）产业集群降低了跨国公司的交易费用

波特认为，集群提高了与交易对象达成交易的机会[1]。产业集群内同类企业竞争激烈，众多的供应商为跨国公司的采购提供了广阔的货源，同时集群内多家跨国公司也为上游部件供应商提供了广阔的市场。多元的供货与多元的采购需求完全消除了市场上的垄断行为，也消除了配套企业之间的“专用性资产”问题，使集群内的交易成本更趋合理。集群内同业之间的激烈竞争也使得交易价格透明度很高，降低了企业在交易过程中的不确定性和信息搜寻成本。地域的临近、交易的重复性、企业间的竞争性以及广泛存在的非正式交往，使集群内的市场失灵问题和机会主义也得到了遏制。由于同行集聚，产业集群内企业有更强的动机来自觉约束自己的行为，培育和积累信誉资本，集群区域内容易形成彼此之间的诚信与信任，这种以信任为主要内容的“社会资本”有助于企业之间开展良好的协作，有助于降低企业间的交易费用。另外，集群内的同行交易容易形成商业惯例，使用这些惯例能够有效地减少交易过程中的不确定因素，减少双方在交易活动中的交易费用。

（三）产业集群为跨国公司创造了良好的产业环境

波特认为，一个产业的竞争环境主要由四个因素构成：生产要素条件，需求条件，当地相关产业与支援性产业，企业战略、结构和竞争[2]。首先，跨国公司参与的产业集群中形成了良好的专业要素市场。集群内供应商集聚，并且竞争激烈，专业化程度较高，跨国公司不仅能以较低的成本获得生产中所需要的各种原材料以及辅助材料，还能从竞争所产生的市场细分中获得专门程度较高的小宗材料及零配件，而且由于地域邻近，跨国公司内部库存数量大为减少，提高了生产的灵活性。行业的集中也带来了专业技术工人的集聚，在集群内形

---

❶ Porter M E. Clusters and New Economics of Competition[J]. Harvard Business Review, 1998，76（6）：77-90.

❷ Porter M E. The Competitive Advantage of Nations[M]. New York: The Free Press，1990.

成了本行业的劳动市场，跨国公司很容易招聘到所需要的专业人才。其次，产业集群内形成了一定的市场需求。产业集聚同时也带来了销售商的集聚，集群内自然形成了产品的销售市场，同时还有通往全国以及海外市场的销售渠道。由于销售市场和竞争对手都在集群内，跨国公司能够直接感知市场需求的变化趋势和竞争的方向，了解本行业最新的发展动态，不断地创新以更好地适应市场的需要。再次，产业集群促进了相关产业以及配套产业的发展。产业集聚促进了专业化的供应商与专门的服务商的集聚，集群内形成了一整套面向这一产业供应和服务的产业服务体系。跨国公司一旦离开了产业集群，就很难获得这种配套协作服务。最后，产业集群内激烈竞争促使跨国公司及时调整战略。波特认为，地理上的集中性会强化国内竞争的力度，竞争越本地化，竞争越激烈，竞争优势越大。产业集群内的竞争不仅使得优势企业脱颖而出，而且使得其他企业从竞争中获知自己的优势与劣势，从而有助于企业作出新的战略调整。由此可见，产业集群的产业环境有利于跨国公司的生存和竞争。

（四）产业集群有利于提高跨国公司的创新能力

创新能力是企业获取持久竞争优势和超额利润的根本原因，企业创新能力不仅取决于企业内部的研发等因素，而且还取决于外部的资源和机会。波特（1990）认为，集群不仅仅降低了交易成本，而且能够改进激励方式，创造出信息、专业化制度、声誉等集体财富，更重要的是，集群能够改善创新条件，加速生产率的增长[1]。产业集群的创新优势表现为企业间的互动学习与优越的创新能力。产业集群内的企业通过竞争与协作形成了一种错综复杂的网络关系，每一家企业都可以根据需要向不同的企业订货，同样地，各家企业也都可以承接来自多家企业的订单，即使它的客户之间是竞争关系。在这样的网络中，如果某一家企业产生了新的技术知识，很快就会扩散到其他企业当中去。这样处在产业集群环境中的跨国公司，不仅通过企业之间的专业化分工，使资源和信息的获得变得十分便利，还增强了他们之间的交互行为的发生，外部性网络增

[1] Porter M E. The Competitive Advantage of Nations[M]. New York: The Free Press，1990.

强了企业的资源、技术、信息的互补性，大大提高了企业的创新能力。另外，集群的创造力还来源于交流的外部性。产业集群内部聚集了大量从事相同或相关业务的企业或机构，具有相同实践经验的人们会通过行会或非正式的网络进行各种各样有意识或无意识的信息交流互动。这种交流互动传递着最新的市场信息、管理经验、技术诀窍，同时会带来思想火花的碰撞，激发创新的思想和灵感，加速了集群内新知识的形成速度和创新能力的提高。经济地理学家把这种由集群中所存在的外部经济性和知识溢出效应所引起的集群企业之间知识互动与积累的过程称为“集体性学习”，他们认为知识本身可被理解为一种带有公共属性的“俱乐部产品”，即对位于特定集群内部的经济行为主体来说，这种知识是可以自由获取的，而对于处在集群外部的经济行为主体来说，则无法轻易获得。跨国公司不但是集群内技术的溢出源，同时也是知识最强的吸收者，产业集群内部知识的研发和传播，对跨国公司而言极具吸引力，集群的“创新情境”使跨国公司获得了集群外企业难以获得的创新能力。

（五）产业集群有利于跨国公司核心竞争力的培育

当前跨国公司为应对激烈的外部竞争，提高自己的核心竞争力，普遍采取加强核心业务，而将非核心业务通过分包、外购方式剥离出去的价值链管理措施，这促使跨国公司在其价值链（从设计与创新到销售与服务）的各个环节建立密切的外部联系，并允许其他企业（包括跨国公司）承担不同的职能，关联的对象可以是供应商、买主，甚至可以是竞争对手。而产业集群内往往有着完善的配套产业，有一大批专业供应商、有需求的购买者、辅助机构等提供合格的配套服务，能为跨国公司提供关联，满足跨国公司专注于培育核心竞争力的新要求。因此对核心能力的更加重视、更扁平的科层组织以及更加重视网络等因素引导跨国公司在进行投资区位选择时转向拥有独特优势的产业集群。跨国公司子公司如果能够直接把业务分包给产业集群内的供应商，就能提高专业化和灵活性，并能够使其技术和产品更好、更快地适应当地市场，技术先进的供应商能使跨国公司子公司获得大量的外部技术和技能资源，从而为子公司自身的创新努力提供反馈。扩大外购和集中于核心业务的趋势能够提高产业集群内跨国公司子公司的竞争性收益，有利于跨国公司核心竞争力的培育。正如联合国贸发会议（2002）所指出的那样：各种机构日益增强的竞争迫使各公司使其核心能力更加专门化，并且比过去更加依靠与外部伙伴、供方、买方甚至是竞争者的联系。这些网络化的可能性常常诱使跨国公司将业务设在合适的相关公司群集的地点。

三、跨国公司战略对东道国产业集群的影响

跨国公司与发展中国家产业集群的产生、发展有很密切的关系，跨国公司的进入往往会带动发展中国家相关产业集群的形成，跨国公司的流动也可能引起它所参与的产业集群的盛衰。随着经济全球化的进程，许多跨国公司近年来的经营战略发生了很大的变化，由原来的单一一体化战略转变为复合一体化战略，由原来注重全球化战略转变为全球化与当地化并重的战略，跨国公司普遍更注重全球价值链的治理，跨国公司经营战略的这种变化趋势也带动了东道国产业集群的发展与升级。

（一）跨国公司的进入促进当地产业集群的形成

克鲁格曼把产业集群的形成归结为偶然历史事件的作用，在《地理与贸易》一书中，克鲁格曼明确表示美国的地毯业之所以在多尔顿这个小城集聚，最初完全是由于偶然的历史事件所致——伊万斯小姐制作植毛的床罩。但随后克鲁格曼（2000）也坦言：“这里重要的并不是最初的偶然事件，而是使此类偶然事件有如此大且持久影响的累积过程。”由此可见，在偶然背后可能隐藏着必然性。跨国公司当初可能是由于东道国的生产成本更低廉、政策更优惠、更靠近市场等因素的影响而决定在东道国投资设立子公司，这可以称为“偶然历史事件”，但跨国公司的供应商为了更好地服务于它的顾客，随之也跟着在当地投资，随后跨国公司的竞争者也可能不甘落后地加入进来，由此带动了更多的相关配套服务机构也入驻当地，使当地的产业链配套越来越完善，于是偶然事件变成了必然，在当地逐渐形成了跨国公司子公司、跨国公司的各类供应商、竞争对手以及服务配套的相关产业聚集的产业集群。

（二）跨国公司的关联效应带动了当地产业集群的发展

在跨国公司全球价值链管理以及东道国的产业关联计划的刺激下，许多跨国公司加强了与东道国当地企业的关联（见表2–3），这为发展中国家有能力的企业开辟了与全球生产体系建立联系的通道。特别是跨国公司子公司与当地企业的后向关联可以成为由前者向后者传递无形资产和有形资产的重要渠道，这有助于发展当地企业群体，而且后向关联使跨国公司子公司更多地在东道国经济中"扎根"，不会因撤资而引起当地产业集群的衰落。跨国公司子公司在与当地企业的关联中，往往会通过技术转让、提供培训、分享信息、扩大财务支持的范围等措施来扶助当地企业，当地企业从中可以得到"知识溢出"和"技术溢出"的效应，提高自身的竞争力，同时当地企业也为跨国公司子公司自身的创新提供反馈。因此跨国公司的关联效应可以增强产业集群内企业的竞争力，从而带动了产业集群的发展。

（三）跨国公司的本地化战略促进了当地产业集群的升级

近年来，跨国公司的全球化战略也趋向于向全球化与本地化相结合战略的转变，本地化战略使跨国公司把更多的价值链环节安排到东道国，跨国公司已经从当地生产的本地化上升为研发的本地化，也推动了相关配套产业的迅速发展。UNCTAD（2005）指出，发展中国家与地区已成为许多全球化导向产业的生产基地，这个事实也同样使得一些跨国公司在这一地区进行更多的研发活动，以便更加靠近其实际的制造活动。在有些发展中国家，一些电子产业的外国子公司已经取得了母公司全球经营的授权，面向全球市场进行产品的设计、开发、制造与营销。这种安排使得它们能够承担各个阶段的创新活动。同样，有些跨国公司决定将其全球研发实验室设在发展中国家，这也是受到了发展中国家相对较强的产业集群的推动[1]。由此可以看出，跨国公司已经把一些附加价值更高的价值链活动向发展中国家转移，而发展中国家的当地企业或企业群体会从跨国公司那里获得学习的机会，提升其技能和技术水平，从而逐渐改变或

---

[1] UNCTAD. 2005年世界投资报告——跨国公司和研发国际化[M]. 北京：中国财政经济出版社，2006.

提升自身在全球生产网络当中的地位。例如，东亚地区的IT产业集群，从接单加工生产（OEM）开始，然后逐渐升级到自主设计生产（ODM），最终一些企业可以发展到自有品牌生产（OBM）阶段。伴随着这一渐进式的逐步升级过程，当地集群企业所能承担的价值链功能越来越接近高端，所创造的附加价值也越来越高[1]。

表 2–3　跨国公司子公司和当地企业与组织之间的关联[2]

形式	跨国公司子公司与当地企业的联系			跨国公司子公司与非商业机构的联系
	后向（筹供）	前后（分销）	横向（合作生产）	
"纯粹"市场交易	现货购买	现货销售	—	—
短期关联	一次性或间歇性购买（根据合同）	一次性或间歇性购买（根据合同）	—	—
长期关联	•采购进一步加工的投入的长期（契约）安排 •最终产品或中间产品生产的分包	•与当地分销商或最终客户的长期（契约）关系 •投入外部筹供当地企业转向跨国公司子公司	和当地竞争企业的合资项目	•与大学和研究中心等当地机构签订研发合同 •大学为企业举办培训项目 •学生在企业实习
股权关系	与供应商成立合资企业（由现有的跨国公司子公司）建立新的供应子公司	•与分销商或最终客户成立合资企业 •（由现有的跨国公司子公司）建立新的分销子公司	•横向合资企业 •（由现有的跨国公司子公司）建立新的生产相同产品或服务的子公司	公立或私立联合研发中心、培训中心、大学

❶ 王益民．基于共同演化视角的跨国公司战略与产业集群互动研究[M].北京：经济科学出版社，2007.

❷ 资料来源：联合国贸发会议2001世界投资报告[M].北京：中国财政经济出版社，2002.

续表

形式	跨国公司子公司与当地企业的联系			跨国公司子公司与非商业机构的联系
	后向（筹供）	前后（分销）	横向（合作生产）	
“溢出”	•对非关联企业的示范效应 •工艺（包括技术）溢出	•产品设计溢出 •正式技能和默示技能（操作技能和管理技能）的溢出	•受训人力资源流动产生的效应 •企业分离 •竞争效应	—

本章小结

本章通过对跨国公司理论与产业集群理论的梳理，发现两者之间存在理论的耦合点，产业集群理论是跨国公司区位优势的延伸，部分产业集群是跨国公司全球价值链布局的结果。跨国公司可以从东道国产业集群中获得集群外企业无法取得的竞争优势，同时跨国公司的战略对东道国产业集群的形成和发展也发挥了重要作用。

产业集群几乎具备了跨国公司区位因素选择的所有条件，而且还具有一些重要的特征和竞争优势，对于跨国公司的区位选择更具吸引力。产业集群会提高集群内跨国公司的效率，降低跨国公司的交易费用，提高跨国公司的创新能力，为跨国公司创造良好的产业环境，有利于跨国公司核心竞争力的提升。

随着经济全球化的进程，许多跨国公司近年来的经营战略发生了很大的变化，由原来的单一一体化战略转变为复合一体化战略，由原来注重全球化战略转变为全球化与当地化并重的战略，跨国公司普遍更注重全球价值链的治理，跨国公司经营战略的这种变化趋势也带动了东道国产业集群的形成、发展与升级。

第三章

>>>>>>>>

跨国公司与东盟产业集群互动的现状

第一节　东盟投资环境对跨国公司的吸引力

一、东盟总体投资环境[1]

东盟的前身是由马来西亚、菲律宾和泰国三国于 1961 年 7 月 31 日在泰国首都曼谷成立的东南亚联盟。迄今东盟成员国共有 10 个，分别是马来西亚、菲律宾、泰国、新加坡、印度尼西亚、文莱、越南、老挝、缅甸和柬埔寨。截至 2019 年底，东盟 10 国人口近 6.61 亿，国内生产总值(GDP)3.17 万亿美元。自成立以来，东盟不断发展壮大，经济实力和影响力不断加强，在推动一体化和提升整体实力方面稳步前行。

（一）东盟经济一体化进程不断加深

东盟经济一体化进程使东盟地区的投资吸引力不断增强。2007 年 11 月，在新加坡举行的第 13 届东盟首脑会议上通过了《东盟经济共同体蓝图》(以下简称 “《2007 蓝图》”)。《2007 蓝图》作为东盟经济共同体的第一个蓝图，重点明确了共同体建设的四大支柱：①打造共同市场和生产基地，旨在进一步加速货物、服务、投资、技术工人和资金在本地区的自由流动；②提高区域竞争力，通过采用共同的机制、标准以及加强跨区域合作等方式，以营造有利于企业发展并鼓励创新的区域环境；③共享经济增长，重点鼓励中小企业投入区域和全球价值链生产中，同时帮助新东盟成员国加强实现一体化的能力建设；④融入全球经济，加深与外部经济联系，加大力度参与全球供应网络建设。

---

[1] 商务部国际贸易经济合作研究院、中国驻东盟使团经济商务处、商务部对外投资和经济合作司 . 对外投资合作国别（地区）指南—东盟（2020 年版）.2020 年 12 月 .

东盟于 2014 年 8 月签署了《东盟全面投资协议》，目前正在全面推广执行该协议，希望借此改善东盟内部投资环境，消除投资限制，进一步扩大投资，提高东盟吸引外资的竞争力。2007—2014 年，东盟经济总量增长了 1 万亿美元，并首次超过中国，成为全球吸引外资最多的发展中经济体。在这一过程中，东盟经济共同体发挥了巨大作用。

2015 年 12 月 31 日，以政治安全共同体、经济共同体和社会文化共同体三大支柱为基础的东盟共同体（AEC）正式成立，并推出了《东盟经济共同体 2025 蓝图》（以下简称“《2025 蓝图》”），对今后构建经济互联性强、具有竞争力和创新力、高度一体化的东盟做出了规划。《2025 蓝图》提出未来 AEC 建设将具有 5 大特点：①经济高度一体化。东盟将推动货物、服务、投资、资本和技术工人在东盟范围内自由流动，促进建成东盟贸易和生产网络，同时为企业和消费者打造更加统一的市场；②具有竞争力、创新力并充满活力。东盟将制定竞争政策引导企业行为，鼓励创新和加强知识产权保护，深入参与全球价值链，在区域层面加强监督管理；③加强互联互通和行业合作。在东盟互联互通总体规划（MPAC）基础上，进一步加强区域内软、硬件网络建设，增强东盟整体竞争力；④有韧性、包容性并以人为本。东盟将帮助中小企业及私营经济发挥更大作用，充分利用公私合营模式（PPP），缩小发展差距；⑤深入参与全球化。东盟将通过推进双边自贸区、RCEP 等谈判，以补充域内经济合作内容，并借此进一步融入全球经济。

东盟共同体成立以来，东盟成员国之间的贸易壁垒、市场分隔被逐步打破，贸易自由化和便利化程度得到进一步提高。2016 年，东盟领导人批准《东盟互联互通总体规划 2025》。这是进一步改善本地区互联互通状况的战略性指导文件，与中国“一带一路”倡议不谋而合，成为双方加强经贸互利合作的新抓手和新亮点。

近年来，东盟积极致力于第四次工业革命、数字经济领域发展。2018 年 11 月，东盟领导人签署《东盟电子商务协定》，批准了《东盟数字一体化框架》。2019 年东盟峰会达成《< 东盟数字一体化框架 > 行动计划》《东盟创新路线图

（2019–2025）》《工业转型为工业 4.0 的联合声明》等成果。下一阶段，东盟还将制定进行第四次工业革命的综合战略。

（二）东盟投资环境具有一定优势

从投资环境看，东盟的优势表现在以下几个方面：①东盟是拥有超过 6 亿人口的区域组织，市场潜力巨大；②东盟经济共同体成立以后，其消费市场在未来 20 年间将呈现快速增长的态势，东盟内部贸易将保持 30% 的增长率；③从低成本制造业到生物科技领域，东盟各国有着各自不同的优势和竞争力；④随着区域一体化的推进，东盟内部和外部对东盟银行业、制造业、交通和通信领域的投资不断增多，对高科技产业的投资也不断增多；⑤东盟内部基础设施建设需求巨大，据亚洲开发银行估计，到 2030 年，东南亚经济体每年需 2100 亿美元基础设施投资；⑥东盟数字经济市场发展潜力巨大，联合国贸发会议发布的《东盟 FDI 及数字经济》报告显示，2019 年，东南亚通信市场规模达 480 亿美元；谷歌与淡马锡联合发布的东南亚数字经济研究报告显示，截至 2019 年，东盟数字经济整体规模突破千亿美元，预计 2025 年将达 3000 亿美元规模；⑦东盟积极实施关税和非关税减让措施，促进贸易便利化。截至 2018 年，在东盟内部货物贸易中，6 个东盟老成员取消了 99.3% 的进口关税，4 个新成员取消了 97.7% 的货物进口关税。东盟内享受零关税的税目累计达 98.6%，各国平均关税水平已降至 0.06%。2019 年 4 月，东盟经济部长签署《服务贸易协议》，取代《服务贸易框架协议》，为东盟国家最终实现服务贸易负面清单模式提供指南。

根据世界经济论坛《2019 年全球竞争力报告》，全球参加排名的 141 个经济体中，东盟国家中有 7 个排名在 100 位之内，其中新加坡排名从上年的第 3 位上升到第 1 位。根据世界银行《2020 年全球营商环境报告》，全球 190 个经济体中，东盟国家有 7 个排名在 100 位之内，其中新加坡排名第 2 位，菲律宾从上年的 124 名跃居为 95 名，营商环境得到显著改善（表 3–1）。

表 3–1　东盟成员国投资环境全球排名情况[1]

国名	2019 年全球竞争力排名	2020 年全球营商环境排名
新加坡	1	2
马来西亚	27	12
泰国	40	21
印度尼西亚	50	73
菲律宾	64	95
越南	67	70
柬埔寨	106	144
老挝	113	154
缅甸	—	165
文莱	56	66

（三）东盟吸收外资情况良好

1. 吸收外资规模

东盟是跨国公司投资兴业的热点地区，一直保持在全球经济体吸引外资规模的前列。据联合国贸发会议发布的 2020 年《世界投资报告》显示，2019 年，东南亚的外国直接投资增长了 5%，达到 1560 亿美元的创纪录水平，继续保持亚洲增长引擎的地位。增长主要来源于对新加坡、印度尼西亚和越南的投资。这三个国家获得了东南亚 80% 以上的外国直接投资。另据东盟秘书处 2020 年 6 月 30 日数据显示，2019 年东盟吸收外资总额（初步数据）为 1605.62 亿美元，比 2018 年增加 4.87%；其中，成员国内部投资 223.6 亿美元，占当年东盟吸收外资总额的 13.9%，2018 年的比重为 15.9%。外资流入东盟的国别分布极不均匀，超过一半的外资流向新加坡（表 3–2）。

---

[1] 资料来源：2019 年全球竞争力排名来自世界经济论坛《2019 年全球竞争力报告》和 2020 年全球营商环境排名来自世界银行《2020 年全球营商环境报告》。

表 3–2　2015—2019 年东盟各国吸收外资流量（单位：亿美元）❶

国家	2015 年	2016 年	2017 年	2018 年	2019 年	合计
新加坡	597.02	688.20	836.18	797.23	920.78	3839.41
马来西亚	101.80	112.90	92.96	76.11	76.98	460.75
泰国	89.28	28.10	82.29	132.05	63.16	394.88
印度尼西亚	166.40	39.21	205.79	205.63	235.56	852.59
菲律宾	56.39	82.80	102.56	99.49	76.47	417.71
越南	118.00	126.00	141.00	155.00	161.20	701.2
柬埔寨	17.01	22.80	27.32	31.03	37.06	135.22
老挝	10.79	10.76	16.95	13.20	5.57	68.06
缅甸	28.24	29.89	40.02	16.10	25.09	139.34
文莱	1.71	–1.50	4.60	5.15	3.75	13.71
合计	1186.64	1139.16	1549.67	1530.99	1605.62	7012.08

2. 外资来源地

2019 年，前六大主要外资来源地为美国（244.6 亿美元）、东盟成员国投资（223.6 亿美元）、日本（203.6 亿美元）、欧盟（161.7 亿美元）、中国香港（113.1 亿美元）和中国（91.1 亿美元），占东盟外商投资总额的六成以上（表 3–3）。

表 3–3　2015—2019 年东盟外商投资主要来源国家 / 地区❷（单位：亿美元）

国家 / 地区	2015 年	2016 年	2017 年	2018 年	2019 年	合计
东盟内部	208.2	249.9	258.9	243.5	223.6	1184.1
欧盟	185.5	300.0	172.7	200.4	161.7	1020.3

❶ 资料来源：东盟 FDI 数据库。

❷ 同上。

续表

国家 / 地区	2015 年	2016 年	2017 年	2018 年	2019 年	合计
日本	129.6	140.4	161.4	233.1	203.6	686.1
中国	65.7	112.7	155.0	122.2	91.1	546.7
中国香港	13.1	99.5	60.1	126.0	113.1	411.8
美国	229.1	156.9	267.8	–234.6	244.6	663.8
韩国	56.1	62.8	46.1	54.4	25.6	245

3. 外资行业分布

根据东盟秘书处统计，2019 年外商投资东盟的行业领域主要集中在制造业（562.4 亿美元）、金融和保险服务业（513.1 亿美元）、批发零售业（182.8 亿美元）和房地产业（98.7 亿美元），以上 4 个行业外商投资占总额的 84.5%。2019 年，美国投资者主要投向金融和保险业、制造业、零售业和其他服务业；来自日本的投资主要投向金融和保险服务业、制造业、批发和零售业以及人类健康产业；来自中国的投资主要流入制造业、房地产业和金融服务业。

（四）东盟鼓励外国投资

东盟国家出台的许多对外投资法律法规，维护了境外的投资者与外国投资者的合法权益。1998 年 10 月，东盟 9 个成员国（柬埔寨 1999 年加入）签署了《东盟投资区框架协议》（AIA），该协议旨在给东盟和非东盟国家创建更自由的投资环境；逐步减少和取消阻碍东盟投资流动和投资项目运行的投资管制和限制；确保在 2020 年前实现资本自由流动。该协议权限超越东盟各成员国国内投资立法，是对整个区域投资规则的规范。《东盟投资区框架协议》同时也规定了给予投资者以国民待遇和给予投资者及其投资以最惠国待遇，规定在 2010 年赋予东盟投资者国民待遇并在 2020 年将国民待遇扩展到所有外国投资者。

二、新加坡的投资环境[1]

（一）新加坡营商环境位居世界前列

新加坡投资环境的吸引力主要体现在七个方面：地理位置优越、基础设施完善、政治社会稳定、商业网络广泛、融资渠道多样、法律体系健全、政府廉洁高效。据联合国贸发会议发布的《2020 年世界投资报告》显示，2019 年，新加坡吸收外资流量为 920.8 亿美元；截至 2019 年底，新加坡吸收外资存量为 16975.6 亿美元。外资主要来源于欧盟（占 19.2%）、美国（占 16.6%）、开曼群岛（占 12.3%）、英属维尔京群岛（占 7.4%）、荷兰（占 7%）和日本（占 6.6%），行业流向主要为金融保险业（占 53.4%）、批发零售业（占 15.7%）、制造业（占 12.8%）、专业科技服务和商业服务业（占 10.1%）、房地产业（占 2.6%）和信息通信业（占 2.1%）。

世界银行发布的《2020 年营商环境报告》显示，在全球 190 个经济体中，新加坡连续 4 年排名第 2 位，仅次于新西兰，2016 年之前新加坡连续 10 年位居榜首。世界经济论坛《2019 年全球竞争力报告》显示，新加坡在全球最具竞争力的 141 个国家和地区中，排第 1 位。根据 KPMG 应变能力最新调查报告，新加坡的应变能力指数（change readiness index，简称 CRI）在 127 个国家或地区中位居榜首，再次成为世界上应变能力最强的国家。报告指出，新加坡应变能力强的主要驱动力来自三方面，即开放和多元化经济（新加坡排名第 1）、政府执行战略规划和横向发展的能力（新加坡排名第 1），以及强大的人力资本（新加坡排名第 4）。在美国传统基金会发布的《2019 年全球经济自由度指数报告》中，新加坡排名第 2 位，仅次于中国香港。在彭博社发布的《2018 年全球创新国家》排行榜中，新加坡排名第 3 位。在英国智库 Z/Yen 集团发布的《2017 年全球金融中心指数报告》中，新加坡排名第 4 位。在国际清算银行发布的 2018 年统计报告中，新加坡在全球外汇交易中心中名列第 3，排在伦敦、

---

[1] 商务部国际贸易经济合作研究院、中国驻新加坡大使馆经济商务处、商务部对外投资和经济合作司 . 对外投资合作国别（地区）指南—新加坡（2020 年版）.2020 年 12 月 .

纽约之后。在德勤会计师事务所发布的《2017 年全球金融科技中心调查报告》中，新加坡与伦敦并列第 1。在德科集团、欧洲工商管理学院和塔塔通信联合发布的《2019 年全球人才竞争力指数报告》中，新加坡在人才竞争力方面的得分为 77.27 分，排名第 2，仅次于瑞士。

（二）新加坡出台一系列吸引外资政策

新加坡负责投资的主管部门是经济发展局（EDB，简称“经发局”），也是专门负责吸引外资的机构，具体制订和实施各种吸引外资的优惠政策并提供高效的行政服务。新加坡的投资环境开放，并鼓励外国投资。本地和外国投资者均适用相同的法律和法规。新加坡政府还制订了特许国际贸易计划、区域总部奖励、跨国营业总部奖励、金融与资金管理中心奖励等多项计划以鼓励外资进入。同时，经济发展局还推出了一些优惠政策和发展计划来推动企业拓展业务，如创新发展计划、企业研究奖励计划、新技能资助计划等。根据新加坡政府公布的 2010 年长期战略发展计划，电子、石油化工、生命科学、工程、物流等 9 个行业被列为奖励投资领域。

新加坡经济发展局为鼓励、引导企业投资先进制造业和高端服务业，提升企业劳动生产力，推出了先锋计划、投资加计扣除计划、业务扩展奖励计划、金融与资金管理中心税收优惠、特许权使用费奖励计划、批准的外国贷款计划、收购知识产权的资产减值税计划、研发费用分摊的资产减值税计划等税收优惠措施，以及企业研究奖励计划和新技能资助计划等财政补贴措施。

新加坡标新局为扶持中小企业发展、鼓励创新、提升企业劳动生产力，推出了天使投资者税收减免计划、天使基金、孵化器开发计划、标新局起步公司发展计划、技术企业商业化计划、企业家创业行动计划、企业实习计划、管理人才奖学金、高级管理计划、业务咨询计划、人力资源套餐、知识产权管理计划、创意代金券计划、技术创新计划、品牌套餐、企业标准化计划、生产力综合管理计划、本地企业融资计划、微型贷款计划等财税优惠措施。

为鼓励跨国公司将区域或国际总部设立在新加坡。将区域总部（RHQ）或国际总部（IHQ）设在新加坡的跨国公司，可适用较低的企业所得税税率。区域总部为15%，期限为3～5年；国际总部为10%或更低，期限为5～20年。

（三）新加坡设立特殊经济区域促进产业集群的形成

为了更加集约有效利用稀缺的国土资源，并通过海外投资租赁飞地的方式带动经济增长，新加坡设立了一些特殊经济区域，以促进产业集群的形成。

1. 商业园

国际商业园、樟宜商业园、洁净科技园、纬壹科技城内的启奥城、媒体工业园和启汇城。

2. 特殊工业园

包括：裕廊岛的石油化学工业园，淡滨尼、巴西立、兀兰的晶圆厂房，淡滨尼的先进显示器工业园，大士生物医药园、生物科技园的生物产业园，樟宜机场物流园、裕廊岛的化工物流园和物流产业园，麦波申、大士的食品产业园、岸外海事中心、实里达航空园等。

3. 科技企业家园

裕廊东的企业家园、新加坡科学园的 iAxil、红山—新达城科技企业家中心、菜市科技园。

新加坡是城市国家，实行全国统一的税收制度，对外资也实行国民待遇，上述园区内无特殊税收优惠政策，各个园区主要根据区内产业发展的特点而建，区内相关产业的配套基础设施比较完备，可发挥产业集群效应。

三、马来西亚的投资环境[1]

（一）马来西亚的营商环境位居东盟第二

马来西亚政府欢迎和鼓励外国投资者对其制造业及相关服务业进行投资，近年来一直致力于改善投资环境、完善投资法律、加强投资激励，以吸引外资进入马来西亚的相关行业。由于马投资法律体系完备、与国际通行标准接轨、各行业操作流程较为规范，加之其临近马六甲海峡，辐射东盟、印度及中东市

---

[1] 商务部国际贸易经济合作研究院、中国驻马来西亚大使馆经济商务处、商务部对外投资和经济合作司．对外投资合作国别（地区）指南—马来西亚（2020年版）.2020年12月．

场等独特的地缘优势，吸引了包括中国企业在内的各国企业来马投资经营。

马来西亚投资环境的竞争优势主要体现在五个方面：地理位置优越，位于东南亚核心地带，可成为进入东盟市场和前往中东澳新的桥梁；经济基础稳固，经济增长前景较好；原材料资源丰富；人力资源素质较高，工资成本较低；民族关系融洽，三大种族和谐相处，政治动荡风险低。世界经济论坛《2019年全球竞争力报告》显示，马来西亚的竞争力在全球141个经济体中排名第27位。世界银行《2020年全球营商环境报告》显示，马来西亚2020年营商环境在全球190个经济体中排名第12位，在东盟地区仅次于新加坡。经济学人智库发表最新"全球宜居城市排名"，马来西亚吉隆坡在全球231个城市中排名第85位。

（二）马来西亚对外国投资政策

马来西亚政府鼓励外国投资进入其出口导向型的生产企业和高科技领域，可享受优惠政策的行业主要包括：农业生产、农产品加工、橡胶制品、石油化工、医药、木材、纸浆制品、纺织、钢铁、有色金属、机械设备及零部件、电子电器、医疗器械、科学测量仪器制造、塑料制品、防护设备仪器、可再生能源、研发、食品加工、冷链设备、酒店旅游及其他与制造业相关的服务业等。在制造业领域，从2003年6月开始，外商投资者投资新项目可以持有100%的股权。但外商投资在金融、保险、法律服务、电信、直销及分销等行业的股权方面受到严格限制，一般外资持股比例不能超过50%或30%。

2009年4月，马来西亚政府为了进一步吸引外资，刺激本国经济发展，开放了八个服务业领域的27个分支行业，允许外商独资，不设股权限制。①计算机相关服务领域：电脑硬件咨询；软件应用（包括软件系统咨询、系统分析、系统设计、电脑程序、系统维护）；资料处理（包括资料输入、资料处理与制表、共享服务等）；数据库服务；电脑维修服务；其他（包括资料准备、训练、资料修复、内容开发等）。②保健与社会服务领域：兽医；老人院及残疾中心；孤儿院；育儿服务（包括残疾儿童中心）；为残疾人士提供的职业培训。③旅游服务领域：主题公园；会展中心（超过5000个座位）；旅行社（仅限国内旅游部分）；酒店与餐馆（仅限4星级及5星级酒店）；食品（仅限4

星级及5星级酒店）；饮品（仅限4星级及5星级酒店）。④运输服务领域：C级交通运输（私营运输执照——仅限自用货物运输）。⑤体育及休闲服务领域：体育服务（体育赛事承办与促销）。⑥商业服务领域：区域分销中心；国际采购中心；科学检验与分析服务，包括成分与纯度化验分析、固体物检验分析、机械与电子系统检验分析、科技监督等；管理咨询服务，包括常规服务、金融（商业税收除外）、市场、人力资源、产品与公关等。⑦租赁服务领域：船只租赁（不包括沿海及岸外贸易）；国际货轮租赁（光船租赁）。⑧运输救援服务领域：海事机构；船只救护。

为了进一步刺激外资流入，马来西亚政府在2012年逐步开放17个服务业分支行业的外资股权限制，包括：电讯领域的服务供应商执照申请、电讯领域的网络设备供应与网络服务供应商执照申请、快递服务、私立大学、国际学校、技工及职业学校、特殊技术与职业教育、技能培训、私立医院、独立医疗门诊、独立牙医门诊、百货商场与专卖店、焚化服务、会计与税务服务、建筑业、工程服务以及法律服务。

马来西亚在2017年财政预算案中公布数码自贸区计划，积极推动各项活动，如电子商务生态系统、数码创客运动，并推出新地标，如马来西亚数码枢纽。

（三）马来西亚的产业集群发展措施

近年来，马来西亚政府鼓励外资政策力度逐步加大，为平衡区域发展，陆续推出五大经济发展走廊，基本涵盖了西马半岛大部分区域以及东马的两个州，凡投资该地区的公司，均可申请5～10年免缴所得税，或5年内合格资本支出全额补贴。根据具体区域实际情况，马来西亚联邦政府制定了不同的重点发展行业。

1. 伊斯干达开发区（Iskandar Malaysia）

位于马来半岛南端柔佛州，占地面积约2200平方公里，重点推动服务业成为经济发展的关键动力。截至2017年12月，伊斯干达开发区吸引的投资额已积累达到2531亿马币。鼓励投资行业包括：旅游服务、教育服务、医疗保健、物流运输、创意产业及金融咨询服务等。

2. 北部经济走廊（Northern Corridor Economic Region, NCER）

涵盖了马来半岛北部玻璃市州、吉打州、槟州及霹雳州北部区域，占地面积约 1.8 万平方公里，重点鼓励投资行业包括农业、制造业、物流业、旅游及保健、教育及人力资本和社会发展等。

3. 东海岸经济区（East Coast Economic Region, ECER）

包括东海岸吉兰丹州、登加楼州、彭亨州及柔佛州的丰盛港地区，占地面积约 6.7 万平方公里，重点鼓励投资行业包括旅游业、油气及石化产业、制造业、农业和教育等。

4. 沙巴发展走廊（Sabah Development Corridor, SDC）

涵盖了东马沙巴州大部分地区，占地面积约 7.4 万平方公里，重点鼓励投资行业包括旅游业、物流业、农业及制造业等。

5. 沙捞越再生能源走廊（Sarawak Corridor of Renewable Energy, SCORE）

位于东马沙捞越州西北部，占地面积约 7.1 万平方公里，砂州拥有丰富的能源资源，重点鼓励投资行业包括油气产品、铝业、玻璃、旅游业、棕油、木材、畜牧业、水产养殖、船舶工程和钢铁业等。

四、泰国的投资环境[1]

（一）泰国的投资吸引力

从投资环境吸引力的角度，泰国的竞争优势有六方面：社会总体较稳定，对华友好；经济增长前景良好；市场潜力较大；地理位置优越，位处东南亚地理中心；工资成本低于发达国家；政策透明度较高，贸易自由化程度较高。

世界经济论坛《2019 年全球竞争力报告》显示，泰国在全球最具竞争力的 141 个国家和地区中，排名第 40 位。世界银行发布的《2020 年全球营商环境报告》显示，在 190 个经济体中，泰国营商环境排名第 27 位。世界知识产权组织发布的 2019 年全球创新能力指数排名显示，泰国排名第 43 位，比 2018

[1] 商务部国际贸易经济合作研究院、中国驻泰国大使馆经济商务处、商务部对外投资和经济合作司．对外投资合作国别（地区）指南—泰国（2020 年版）.2020 年 12 月．

年上升了一位。

优良的投资环境使泰国在吸收外资方面取得了显著成绩，尤其在1995—2005年期间，外国投资大幅增加，年均增长率约为10%。2001年以来，虽然受到国内政治动荡和金融危机影响，但仍保持较高水平。伴随中国—东盟自贸区的全面建成及东盟经济共同体的建成，泰国吸收外资重新进入快速增长期。据联合国贸发会议发布的2020年《世界投资报告》显示，2019年泰国吸收外国直接投资（FDI）流量为41.46亿美元；截至2019年底，泰国吸收外国直接投资（FDI）存量为2544.16亿美元。

（二）泰国对外国投资和产业集群的促进政策

泰国主管投资促进的部门是投资促进委员会（BOI），根据其最新的七年投资促进战略（2015—2021），泰国主要以投资所属的行业为基础，按行业的重要性给予不同程度的优惠政策，另外也按项目所在地区及价值的不同给予额外的优惠。其总体目标是促进泰国经济可持续发展，增强经济竞争力，鼓励创新、高附加值、绿色科技相关产业及研发的投资。

2015年9月，泰国内阁通过了产业集群经济特区政策，拟给予符合条件的区内企业所得税减免、进口机器免税以及专家等个人所得税减免、外国人可拥有土地等优惠。目前泰国政府致力于发展两类产业集群：超级产业集群和其他产业集群。超级产业集群包括运用先进技术的领域以及未来产业，如汽车和零配件，电力产品、电子产品和通信技术，数字经济，环保型石化产品和化工产品等产业；其他产业集群包括农产品加工、纺织服装等产业。

2016年泰国政府批准东部经济走廊（EEC）发展计划，希望能够吸引外商对东部经济走廊地区进行投资，从而提升泰国的产业结构，增强国家的综合竞争力，使泰国摆脱中等收入陷阱。东部经济走廊计划连接了泰国的北柳、春武里和罗勇三个地区，在发展新型汽车、智能电子、高端农业及生物科技、食品加工、机器人、生物材料及信息技术等10大产业的同时，完善该地区高铁、公路等基础设施建设。

2019年1月，泰国南部经济走廊（SEC）整体发展规划方案正式获得泰国内阁批示，主要涵盖春蓬、拉农、素叻和洛坤南部4府。按照整体项目发展规划方案，未来4年将总共投入2000亿泰铢，从4个方面深度发掘泰南经济潜力。泰国南部经济走廊将是继东部经济走廊（EEC）后，泰国政府推出的又一个能够改变泰国未来经济整体发展趋势的战略计划。

五、菲律宾的投资环境[1]

（一）菲律宾的投资吸引力

菲律宾最大的优势是拥有数量众多、廉价、受过教育、懂英语的劳动力。据联合国最新统计，菲律宾居民识字率达到97.75%，位居东南亚国家首位，在亚洲地区名列前茅。加之菲律宾劳动力成本大大低于发达国家，因而吸引了大量西方公司把业务转移到菲律宾。菲律宾靠近东亚地理中心，是唯一能在4小时之内抵达东亚主要首都城市的国家。历史上菲律宾一直是地区与全球贸易的枢纽之一。

世界经济论坛《2019年全球竞争力报告》显示，菲律宾在全球最具竞争力的141个国家和地区中，排第64位。世界银行《2020年营商环境报告》显示，在190个经济体中，菲律宾营商环境便利度排名第95位。

（二）菲律宾对外投资政策

菲律宾政府将所有投资领域分为三类，即优先投资领域、限制投资领域和禁止投资领域。对于优先投资领域，菲律宾政府定期制定《投资优先计划》，列出政府鼓励投资的领域和可以享受的优惠条件，引导内外资向国家指定行业投资。优惠条件包括减免所得税、免除进口设备及零部件的进口关税、免除进口码头税、免除出口税费等财政优惠，以及无限制使用托运设备、简化进出口通关程序等非财政优惠。

2017年3月，菲律宾政府批准了由菲律宾投资署制定的《2017—2019年投资优先计划》（IPP），计划中所列项目将获得所得税减免等税收优惠政策。

---

[1] 商务部国际贸易经济合作研究院、中国驻菲律宾大使馆经济商务处、商务部对外投资和经济合作司.对外投资合作国别（地区）指南—菲律宾（2020年版）.2020年12月.

计划中所列的优先经济活动包括农产品加工业、农业和渔业，战略性服务业，基础设施和物流（包括由地方政府部门参与的 PPP 项目），包容性商业模式，与环境或气候变化有关的项目。除制造业以外，基础设施项目、电力和能源等也是投资热点。

六、印度尼西亚的投资环境[1]

（一）印度尼西亚的投资吸引力

印度尼西亚政局总体稳定，政府重视扩大投资；自然资源丰富；经济增长前景看好，市场潜力大；地理位置重要，控制着关键的国际海洋交通线；人口众多，有丰富、廉价的劳动力；市场化程度较高，金融市场较为开放。同时，印度尼西亚政府大力改善基础设施条件，出台中长期经济发展规划，着力推动交通、通讯等大型基础设施项目建设，仅 2013 年就计划启动总投资约 545.6 万亿印度尼西亚盾（约合 565 亿美元）的基础设施项目，巨大的基建市场也给外资带来了投资机遇。目前，印度尼西亚经济保持较快增长，国内消费成为印度尼西亚经济发展稳定动力，各项宏观经济指标基本保持正面，经济结构比较合理。印度尼西亚持续向好的经济发展前景和特有的比较优势将继续吸引外资涌入。印度尼西亚矿产资源极为丰富，矿业是外商投资印度尼西亚的传统热点行业，目前矿业成为印度尼西亚第一大外商投资行业，约占利用外资总量的六分之一。

世界经济论坛《2019 年全球竞争力报告》显示，印度尼西亚在全球最具竞争力的 141 个国家和地区中，排第 50 位。世界银行《2020 营商环境报告》显示，印度尼西亚在全球 190 个经济体中，营商便利度排名第 73 位。中国对外承包工程商会发布的《“一带一路” 国家基础设施发展指数（2019）》中显示，印度尼西亚连续多年排名榜首，其发展环境、发展潜力和发展趋势指数均排名前列。

（二）印度尼西亚对外国投资和产业集群的促进政策

根据 2007 年第 25 号《投资法》，印度尼西亚国内外投资者可自由投资任

---

[1] 商务部国际贸易经济合作研究院、中国驻印度尼西亚大使馆经济商务处、商务部对外投资和经济合作司. 对外投资合作国别（地区）指南—印度尼西亚（2020 年版）.2020 年 12 月.

何营业部门，除非已为法令所限制与禁止的生产武器、火药、爆炸工具与战争设备的部门。外国直接投资可以设立独资企业，可与印度尼西亚的个人、公司成立合资企业。

印度尼西亚政府不断改进和完善投资环境，通过一站式服务并推动税收优惠、宣传推介等政策和措施，对吸引外资起到了一定促进作用。印度尼西亚投资协调委员会以简化手续、提升服务的方式促进外商投资，并进一步简化《投资负面清单》，对外开放更多投资领域。印度尼西亚工业部、财政部出台税收优惠，以外商投资企业自用设备免征进口关税、出口产品的原材料实行退税、特定行业和大规模投资所得税减免等方式，吸引外商投资。

2018 年 11 月，印度尼西亚政府修订并公布了投资负面清单，大幅放宽外资准入或持股比例。外国投资者可以在互联网服务、制药、针灸服务设施、商业性画廊、艺术表演画廊及旅游开发等行业拥有 100% 股权。

印度尼西亚为了平衡地区发展，按照总体规划部署和各地区自然禀赋、经济水平、人口状况等特点，将重点发展“六大经济走廊”，即爪哇走廊——工业与服务业中心、苏门答腊走廊——能源储备、自然资源生产与处理中心、加里曼丹走廊——矿业和能源储备生产与加工中心、苏拉威西走廊——农业、种植业、渔业、油气与矿业生产与加工中心、巴厘与努沙登加拉走廊——旅游和食品加工中心、巴布亚与马鲁古群岛走廊——自然资源开发中心。印度尼西亚政府将按照规划出台政策和措施，对在上述地区发挥比较优势的产业提供税务补贴等优惠政策，优先鼓励发展当地规划产业。

七、越南的投资环境[1]

（一）越南的投资吸引力

越南吸收外资的主要优势：一是政局稳定，经济发展较快，近年来越南 GDP 增长基本在 5 ~ 7%；二是劳动力成本相对较低，根据越南政府规定，

---

[1] 商务部国际贸易经济合作研究院、中国驻越南大使馆经济商务处、商务部对外投资和经济合作司．对外投资合作国别（地区）指南—越南（2020 年版）.2020 年 12 月．

2018年起越南劳动力最低月薪为267～398万越南盾（合800～1200元人民币）；三是地理位置优越，海岸线长达3260公里，港口众多，运输便利；四是越南投资法较为开放、完善，为外国投资者提供了较为全面的基础法律保障和较大力度的优惠政策；五是对外开放程度较高，目前越南已签署或正在推进16项自贸协定，投资者可利用东盟经济共同体、中国—东盟自贸区等自由贸易平台接近更广阔的国际市场；六是基础设施需求大。

世界银行发布的《2020年营商环境报告》显示，越南在全球190个经济体中排名第70位。世界经济论坛发布的《2019年全球竞争力报告》显示，越南在全球最具竞争力的141个国家和地区中排名第67位。

（二）越南对外国投资和产业集群的促进政策

1986年以来，越南坚持革新开放，以发展经济为重心，加快融入国际经济。2006年7月1日，越南出台新的《投资法》，对国内和外商投资实行统一管理，特别是在2007年1月加入世界贸易组织（WTO）后，越南给予外资企业国民待遇，大力完善国内法律法规，力求与国际接轨。为加大吸引外资力度，越南第五次修订《投资法》，并于2015年7月1日起正式生效。2016年11月22日，越南国会通过《关于<投资法>附条件投资经营行业4号目录的修订草案》，决定自2017年1月1日起正式取消20项业务的投资经营限制条件，国内市场进一步开放，营商环境不断改善。

越南鼓励外商投资的行业主要包括：科学和技术发展研究；高新技术应用；复合型材料、新建筑材料、稀有材料生产；再生能源、清洁能源、废料发电；生物科学发展；环保等领域；教育培训、行业、医疗、文化、体育和环境等领域；高级钢铁生产；节能产品生产；服务农林渔业的机械设备生产；灌溉设备生产；家禽、家畜、水产品饲料精制。此外，越南还鼓励外商到高新技术开发区投资建厂。

为实现工业、商业规模化集聚发展，越南设立若干经济开发区，包括工业区（含加工出口区）和沿海经济区，实行各种不同的鼓励发展政策。截至2017年7月底，全国共设立工业区328个，其中，已投产工业区223个。

八、柬埔寨的投资环境[1]

（一）柬埔寨的投资吸引力

柬埔寨投资环境的主要优势在于劳动力资源丰富，成本较低，人口红利明显；实行开放的自由市场经济政策，经济活动高度自由化；美国、欧盟、日本等 28 个国家 / 地区给予柬埔寨的普惠制待遇（GSP），对于自柬埔寨进口纺织服装产品，美国给予较宽松的配额和减免征收进口关税，欧盟不设限，加拿大给予免征进口关税等优惠。

世界经济论坛发布的《2019 年全球竞争力报告》显示，柬埔寨在全球最具竞争力的 141 个国家和地区中，排第 106 位。据世界银行发布的《2020 年营商环境报告》显示，柬埔寨在全球 190 个经济体中排名第 144 位。

（二）柬埔寨对外国投资的促进政策

柬埔寨政府视外国直接投资为经济发展的主要动力。柬埔寨无专门的外商投资法，对外资与内资基本给予同等待遇，其政策主要体现在《投资法》等相关法律规定中。外国投资同样可享受美、欧、日等 28 个国家 / 地区给予柬埔寨的普惠制待遇（GSP）。柬埔寨政府鼓励投资的重点领域包括：创新和高科技产业；旅游业；农工业及加工业；基础设施及能源产业；各省及农村发展；环境保护；在依法设立的特别开发区投资。投资优惠包括免征全部或部分关税和赋税。柬埔寨行业鼓励政策主要体现在农业和旅游业两个方面。

九、缅甸的投资环境[2]

（一）缅甸的投资吸引力

随着西方解除对缅甸的经济制裁，以及缅甸离岸天然气田的发现及开采，大量外资涌入，缅甸经济获得较快发展。从投资环境吸引力的角度，缅甸的竞

---

[1] 商务部国际贸易经济合作研究院、中国驻柬埔寨大使馆经济商务处、商务部对外投资和经济合作司 . 对外投资合作国别（地区）指南—柬埔寨（2020 年版）.2020 年 12 月 .

[2] 商务部国际贸易经济合作研究院、中国驻缅甸大使馆经济商务处、商务部对外投资和经济合作司 . 对外投资合作国别（地区）指南—缅甸（2020 年版）.2020 年 12 月 .

争优势有以下几方面：一是国内政局相对稳定；二是具有丰富的自然资源和文化遗产；三是地理位置优越，毗邻中国、印度以及东盟国家三大人口密集的新兴市场，是连通东亚和东南亚的重要通道，市场潜力大；四是劳动力资源丰富且成本相对较低；五是在欧盟和美国相继对其解除制裁后，缅甸作为最不发达国家，目前仍享有欧盟、美国等发达国家给予的普惠制（GSP）待遇；六是基础设施等传统产业以及电子商务、移动支付等新业态均有较大发展空间，新冠肺炎疫情使缅甸发展线上经济的意愿更为迫切，已可通过网上银行和手机银行办理税收缴纳业务；七是近年来政府吸引外资的意愿和对外开放力度不断增强，缅甸新《投资法》《投资细则》和《公司法》等一系列法律的颁布实施使外商投资环境逐步改善。

据世界银行发布的《2020 年营商环境报告》，缅甸在 190 个经济体中排名第 165 位，位列营商环境改善成绩突出的 20 个国家之一，其中在开办企业这一指标上的名次从第 152 名上升至第 70 名。

（二）缅甸对外国投资的促进政策

为进一步吸引外资，缅甸于 2012 年 11 月颁布《外国投资法》，2013 年 1 月颁布《缅甸外国投资实施条例》。为增强国内外投资者的投资信心，让国内投资者享有与国外投资者同等的待遇，政府综合了外商投资法以及缅甸投资法，缅甸联邦议会 2016 年 10 月 18 日通过了新的《缅甸投资法》，与之前的法律相比，此次批准的新法案基本统一了内外资待遇，增加了所得税减免条款等。2017 年 6 月，缅甸投资委员会公布了鼓励投资的 10 个行业：农业及相关服务行业，包括农产品加工业；畜牧业及渔业养殖；有助于增加出口的行业；进口替代行业；电力行业；物流行业；教育服务；健康产业；廉价房建设；工业园区建设。

为吸引外来投资，缅甸于 2014 年 1 月 23 日修订出台了新的《缅甸经济特区法》，缅甸规划建设的经济特区主要有缅甸南部德林达依省的土瓦经济特区、缅甸西部若开邦的皎漂经济特区以及仰光南部迪洛瓦经济特区，对经济特区内的投资者和投资建设者实行税收优惠政策。

十、老挝的投资环境❶

（一）老挝的投资吸引力

老挝的投资优势在于自然资源丰富，首先，老挝矿产资源多未开发。老挝主要矿带属中国三江成矿带延伸部分，主要矿藏有金、银、铜、铁、钾盐、铝土、铅及锌等。其次，老挝水电资源丰富。老挝是东南亚地区水能蕴藏最丰富国家之一。在老挝境内，200 公里以上河流 20 余条，有 60 多个水能丰富的水电站建站点。再次，老挝农业资源条件良好。老挝土地资源丰富，人口密度为每平方公里 28 人，属热带季风气候，日照时间长，雨水充足，农业开发条件较好。

但老挝人口少、市场小，难以开展规模化生产制造，大部分物资靠进口，成本相对较高，投资经营中需注意成本调查、核算。老挝基础设施条件欠佳，工业较难配套，物流成本较高，运输时间长，煤炭严重缺乏，水电虽丰富，但电网建设跟不上，全国仍有六分之一的村不通电。老挝劳动力不足，且素质和技能有待提升，当地雇员一般不愿加班加点，赶时间、工期的项目执行难度较大。❷

世界银行《2020 年营商环境报告》显示，按照投资难易程度排名来看，2019 年世界 190 个经济体中，老挝排第 154 位。世界经济论坛《2017—2018 年全球竞争力报告》显示，老挝在全球最具竞争力的 137 个国家和地区中，排名第 98 位。

（二）老挝对外国投资的政策

老挝现行的外国投资法律是 2009 年颁布的《投资促进法》，2011 年 4 月颁布了《投资促进法实施条例》，对投资促进法部分条款作出了进一步的规定。老挝对外国投资给予税收、制度、措施、提供信息服务及便利方面的优惠政

---

❶ 商务部国际贸易经济合作研究院、中国驻老挝大使馆经济商务处、商务部对外投资和经济合作司 . 对外投资合作国别（地区）指南—老挝（2020 年版）.2020 年 12 月 .

❷ 中国出口信用保险公司 . 国别投资便利化状况报告（2018），2018.

策。老挝主席本扬·沃拉吉在2016年11月的国民议会上颁布了新修订的《投资促进法》。修改后的法案共有12部分，109个条款。新的法规旨在为投资者扩大特许权范围，最大限度刺激老挝的投资效益。

老挝鼓励外国投资的行业有：出口商品生产；农林、农林加工和手工业；加工、使用先进工艺和技术、研究科学和发展、生态环境和生物保护；人力资源开发、劳动者素质提高、医疗保健；基础设施建设；重要工业用原料及设备生产；旅游及过境服务。老挝政府根据不同地区的实际情况给予投资优惠政策。

十一、文莱的投资环境[1]

（一）文莱的投资吸引力

文莱税赋较低，基础设施完善，辐射市场广阔。文莱政府为实现多元化发展，重视建设良好的商业和投资环境，提供了优惠的税收环境。但文莱经济结构单一，油气产业是其唯一经济支柱，约占全国GDP的53%、财政收入的77%和外贸出口的88%以上。非油气产业主要有建筑业以及旅游、贸易、交通和金融等服务业，制造业几乎空白。文莱基础设施发展水平较高，同时还积极参与东盟互联互通建设，是东盟东部增长区（东盟内三个次区域合作之一，由文莱、马来西亚东部，印度尼西亚东北部和菲律宾南部构成）唯一主权国家，地理位置优越，市场潜力较大，可辐射周边区域。政府在努力延伸油气产业链的同时，对政府所属企业和公用事业实行企业化和私有化改制，鼓励创新产业和中小企业发展，加大吸引外资力度。未来文莱油气中下游加工、高新科技产业、清真产业、生物科技、农业和旅游业等多元化重点行业将迎来良好发展机遇。

在世界银行发布的《2020年全球营商环境报告》排名中，文莱在全球190个经济体中营商环境便利度排名第66位。世界经济论坛《2019年全球竞争力

---

[1] 商务部国际贸易经济合作研究院、中国驻文莱大使馆经济商务处、商务部对外投资和经济合作司．对外投资合作国别（地区）指南—文莱（2020年版）.2020年12月．

报告》显示，文莱在全球最具竞争力的 141 个国家和地区中，排第 56 位。根据美国传统基金会（The Heritage Foundation）和《华尔街日报》（*The Wall Street Journal*）发布的 2020 经济自由度指数，在全球 186 个经济体中，文莱的经济自由度排名第 61 位。

（二）文莱对外国投资的促进政策

由于自身缺乏产业基础，文莱欢迎外国投资，并推行一系列鼓励投资的优惠政策，规划建设了一批产业园区，正在策划设立自由贸易区；同时，组建高层次的外资委员会，全面协调、推动利用外资工作。文莱政府于 1975 年颁布投资促进法，2001 年在该法基础上颁布新的投资促进法令，延长了对部分鼓励投资产业的税收优惠期。根据投资促进法，在先锋产业、先锋服务公司、出口型生产企业投资可享受税收优惠。文莱政府对于产业园区的外资引入采取了免税、融资、政府补贴、优惠的价格成本和宽松的雇佣政策等优惠政策。

文莱免征流转税、个人所得税等诸多税种，国内税主要税种为企业所得税，现行税率为 8.5%，在东盟地区属较低水平。文莱还实施“先锋产业”计划，对国内亟须发展的行业免除企业所得税和设备进口关税，免税期为 11 年，并可根据后续投资情况延长免税期达 20 年。

第二节　跨国公司在东盟的直接投资与产业分布

在东盟国家，由于各国经济发展水平差异很大，实施对外经济开放战略与政策的时间点不一样，跨国公司对东盟各国的投资时间、投资产业结构分布等也呈现出不一样的特征。但从时间点来看，跨国公司在东盟的直接投资大致经历了起步、剧增、低迷、反弹、衰退、快速增长六个阶段，各阶段投资的产业也呈现出从第一产业转向第二产业，再从第二产业到第三产业服务业的发展轨迹，而且第二产业中制造业部门投资的技术层次在提高，重化工业部门的投资比重也在上升。近年来，跨国公司对东盟的投资目的，正从传统的获取资源向优化价值链等多元驱动因素转变。

一、20世纪60年代后期—20世纪80年代上半期

20 世纪 60 年代后期，东盟国家为了缓解外汇和外债的压力，采取引进外国直接投资的政策，许多跨国公司在东盟出口工业化政策的吸引下，开始把东盟作为它们的出口生产基地，东盟国家的外国直接投资不断增加。此时，跨国公司对东盟国家的投资主要集中于东盟五国（新加坡、泰国、马来西亚、印度尼西亚和菲律宾），它们所吸收的国际直接投资占东盟十国的 95% 以上。1980—1985 年期间由于发达国家开始改变国际投资战略，从在发展中国家进行“出口工业生产基地型”投资转向在贸易对象国进行直接投资的“回避贸易壁垒型”投资，导致跨国公司在东盟五国的投资增长有所回落。

这个阶段，跨国公司在东盟五国投资产业部门分布结构有差异。由于新加坡的经济发展水平较高，资源比较匮乏，跨国公司在新加坡主要是投资于制造工业部门。在 1965—1980 年期间，新加坡制造工业部门中外资企业的雇佣工人人数占 58.4%，外资企业的产值占 73.7%。起初跨国公司主要是投向面向出口的工业，1979 年起在“第二次工业革命”优惠政策的刺激下，开始投向高技术、高工艺、高增值的技术密集型和知识密集型产业。而东盟四国由于石油、矿物及其它原料资源丰富，从 60 年代到 70 年代初期，跨国公司对其投资的产业部门分布以第一产业部门为主，制造工业部门居次（投资比重不大），第三产业部门所占比重极小。70 年代后东盟四国重点发展面向出口工业，跨国公司投资面向出口工业的第二产业部门的比重有所增大，除印度尼西亚外第一产业部门比重均大幅度下降。

从跨国公司的投资行业看，这一时期泰国的外资投资主要投向矿业、商业、建筑、家用电器、集成电路元器件、化工、塑料制品、石油天然气开采等行业（见表 3–4）。马来西亚的外资主要投向资源开发与资源加工、纤维纺织、电气机器与电子部件等领域，截至 1987 年底为止的外资投资累计额中，资源加工产品（石油与煤炭产品、非金属矿物制品等）占有 48.6% 的比重。菲律宾

的主要投资领域为燃料动力、采矿业、出口加工工业和重化工业等部门。印度尼西亚的外资主要投资于矿业与林业等资源开发和制造工业部门，在1967—1985年的外资投资累计额的投资产业部门分布结构中，矿业与林业部门占11.7%，制造工业部门占76.4%，第三产业部门占9.4%（见表3–5）。

表3–4 泰国外国直接投资的部门行业分布❶

行业	净流量（百万美元）		百分比（%）	
	1970—1985年	1986—1994年	1970—1985年	1986—1994年
1. 金融机构	120	800	5.0	6.2
2. 商业	454	2080	18.9	16.1
3. 建筑	356	815	14.9	6.3
4. 采矿	432	349	18.0	2.7
5. 农业	20	142	0.8	1.0
6. 工业	777	6908	32.4	53.4
-- 食品	57	509	2.4	3.9
-- 纺织	138	353	5.8	2.7
-- 金属和非金属	70	711	2.9	5.5
-- 电子电器	207	1969	8.6	15.2
-- 机器和交通设备	61	376	2.5	2.9
-- 化工	100	898	4.2	6.9
-- 石化	102	867	4.2	6.7
-- 建筑材料	0	291	0.0	2.3
-- 其他	43	934	1.8	7.2
7. 服务	238	1627	9.9	12.6
8. 其他	0	208	0.0	1.6
合计	2396	12928	100.0	100.0

❶ 资料来源：Jansen K. External Finance in Thailand's Development—An Interpretation of Thailand' Growth Boom[M]. London: Macmillan Press，1997：157.

表 3–5　印度尼西亚外国直接投资的部门分布❶

行业	1967 年—1985 年		1986 年—1995 年 9 月	
	外资额（百万美元）	比例（%）	外资额（百万美元）	比例（%）
第一产业	2144	14.2	7066	6.1
种植业	236	1.6	1669	1.4
林业	277	1.8	233	0.2
矿业	1489	9.9	3614	3.1
其他	141	0.9	1551	1.4
第二产业	11531	76.4	79421	69.2
食品	406	2.7	4142	3.6
纺织	992	6.6	4827	4.2
造纸	490	3.2	14431	12.6
化学	2316	15.3	40283	35.1
非金属矿物质	947	6.3	2961	2.6
基础金属	3304	21.9	3629	3.2
金属制品	2570	17.0	7780	6.8
其他	503	3.3	1368	1.2
第三产业	1421	9.4	28325	24.7
合计	15096	100.0	114812	100.0

二、1986—1996年

自 1985 年 9 月西方五大国财政部长和中央银行总裁会议以后，日元、韩元和新台币升值，日本将技术、资本密集型产业转移到“亚洲四小龙”，而“亚洲四小龙”则将劳动密集型和部分技术密集型产业转移到东盟国家，尤其是一些轻工业和电子工业，因而在东盟国家掀起了一场跨国公司投资高潮，制造部门的跨国公司投资急剧增大。东盟国家的外资规模与增长速度空前扩大与加速，但国与国之间有较大差异。新加坡一直保持着持续、小幅度的增长变化趋

❶ 资料来源：根据 Dodson W, Chia S Y. Multinationals and East Asian Integration[R]. International Development Research Centre，1997：197.Table9.2 编制。

势；而泰国、马来西亚和印度尼西亚的跨国公司投资不太稳定，呈现出时而暴涨时而暴降的马鞍形增长变化趋势；菲律宾由于国内政局不稳定直到1993年跨国公司投资才趋向回升，并出现了较大幅度增长的趋势；越南在80年代下半期以后才开始实施对外经济开放战略与政策，因此其投资规模较小，但增长速度较快。进入20世纪90年代以后，跨国公司在东盟第三产业部门（以服务业部门为主）的投资比重不断增大，而在制造工业部门内部，跨国公司投资的工业部门分布结构也出现了一些变化：技术层次明显提高，高增值化趋势突出；炼油与石化工业部门所占的外资投资比重急剧增大；材料工业、金属工业、部件工业的投资比重增大。但是，具体各国之间的跨国公司投资的产业结构分布还是有较大差别的。

新加坡于1986年采取“经济发展新方向”的经济发展战略，强调着重发展服务业，特别是国际经济服务中心，因而自20世纪80年代后期开始，跨国公司对新加坡服务业的投资迅速增加，以日资企业在新加坡投资的产业部门分布变化趋势看，它们在非制造业部门（主要为服务业）的投资比重从1981年度（日本的财政年度，从当年的4月到次年的3月）的36%提高到1991年度的71.2%，相反地，它们在制造工业部门的投资比重同期则从64%下降到28.8%，而且在制造工业部门的投资主要是电子和化学制品等资本技术密集型出口工业。同时在新的经济发展战略的鼓励下，许多跨国公司也纷纷在新加坡设立了区域性营业总部与各种区域服务中心，截至1996年10月底，各国跨国公司在新加坡设立的区域性营业总部有60多家，石油贸易中心有60多家，国际贸易中心有50多家，国际海运中心有30多家，材料与部件采购中心有105家，企业总部有30多家[1]。

1986年后泰国的跨国公司投资主要投向制造工业部门，涉及的领域十分广泛（见表3–4）。1986—1990年间主要是日本和“亚洲四小龙”的跨国公司向泰国转

[1] 汪慕恒，周明伟.东盟国家外资投资发展趋势与外资投资政策演变[M].厦门：厦门大学出版社，2002：86-88.

移劳动密集型出口工业，包括电气与电子的装配工业、化学工业制品工业以及纺织品等低附加值出口工业产品。1991—1996年期间，泰国跨国公司投资的产业部门分布结构发生了明显的变化，电气与电子工业的外资投资已从单纯的装配、组装转向集成电路、半导体等附加值较高的电子元件、部件的生产，炼油与石化工业部门的投资增大，欧美国家石油跨国公司纷纷在泰国等东盟国家抢建炼油与石化工业生产基地，欧美日汽车公司在泰国汽车装配与汽车部件生产的投资也趋于增大。而且20世纪90年代后由于泰国政府放宽对金融业、商业等服务业部门的外资投资限制，跨国公司在泰国第三产业部门的投资比重也迅速增大。

1988年至亚洲金融危机前，马来西亚的资本、技术密集型产业部门的投资趋于增大，炼油工业与石化工业部门的投资剧增。这一阶段马来西亚的跨国公司投资主要集中在电子电器与机械设备部门、炼油与化学制品工业部门和基础金属制品与金属加工制品工业部门。在1991—1995年的外资投资累计额中，电子电器与机械设备部门占24.6%、炼油与化学制品工业部门占37.35%、基础金属制品与金属加工制品工业部门占13.36%，这几个工业部门合计占有75.31%的外资投资比重（见表3–6）。

20世纪80年代下半期，印度尼西亚经济出现高速增长，在印度尼西亚政府加速推行金融自由化和放宽外资对贸易、金融等第三产业部门投资的限制等政策的推动下，印度尼西亚的第三产业部门的外资迅速增大，1967—1985年的外资投资累计额中，第三产业部门仅占9.4%，到了1996年，第三产业部门所占的比重增大到34.5%。印度尼西亚拥有丰富的石油与天然气资源，外资对印度尼西亚石油与天然气产业部门的投资一直占有很重要的地位，进入20世纪90年代后由于市场需求剧增导致欧美跨国石油公司对印度尼西亚的炼油与石化工业的投资出现巨额增长。制造工业部门所占的外资比重下降，但其中的材料与中间产品工业部门的外资趋于增大，从1967—1986年期间的16.4%上升到1967—1996年期间的30%。制造工业部门内部外资分布结构出现了升级的变化趋势，化学工业、造纸工业这两个工业部门的比重不断增加，而纺织品等劳动密集型出口工业的比重下降（见表3–5）。

表 3-6　1991—1995 年马来西亚外国直接投资❶

部门	外国投资（百万马币）	百分比（%）
资源类	34057.2	55.49
木材及木制品	2942.5	4.79
化学及化学产品	8007.2	13.05
石油精炼及石化产品	13198.6	21.5
天然气	1722.0	2.8
非金属产品	4541.6	7.4
其他	3645.3	5.9
非资源类	27318.7	44.51
纺织	3728.0	6.07
基础金属制品	5791.5	9.44
金属加工制品	2403.1	3.92
机器设备	1085.7	1.77
电子电器	12703.2	20.7
交通设备	1321.6	2.15
其他	285.7	0.47
合计	61375.9	100

跨国公司 20 世纪 80 年代下半期在菲律宾的投资主要集中在电器、电子、炼油、石化、汽车、金属加工、纤维纺织等领域。进入 90 年代后，跨国公司对菲律宾炼油、石化工业部门的投资增大，社会基础设施领域的投资剧增。在菲律宾政府的“发展国产汽车生产计划”的拉动下，跨国公司（特别是日本汽车公司）扩大了对汽车以及汽车部件工业部门的投资，由原来从母国进口主要部件转变为在菲律宾投资生产。同时，由于日元升值和菲律宾国产化比率的压力，日本跨国公司加速向菲律宾转移部分技术密集型电子工业、材料工业、部件工业的生产，促使菲律宾的电子工业、材料与部件工业部门的外资投资明显增大。

❶ 资源来源：根据 Yingqi Annie Wei, Balasubramanyam V N. Foreign Direct Investment—Six Country Case Studies[M]. Cheltenham: Edward Elgar Publishing，2004：82.Table4.3 编制。

1988—1990 年，越南跨国公司投资处于起步阶段，投资的重点产业部门为石油与天然气资源的开发与加工，其次是农林水产业，再次是旅游业与服务业，制造工业部门所占的比重很少，而且主要是来自台湾、香港的劳动密集型出口工业（如服装、食品加工、摩托车装配、电器装配等轻工业与装配工业）。1991—1996 年越南的外资投资出现快速增长，投资的产业部门也发生了变化。制造工业部门的比重逐步增大，从 1990 年 16% 增大到 1996 年的 25.1%，其中的重工业部门（钢铁、钢材、农业机械、石化材料、水泥、玻璃等）投资高于轻工业部门，但前者的比重不断下降而后者的比重趋于上升。而石油、天然气、农林水产业部门所占的外资投资比重则急剧下降，从 1990 年 52.3% 下降到 1996 年的 2.2%。

三、1997年亚洲金融危机～2003年

亚洲金融危机爆发后，东盟国家区域内的投资锐减，同时由于东盟国家政治经济形势不稳定也导致区域外的投资减少，再加上 2001—2003 年世界经济衰退以及电子产品国际市场需求疲软，所以这一阶段跨国公司对东盟国家的投资趋于下降，而且投资的产业部门分布结构也有明显的变化。第一产业部门的外资降幅较小，所占的投资比重有所增大；第二产业的外资降幅较大，所占的投资比重下降；第三产业的外资有明显的增加，所占的投资比重有大幅度的提高，而且很多是通过并购来完成。

亚洲金融危机前，新加坡制造工业部门的外资投资主要集中于电子工业、化学工业部门，金融危机期间，电子产品国际市场需求疲软，亚洲市场的石油产品、化学制品需求减弱，因此新加坡这两个工业部门的外资投资趋于下降，1998 年下半年起电子产品的国际市场需求回升，新加坡的电子工业部门的外资投资增加，2000 年下半年起受美国经济减速的影响，新加坡电子工业部门的外资投资又转趋下降。虽然外资对新加坡的投资趋于减少，但跨国公司从中长期开拓亚洲地区市场的投资战略出发，这段时间却增大了对新加坡区域性营业总部的投资，而且大多数与电子、精密工程和各种服务业有关（见表 3–7）。

表 3-7　2004 年 1 月新加坡区域性总部群集的行业分类❶

行业	百分比（%）
电子和精密工程	22
服务业[a]	20
化学制品	19
信息通信和传媒	19
物流和运输	15
生物医药科学	5
总计	100

注：a. 服务业群集包括来自专业服务、零售和接待这些新兴领域中的总部，也包括来自现有领域如教育和环境工程服务中的总部。

金融危机后，泰国政府进一步放宽跨国公司在金融、商业流通等领域的投资限制，导致跨国公司在这些领域进行了巨额投资，这一时期很多的欧美跨国银行收购了泰国银行，如荷兰 ABN 阿姆洛银行收购泰国亚洲银行，英国的标准渣打银行收购了泰国的纳空突银行。同时泰国旅游业的跨国公司投资也有明显的增大。但由于国内经济的衰退，一些制造工业部门（如输送机械、一般机械、金属加工、化学工业、塑料制品工业）的外资出现了大幅度的下降。

金融危机对马来西亚电子行业的外资冲击较大，该行业外资出现较大幅度的下降，相反石油与天然气产业的跨国公司投资反而增加了，如荷兰皇家壳牌石油公司参与马来西亚国营石油公司所属天然气的投资，德国 2002 年在马来西亚也有一项高达 12.36 亿美元的巨额投资。而化学工业制品与金属制品等材料工业部门的外资投资降幅较小，所以其投资比重相对增加。值得一提的是，金融危机后，马来西亚“多媒体超级走廊”的外资不降反升，许多跨国公司进驻该走廊区进行投资。

印度尼西亚的石油与天然气行业在这一时期的跨国公司投资中所占的比重

❶ 资料来源：UNCTAD. 2004 年世界投资报告：转向服务业 [M]. 中国财政经济出版社，2005：178. 专栏表 5.6.1.

有所增大，原因是在这个行业出现了一些巨额投资，如 1999 年沙特阿拉伯在印度尼西亚廖内省进行炼油工业的大型投资（30 亿美元），2002 年也有一项有关东加里曼液化天然气的大型投资项目（17 亿美元）。印度尼西亚政府放宽了对外资投资贸易与商业领域的限制，该领域的外资投资有所增长。但在制造工业方面，除了纤维织品、纸浆与造纸等工业部门的外资投资有所增长外，其他工业部门的外资投资均有大幅度减少，一些部门甚至出现了撤资的现象。

由于菲律宾政府在金融危机后为外资扩大开放了国内商业银行、国内商业等领域的投资，跨国公司在商业、金融业等服务部门的投资比重有所增大。而且菲律宾自设立了信息技术工业园后，有关信息技术服务业的外国投资也有所增加。但曾经是菲律宾外资投资的重点产业部门，如汽车装配工业、汽车部件工业、化学材料工业、医疗制品工业等，却出现了外资大幅度缩减的趋势。电子工业部门的外资出现了扩大的趋势。

金融危机对越南的外资造成较大的影响，很多行业都受到了冲击，特别是重工业和轻工业的外资都出现了剧减，但石油、炼油工业部门却有了大幅度的增长，出现了一些巨额投资，比如 1998 年俄罗斯在越南中部地区建江省投资建设炼油厂（13 亿美元）。服务和金融业的外资有较大幅度的增长，信息技术产业领域开始出现外资投资，胡志明市的信息技术软件开发园区准备为到该园区进行投资的企业提供各种投资优惠。

四、2004—2008年世界金融危机前

2004 年全球 FDI 出现强劲反弹，开始出现新一轮的增长态势，2004 年增长 27%，2005 年增长 29%，2006 年增长 34%，超过了 1.2 万亿美元，2007 年达到 1.5 万亿美元，超过了 2000 年的最高历史纪录。在这轮全球 FDI 的热潮中，新加坡、印度尼西亚和泰国等国家成为跨国公司的投资热土。据联合国贸易与发展会议（UNCTAD）的统计，2004 年东盟国家的 FDI 流入达到 350 亿美元，打破了 1997 年金融危机前所创下的 340 亿美元的纪录，2005 年东盟国家的 FDI 流入达到 410 亿美元，比上年增长 17%，2006 年在上年的基础上继续增长

25%，达到 514 亿美元，2007 年继续增长，达到 605 亿美元。这一阶段，东盟国家作为全球服务外包的主要承接地，服务业成为吸收跨国公司投资的主要产业。而且随着世界电子业的复苏，跨国公司对东盟电子业的投资也在增加，而且越来越多的跨国公司甚至把研发等一些高附加值的环节放在东盟国家。

五、2008年世界金融危机～2009年

2008 年由美国次贷危机引发的全球金融危机使全球外国直接投资（FDI）流入量从 2007 年的 1.979 万亿美元的峰值跌至 2008 年的 1.697 万亿美元，降幅为 14%。跨国公司对东盟的投资又进一步陷入困境，东盟国家的电子、汽车等产业集群又一次遭到重创，2008 年东南亚地区 FDI 流入量下降 14%，其中新加坡大幅下滑，马来西亚和泰国略有下降。2009 年下半年全球外国直接投资流量跌至谷底，流入东盟地区的 FDI 经历了自 2001 年以来最大的衰退，但它们也是最先止跌反弹的地区。

六、2010年至今

2010 年全球外国直接投资出现了缓慢复苏，同年流入东盟的 FDI 出现历史性的增长，突破 1000 亿美元，印度尼西亚和越南逐渐成为低成本生产基地，尤其是在低端制造业领域。由于东亚国家，尤其是中国的工资成本和生产成本继续保持上升态势，因此东盟各国在制造业上的相对竞争力继续增强。2012 年受区域内重组的影响，柬埔寨、缅甸、菲律宾和越南等低收入国家成为劳动密集型制造业投资的热点。在马来西亚、菲律宾和新加坡等许多国家，外商直接投资不断流入价值链中技术含量较高的经济活动。2013 年东盟 FDI 增长放缓，主要是由于流入新加坡（东盟最大 FDI 接受国）的外国投资出现停滞；2014 年流入新加坡、印度尼西亚、马来西亚、菲律宾、泰国和越南的 FDI 总额创下纪录新高，达到 1280 亿美元。2015 年，东盟地区低收入经济体如缅甸、越南的 FDI 大幅增长，但是新加坡、印度尼西亚和马来西亚等高收入国家却表现平平，因此流入东盟的 FDI 较上年只增加 1%。2016 年印度尼西亚、新加坡和泰国流入量的下降导致东盟地区整体流入量出现稍微下滑。2017 年，由于流入大部分东盟成员的 FDI 均有所增长，而且印度尼西亚的流入量急剧反弹，因此流

入东盟国家的 FDI 增长 34%，为 1550 亿美元。尽管 2018 年全球外国直接投资连续第三年下降，但 2018 年东盟 FDI 流入量仍然较稳定，达到 1531 亿美元。据联合国贸发会议发布的 2020 年《世界投资报告》显示，2019 年，东盟的外国直接投资增长了 5%，达到 1560 亿美元的创纪录水平，继续保持亚洲增长引擎的地位（见图 3–1），增长主要来源于对新加坡、印度尼西亚和越南的投资。近年来，许多《财富》全球 500 强企业继续在东盟投资，他们建立或增加工厂或业务功能［例如从制造到研发（R&D）活动］或升级他们的行动，目前在东盟开设研发设施的跨国公司包括雀巢（瑞士）、松下（日本）、欧司朗光电半导体（德国）、本田（日本）、日产（日本）、苹果（美国）和三星电子（韩国）。

2016—2018 年，一些跨国公司扩大对区域总部业务的投资，以协调其在东盟地区扩大网络和附属机构。20 世纪福克斯（美国）、Transferwise（英国）和 Qualtrics（美国）与瑞士再保险公司（瑞士）在新加坡设立了区域总部。CNH Industrial（美国）、联想（中国）在泰国设立了区域总部。华为（中国）以及第 7 海底（英国）分别在马来西亚设立了区域总部，特拉华咨询公司（比利时）在菲律宾设立了区域总部。住友(日本)于 2016 年宣布了建立住友总部的计划，与阿尔卑斯技术制造分公司合作为柬埔寨制造业合作提供电子制造服务。

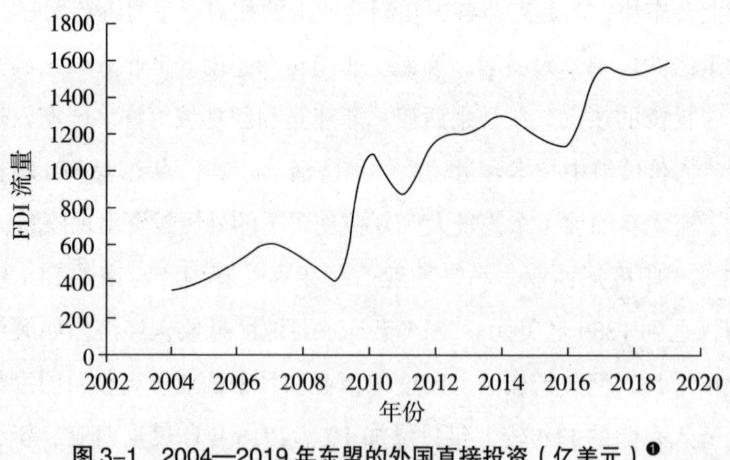

图 3–1 2004—2019 年东盟的外国直接投资（亿美元）[1]

[1] 资料来源：笔者根据东盟数据库、东盟统计年鉴整理。

第三节 东盟各国的产业集群的发展

尽管东盟十国产业集群的发展各具特色，但这些产业集群的共同特征十分明显，它们大都是建立在当地经济特区或工业园区的基础上，而且是以跨国公司为主导。

一、新加坡

新加坡的产业发展经历了从劳动密集型向资本密集型和技术密集型方向的转化，现在正在向知识密集型方向发展。为了更加集约有效利用稀缺的国土资源，并通过海外投资租赁飞地的方式带动经济增长，新加坡设立了一些特殊经济区域，如商业园、特殊工业园、科技企业家园和海外工业区等，以促进产业集群的形成。商业园主要有国际商业园、樟宜商业园、洁净科技园、纬壹科技城内的启奥城、媒体工业园和启汇城等；特殊工业园包括裕廊岛的石油化学工业园，淡滨尼、巴西立、兀兰的晶圆厂房，淡滨尼的先进显示器工业园，大士生物医药园、生物科技园的生物产业园，樟宜机场物流园、裕廊岛的化工物流园和物流产业园，麦波申、大士的食品产业园、岸外海事中心、实里达航空园等[1]。

独立初期，新加坡发展劳动密集型制造业，主要行业为传统手工业，如软饮料、砖土陶瓷、玻璃、印刷、木材、橡胶，之后又发展了纺织、电子零部件等产业。进入20世纪70年代后，新加坡政府开始注重发展资本密集型制造业，加强了在造船修船业、炼油厂等方面的建设。这期间，政府设立了裕廊镇管理局，开始工业园区和厂房的开发建设，大量吸收外资，特别是来自跨国公司的投资。

20世纪80年代初期，政府开始着手重组经济结构，将制造业朝着高附加价值、更加资本密集型和技术密集型方向转化，研发、设计、工程、信息科技

[1] 商务部国际贸易经济合作研究院、中国驻新加坡大使馆经济商务处、商务部对外投资和经济合作司.对外投资合作国别（地区）指南—新加坡（2020年版）.2020年12月.

等行业也逐步兴起，吸引到了以国际著名跨国公司为投资主体的电脑、电脑附件制造业以及石化制造业陆续落户新加坡。世界著名的电子行业跨国公司均到新加坡投资，主要产品包括半导体、计算机外部设备、数据存储设备、电信及消费电子产品等，新加坡已是全球重要的集成电路、芯片和磁盘驱动器的生产基地。2017 年电子工业产值 1248.51 亿新元，占制造业总产值的 40.89%，2019 年产值 1352.3 亿新元，占制造业总产值的 41.88%。此外，西方五大石油公司完成在新加坡的投资，使得新加坡成为世界第三大炼油中心和石油贸易枢纽之一，也是亚洲石油产品定价中心。2017 年石化工业产值 795.85 亿新元，占制造业总产值的 26.06%，2019 年精炼石油行业产值 382.62 亿新元，占制造业总产值的 11.9%。埃克森美孚、壳牌、住友化学公司，及我国的中石油、中石化等世界著名石化企业纷纷聚集裕廊工业区，主要产品包括成品油、石化产品及特殊化学品。新加坡被公认为东盟地区的金融中心、运输中心和国际贸易中心，国际跨国公司落户新加坡的数量超过 6000 家，其中许多公司将地区总部设在新加坡。

从 20 世纪 90 年代后期开始，以信息产业为中心的知识密集型经济迅速兴起。新加坡政府推动研究生命科学，生物制药业是新加坡近年来重点发展的战略性新兴产业之一，主要集中在启奥生物医药研究园和大士生物医药园，吸引了世界顶尖 10 大制药公司前去投资，一些世界级生命科学公司如葛兰素·威康公司（Glaxo Wellcome）、默克（Merck）、谢林普罗（Schering Plough）等都已在新加坡设业。2017 年产值 159.81 亿新元，占制造业总产值的 5.23%，2019 年产值 362.7 亿新元，占制造业总产值的 10.8%，增长速度非常快。

二、马来西亚

20 世纪 70 年代以前，马来西亚以农业经济为主，信赖初级产品出口，70 年代以后不断调整产业结构，大力推进出口导向型经济，鼓励外商在制造业领域进行投资，电子业、制造业、建筑业和服务业发展迅速，目前外商投资已成为推动马来西亚经济发展的重要因素。制造业发展主要以利用本国资源发展加工制造业为主，随着电子、机械、钢铁、石油化工及汽车制造等行业的发展，传统的初级产品加工业地位逐步下降，制造业成为马来西亚经济发展的主要动力之一。2019 年，马来西亚制造业产值为 3163.6 亿马币，同比增长 3.8%，占 GDP 的 22.3%，主要产业部门包括电子、石油、机械、钢铁、化工及汽车制造等行业。目前马来西亚是全球最大的半导体晶圆制造封装和检测基地之一。根据 ITC 国际贸易中心的数据，2020 年马来西亚是全球第十大电子产品出口国，出口产品超过 950 亿美元。其中半导体元件、集成电路晶体管占电子产品出口的将近 62%。马来西亚在电子信息技术服务领域的产业优势主要体现在信息技术安全、移动电子支付、系统社交、媒体管理和数据分析系统、数据仓库技术方面等[1]。

马来西亚政府近年来着重打造的多媒体走廊（Multimedia Super Corridor）、伊斯干达开发区（Iskandar Development Region）、北部经济走廊特区（Northern Corridor Economic Region）和东海岸经济特区（East Coast Economic Region）为马来西亚的产业集群发展创造了条件。以技术引进与外国合作的形式始建于 20 世纪 60 年代的马来西亚电子和电器产业，是目前马来西亚重点发展的产业，该产业主要集中在以吉隆坡市中心（KLCC）、新首都（Putrajaya）、赛柏再也（Syberjaya）以及吉隆坡新国际机场（KLIA）为重点的多媒体走廊区域以及槟城和马六甲一带地区，它们是马来西亚目前发展最成熟的产业集群之一。

马来西亚政府于 2006 年 11 月推出伊斯干达开发区（以下简称 IDR），它是马来西亚目前着力打造的境内最庞大的发展计划。IDR 占地 2217 平方公里，包括马来半岛南部柔佛州的新山、哥打、丁宜和笨珍等数个地区。截至 2018 年，伊斯干达开发区吸引的投资额累计已达 2853 亿马币。该区内以油脂化工和信息产业为主，着重建立国际商贸及服务中心，并且重在吸引外资和跨国联营业务，目前新加坡是该地区最大的外资来源地。根据发展规划，新山、努沙

---

[1] 郭艳，林奕杉.RCEP 助力中马经贸合作投资领域持续拓宽 [J]. 中国对外贸易，2021（9）：64-65.

加亚、西大门发展区、东大门发展区以及士乃—士古来地区等五个区域被确定为功能不同的重点发展区域。其中，新山和努沙加亚两个区域还被确定为可以实行智能快速过境卡的首批自由出入区，以吸引外国公司特别是新加坡公司在 IDR 设立办事机构。鼓励措施主要是针对服务业、高附加值和知识密集型的产业活动，主要包括：创新产业，教育服务，金融咨询服务，健康护理服务，物流服务，旅游相关活动。目前伊斯干达开发区的经济支柱为制造业和服务业。根据马来西亚国库有限公司拟订的全面发展计划，除继续加强电子电器、石油化工与油脂化工、食品与农业加工、物流及相关服务业和旅游业 5 大领域外，伊斯干达开发区还将把医疗保健、教育、金融以及信息产业定为新的增长领域。伊斯干达开发区的重点规划项目包括物流枢纽、国际教育中心、医疗中心、金融中心等。

于 2007 年建立的北部经济走廊涵盖了马来半岛北部玻璃市州、吉打州、槟州及霹雳州北部区域，占地面积约 1.8 万平方公里，重点鼓励投资行业包括农业、制造业、物流业、旅游及保健、教育及人力资本和社会发展等。东海岸经济特区横跨彭亨、登嘉楼、吉兰丹 3 州和柔佛州的丰盛港，主导项目集中在石油与天然气和制造业，以旅游、教育等服务业带动整体发展，由特区政府提供资金，鼓励本地企业参与。中马两国合作开发的马中关丹产业园区，就位于东海岸经济区范围内。

马来西亚的汽车产业一直受到国家的严格保护，共拥有 4 个国家级的汽车项目，10 多个组装厂，3 个从事复合车身跑车生产的企业以及众多的汽车零部件供应商。马来西亚的汽车产业集群主要在丹戎（Tanjung）、马林（Malim）、北干（Pekan）和槟城（Penang）这些零部件供应商比较集中和集群特征比较明显的地方。2020 年 2 月 21 日，马来西亚发布了国家汽车产业新政策（NAP2020）。该政策重点聚焦 NxGV（新一代车辆）、Maas（移动即服务）、IR4.0（工业革命 4.0）等，重点开发 AACV（自动驾驶 / 智能网联汽车）、轻量化材料技术、混合动力车（HV）、纯电动车（EV）、燃料电池车（FCV）技术等领域；到 2021 年，废除多渠道零部件采购计划（MSP），鼓励汽车零部件本地采购；充分利用马来西亚与其他国家签署的 FTA 协议；鼓励利用电商平台拓展马来西亚国内外市场。

三、泰国

根据泰国投资管理局的规划，泰国全国被划分成若干投资促进区域，不同的区域内所享受到的税务、关税退减，基础建筑投资补助有所不同，泰国共分为三个不同的区域：区域一包括曼谷（Bangkok）、北榄府（Samut Prakan）、龙仔厝府（Samut Sakhon）、佛统府（Nakhon Pathom）、暖武里府（Nonhtaburi）和巴吞他尼府（Pathum Thani）（曼谷和 5 个府）；区域二包括红统府（Ang Thong）、大城府（Ayutthaya）、北柳府（Chachoengsao）、春武里府（Chon Buri）、北碧府（Kanchanaburi）、坤西育府（Nakhon Nayok）、普吉府（Phuket）、叻丕府（Ratchaburi）、罗勇府（Rayong）、夜功府（Samut Songkhram）、北标府（Saraburi）和素攀府（Suphanburi）（共计 12 个府）；区域三由剩余的 58 个府组成。泰国主要投资领域为：服务业、石油开采、采矿、重型化工、汽车装配、家用电器、公共设施和农产品加工等。除了农产品以外，泰国现在还是电脑和零部件、纺织、珠宝以及电子和汽车产品的主要出口国。泰国外资投入的主要行业为：金属加工和机械制造业（其中包括自动化流水线制造和汽车零配件制造业）、电子业（包括电子产品和电子器械）和服务业。总的说来，在所有吸引外资的经济活动中，数量最大的是汽车配件、汽车制造流水线和机动车制造业。

泰国被称为东盟的“底特律”，汽车产业已成为泰国的支柱产业之一。泰国政府于 2016 年正式提出“泰国 4.0”高附加值经济模式。十大目标产业将成为泰国经济发展的新引擎，其中包括新一代汽车制造业。汽车工业已成为泰国重要的外资吸纳部门。2018 年，泰国是世界第 12 大机动车生产国和第 5 大轻型商用车生产国，东盟最大的机动车生产地。泰国目前共有 15 条汽车生产线，其中日本 8 条，分别是丰田、铃木、尼桑、三菱、本田、马自达等；欧美 6 条，为奔驰、宝马、福特、通用、沃尔沃等。泰国汽车生产组装厂主要分布在第一区和第二区的曼谷、北榄府、巴吞他尼府、大城府、罗勇府、北柳府、春武里府和龙仔厝府。同时，泰国国内有1000多家汽车零配件厂，保证了汽车生产规模的不断扩大。汽车零配件厂也大多分布在组装厂附近，在北榄府约有158家（占30%），在春武里府有55家（占10.5%），在罗勇府有41家（占7.8%），在巴吞他尼府有39家（占7.4%）；至于一般通用零件及替换零配件的第二及第三阶供应商则大多数集中在大曼谷地区，计有232家（占44.2%）。

2015年泰国政府提出东部经济走廊（EEC）计划，希望能够吸引外商对东部经济走廊地区进行投资，从而提升泰国的产业结构。东部经济走廊计划连接了泰国的北柳、春武里和罗勇三个地区，在发展新型汽车、智能电子、高端农业及生物科技、食品加工、机器人、生物材料及信息技术等10大产业的同时，完善该地区高铁、公路等基础设施建设。按照规划，东部经济走廊计划需要在2017—2021年间投入440亿美元。泰国积极表态希望同“一带一路”倡议对接，一方面是希望能够吸引更多中国投资者赴泰国投资；另一方面则是借由中泰铁路等联通泰国曼谷到北部的高铁，进而与中国这个大市场联系起来。2018年5月15日，《东部经济特区法案》经泰国十世皇御准后正式颁布实施。2019年，中国首次超越日本成为泰国最大投资来源国。泰国政府于2016年正式提出“泰国4.0”高附加值经济模式，推动更多高新技术和创新技术应用，使创新真正成为推动泰国经济增长的主要动力。投资将在4.0改革中起到重要作用，国家投资政策将向“核心技术、人才、基础设施、企业和目标产业”五大领域倾斜。包括泰国原有五大优势产业（新一代汽车制造、智能电子、高端旅游与医疗旅游、农业与生物技术、食品深加工）和五大未来产业（工业机器人、航空与物流、生物能源与生物化工、数字经济、医疗中心）在内的十大目标产业将成为泰国经济发展的新引擎[1]。

2019年1月，泰国南部经济走廊（SEC）整体发展规划方案正式获得泰国内阁批示，主要涵盖春蓬、拉农、素叻和洛坤南部4府。按照整体项目发展规

[1] 商务部国际贸易经济合作研究院、中国驻泰国大使馆经济商务处、商务部对外投资和经济合作司.对外投资合作国别（地区）指南—泰国（2020年版）.2020年12月.

划方案，未来4年将总共投入2000亿铢，从4个方面深度发掘泰南经济潜力。泰国南部经济走廊将是继东部经济走廊（EEC）后，泰国政府推出的又一个能够改变泰国未来经济整体发展趋势的战略计划。

四、菲律宾

从菲律宾投资的行业分布看，电子业是主要的投资领域。在1995年到2002年间，电子业的投资占投资总额的58%；机电产品制造业占12.8%；运输设备和汽车制造业占7.5%；化工业占3.6%；橡胶和塑料制造业占2.4%；医药和医疗器械制造占2.3%；成衣及纺织品生产占1.5%；IT服务业占1%；其他行业占10.9%[1]。从地理分布看，菲律宾的产业地理分布较集中，如宿务（Cebu）的家具、内湖（Laguna）的电子与汽车和机器零件制造业、大马尼拉（Metro Manila）的信息业和金融服务业、棉兰老岛（Mindanao Island）的农业加工业、甲美地（Cavite）的电子和半导体产业以及布拉坎（Bulacan）的珠宝产业等。

菲律宾的产业集群主要分布在大马尼拉、内湖和甲米地等三个地区，这三个地区内各设有很多的工业区、科技园区和经济特区。大马尼拉有70个工业区，其中的58个都趋向IT产业发展，这些IT产业如数据中心、软件开发等主要采取服务外包的形式经营，一些则以电子产业、太阳能电池板的生产为主。有菲律宾的“硅谷”和“底特律”之称的内湖省有17个不同类型的工业区，园区内有很多的跨国公司，主要工业区有以生产电子和半导体为主的Carmelray工业园（I和II）、Filinvest经济特区、内湖汽车园区、内湖国际工业区和内湖科技园区等。以电子、半导体、机械设备、石油化工、塑料制品和纺织为主的甲米地省内有13个工业区，包括甲米地经济区、费尔实业工业区、Cavite加工区和Daiichi工业园区等。

菲律宾的电子业始于20世纪70年代中期，兴盛于80年代后期，最终于90年代后期取代农业成为菲律宾出口创汇主要工业。进入21世纪后，电子产

[1] 数据来自中华人民共和国商务部网站。

品更是成为菲律宾对外贸易的主要产品。菲律宾电子产品包括半导体及其配件（集成电路、晶体管、二极管、电阻、电容器、变压器等）、电子数据处理器（电脑、打印机、显示器、驱动器、硬盘、光盘等）、办公设备、电信设备、通信及雷达、控制器及测量仪器、医疗及工业用仪器、车载电器、民用电器。在这些电子产品中，半导体及其配件的出口额几乎占所有电子产品出口额的3/4。菲律宾电子产业集群区主要集中在内湖、甲米地、打拉（Tarlac）、宿务和碧瑶（Baguio），主要由跨国公司生产经营，如索尼、东芝、宏达、富士通、英特尔、西门子、飞利浦、三星、宏碁等。这些跨国公司大多数设立在各省市的工业区中，区中还有其他衍生的行业，主要是原材料的生产与加工工业。

近年来，菲律宾的经济发展不只体现在首都马尼拉，一些区域增长中心，如吕宋岛中心和达沃，经济增长的速度更快。在吕宋岛中心，菲律宾正在克拉克自由港附近的新克拉克城建造未来的首都。克拉克自由港区目前拥有 949 个当地的企业，它们主要从事制造、航空、旅游、休闲和信息通信技术的业务[1]。

五、印度尼西亚

印度尼西亚为了平衡地区发展，按照总体规划部署和各地区自然禀赋、经济水平、人口状况等特点，将重点发展“六大经济走廊”，即爪哇走廊——工业与服务业中心、苏门答腊走廊——能源储备、自然资源生产与处理中心、加里曼丹走廊——矿业和能源储备生产与加工中心、苏拉威西走廊——农业、种植业、渔业、油气与矿业生产与加工中心、巴厘－努沙登加拉走廊——旅游和食品加工中心、巴布亚－马鲁古群岛走廊——自然资源开发中心。

现今在印度尼西亚 32 个省分布着 82 个工业区，其中西爪哇省最多为 29 个，其次是廖内省（包括巴淡岛）有 20 个，万丹省有 12 个。印度尼西亚目前主要的工业区有 16 个，大部分集中在爪哇岛，分布如下：雅加达为 MM2001；

---

[1] 格伦·佩尼亚兰达．王晓波译．菲律宾投资指南．中国投资．2018.

西爪哇为 Bekasi, Karawang, Purwakata；万丹省为 Tangerang, Serang；中爪哇为 Semarang, Cilacap；东爪哇为 Surabaya, Gresik, Sidoarjo；西苏门答腊为 Padang；兰榜和廖内省为巴淡岛、宾淡岛；南苏拉威西省为 Makassar；东加里曼丹省为 Bontang 。印度尼西亚的制造业主要集中在西爪哇省，该省的制造业占其地区 GDP 的 36.72%，包括电子、医药、皮革、食品加工、纺织、家具、手工艺品、油气、石油化工等，其中尤以纺织、服装业更为著名，集中了许多知名的纺织企业，是印度尼西亚的现代纺织、服装中心。万丹省以钢铁业为主，印度尼西亚最大的钢铁厂（Krakatau Steel）就设立在万丹省的北部。

以电子和汽车为主的 MM2100 工业园坐落在印度尼西亚西爪哇省的芝庇东（Cibitung）县，在工业园的投资项目中，电子产品占 34%，日本的 SONY、韩国的 LG 都在这里投资设厂，汽车占 21%，日本的丰田汽车在这里的工厂主要为ASTRA生产丰田汽车配件，化工产品占 7%，钢铁 4%，食品 4%，仓储 8%，服装 3%，其他产品占 19%。

巴淡岛工业区规模最大的行业是电子及信息产品，现有外资企业 894 家，区内有 ABB、Epson、Philips、Sanyo、Siemens 、Thomson Television 等多家著名跨国公司。巴淡岛工业园区具有完备的基础设施和较低的制造成本，工人最低月工资约 118 美元，主要适合电子加工业、服装鞋帽、玩具等轻工业以及钢铁、钻油等重工业，还可发展贸易、旅游和转运，属于自由贸易区，无进口税，无销售税与奢侈品税，免增值税；可享有东盟特惠关税，享有与 52 个国家签署的避免双重征税协议优惠，与 33 个国家达成普惠制协议，允许 100% 海外控股，无外汇管制。

矿业是外商投资印度尼西亚的传统热点行业。印度尼西亚矿产资源极为丰富，成为国际煤炭及镍、铁、锡、金等金属矿产品市场供应的重要来源，吸引了大批外资投入矿业上游行业以稳定原料供应，特别是 2012 年 5 月印度尼西亚政府对 65 种矿产品出口加征 20% 出口税并要求外国投资者在印度尼西亚投资设立冶炼加工厂等措施，刺激了外商对矿产下游行业的投资，目前矿业已成为印度尼西亚第一大外商投资行业，约占利用外资总量的六分之一。但在 2017

年，印度尼西亚原矿出口政策出现反复，又对部分企业放开原矿出口，严重挫伤了已兴建冶炼厂企业的积极性[1]。

印度尼西亚为东盟内仅次于马来西亚和泰国的第三大汽车市场，印度尼西亚的汽车产业集群主要集中在西爪哇省和雅加达，印度尼西亚共有汽车厂13家，汽车零配件生产厂380家，日本汽车巨头在印度尼西亚建立了独资或合资的组装生产线，大部分零配件生产也已本地化，以丰田、三菱、铃木、本田、尼桑等品牌为代表的日本汽车组装厂在印度尼西亚已经处于绝对统治地位。2006年，日本品牌汽车组装厂占据当地市场总量的90%，其中丰田为38.79%，三菱为14.75%，铃木为14.04%，本田为9.41%。2018年4月，印度尼西亚政府确定10项优先步骤来实施第四次工业革命路线图（Making Indonesia 4.0），并确立了五大重点发展行业，其中包括汽车行业。该国汽车工业4.0战略的目标是到2030年，实现为汽车工业提供本地生产的高质量原材料；加强关键零部件的本地化生产；打造区域汽车出口枢纽；成为区域电动汽车生产引领者。

印度尼西亚纺织企业集中分布于西爪哇和中爪哇及雅加达周边，不少是日资、台资企业，印度尼西亚纺织服装业的发展，使之成为石油、天然气外最大的出口创汇产品。印度尼西亚的石油天然气资源丰富，主要集中在东加里曼丹省、南苏拉威西省、中苏拉威西省和巴布亚省等地。

六、越南

越南通过设立若干经济开发区，包括工业区（含加工出口区）和沿海经济区，实行各种不同的鼓励发展政策，有力地促进了越南工业水平的提高以及产业集群的形成与发展。截至2019年年底，全国共设有工业区335个，其中已投产的工业区256个，全国工业区和沿海经济区累计吸引外商直接投资项目9381个，合同金额1916亿美元，60%合同金额已经到位。越南工业区呈现大

---

[1] 商务部国际贸易经济合作研究院、中国驻印度尼西亚大使馆经济商务处、商务部对外投资和经济合作司.对外投资合作国别（地区）指南—印度尼西亚（2020年版）.2020年12月.

集聚小分散的分布模式，在空间上呈现“一南一北”双中心的分布特征，形成南北两翼凸起，中间凹陷的方向性递减格局。南部以平阳省、胡志明市、隆安省为核心形成工业区发展主核心，北部以北宁省、广宁省、河内市为核心形成工业区发展次核心，中部以岘港市为核心形成发展节点。从产业集聚区来看，越南东南部、湄公河三角洲地区是工业区发展主核心，红河三角洲是工业区发展次核心，越南工业区分布呈现两头强中间弱的不均衡分布特征[1]。

越南提出《口岸经济区至2020年发展及展望2030年规划》，重点推动6个沿海重点经济区的建设；制定《2010—2020年三个重点经济区经济社会发展规划》，集中加速南部、北部、中部三大重点经济区发展，其中，北部重点经济区包括河内市、海防市、广宁省、海阳省、兴安省、北宁省和永福省；中部包括顺化省、岘港市、广南省、广义省以及平定省；南部包括胡志明市、同奈省、平阳省、巴地头顿省、平福省、西宁省、隆安省和前江省。根据2010—2020年越南南部重点经济区中长期规划，经济区重点发展金融、旅游和房地产等产业，注重发展港口服务业和高科技、高附加值产业，加快发展油气、农林水产品加工等资源产业和机械制造、冶金工业、电子、化工及辅助工业等有相对优势的产业。越南全国目前有两个生物高科技区，分别位于同奈省锦美县和河内市慈廉区，总面积超过400公顷，具有研究、培育、发展、转交、应用生物高科技的职能，同时进行生物高科技领域的人力资源培训、生物高科技企业的培育、生物高科技产品的生产和经营，并可提供生物高科技服务等。

根据越南工贸部发布的《2020年前工业发展指导计划和2030年展望》，越南2020—2030年工业生产目标年增长率将达到12%。越南将重点发展与机械和金属制品、化工、电子信息技术、纺织服装与制鞋、农林渔业生产相关的加工制造业；优先发展配套工业，以增强在全球产业链中的参与度。目前，全球500强企业中已有110家在越落户，其中106家企业在越投资项目124个，协

[1] 胡雪峰，王兴平，赵四东．越南工业区空间格局及产业发展特征 [J]. 热带地理，2019，39（6）：12.

议额 110.9 亿美元，到位额 85.9 亿美元。部分跨国公司在越投资领域包括：石油天然气（BP、Statoil、ConocoPhilips、Petronas、Chevron）、电力和能源（BP、EDF、Tokyo Electric、AES）、汽车和摩托车（Honda、Toyota、DaimlerCrisler、Yamaha、Isuzu Motors、Denso、Ford Motor、Dewoo、General Motors）、电子（Sony、Matsushita、Samsung Electronic、Toshiba、Cannon）、邮电通信（France Telecom、Siemens、Telstra、NTT）、食品工业（Pepsi、Coca-Cola、Nestle、Unilever）、信息技术（Intel、IBM、HP、Motorola、Nidec）、金融（City Group、HSBC Holding、J.P.Morgan）、分销（Metro、Big C）、交通运输（A.P Moller Maersk、Nippon Express）等。

纺织服装是越南的支柱性产业之一。根据越南纺织服装协会（VITAS）的统计，截止到 2018 年越南约有 7000 家纺织和服装制造企业，其中私营企业占 84%，外商直接投资企业占 15%，国有企业仅占 1%。从区域分布来看，40% 的纺织服装企业位于越南南部，35% 位于北部地区，其他位于中部城市。从产业链布局来看，服装加工企业占比最高，达到 70%，总产能超过 50 亿件，其次分别为针织 / 织造、纺纱及印染企业，分别占 17%、6% 和 4%。根据越南计划投资部的外国投资局统计，近 30 年越南纺织服装业吸引外资达 174.61 亿美元。外国资本的进入，直接推动了越南纺织服装业的发展。平阳省、同奈省、海阳省、隆安省、西宁省、胡志明市是投资热度最高的地区，这些地区吸纳了外国对越南纺织服装业投资的大部分资金。[1]

七、柬埔寨

外国直接投资是拉动柬埔寨经济稳步前行的“四架马车”（农业、以纺织和建筑为主导的工业、旅游业和外国直接投资）之一。制衣业和建筑业是柬埔寨工业的两大支柱。柬埔寨充分利用美国、欧盟、日本等 28 个国家 / 地区给予柬埔寨的普惠制待遇（GSP）等优惠政策，凭借本国劳工成本低廉的优势，积

[1] 赵永霞. 世界纺织版图与产业发展新格局（五）——越南篇 [J]. 纺织导报，2020（2）：35-43.

极吸引外资投入制衣和制鞋业。据柬埔寨劳工部统计，2017 年柬共有 1154 家纺织、服装、制鞋厂，增长 4.25%；雇佣工人 77.7 万，增长 4.42%；制衣制鞋业出口 76 亿美元。

迄今，柬埔寨政府正式批准 49 个经济特区，获批的经济特区主要分布在国公省、西哈努克省、柴帧省、卜迭棉芷省、茶胶省、干拉省、贡布省、磅湛省和金边市。其中，西哈努克省经济特区数量最多，包括中国江苏红豆集团与柬埔寨国际投资开发集团合资建立的西哈努克港经济特区。

据统计，2016 年，柬埔寨全国经济特区贸易总额达 28.3 亿美元，同比增长 1.2%。在柬埔寨经济特区投资，可享受税收、设备和原材料进口、产品出口等方面的优惠政策。近年来，柬埔寨经济特区吸引外资呈增长趋势。在柬埔寨经济特区投资的外商主要来自日本、中国、马来西亚和新加坡，行业涉及服装、制鞋、电子、农产品加工等。

八、缅甸

近年来，缅甸的外国直接投资增加迅速，吸引外资领域主要为石油天然气、电力、交通与通信、制造业、房地产、矿业、酒店和旅游业、畜牧及渔业等。根据缅甸投资和公司管理局公布的数据，截至 2016/17 财年末，外国企业在缅甸石油和天然气领域投资了 154 个项目，投资额达 224.1 亿美元，占外商在缅甸投资的 31.86%；在缅甸制造业领域有 732 个投资项目，金额达 77.6 亿美元，约占缅甸吸引外资总额的 11.3%；在酒店旅游业的投资累计 68 个项目，协议金额 28.5 亿美元。中国石油（CNPC）、北方石油（NORTH PETRO）以及泰国的（PTTEPI）、韩国的大宇（DAEWOO）、法国的道达尔（TOTAL）、越南石油（PETRO VIETNAM）等公司都已与缅甸签署油气勘探开发区块协议。得益于外国企业的投资，缅甸纺织服装业发展迅速，2016/17 财年纺织品出口额达 19.48 亿美元。缅甸的外资企业主要集聚在南部德林达依省的土瓦经济特区、西部若开邦的皎漂经济特区以及仰光南部迪洛瓦经济特区。

土瓦经济特区由缅甸和泰国两国合作共同推进建设，内划分为 9 个区域，分别是：高技术工业区、信息通信区、出口产品生产区、港口区、后勤运输区、科技研发区、服务区、二级贸易区、政府临时指定的区域。投资人在该特区内可从事的行业有原料加工、机械化深加工、仓储、运输、服务；投资项目所需的原材料、包装材料、机器零配件、机械用油可以从国外进口；投资人可从事进出口贸易；投资人可生产除药品和食品以外的产品，其他未达到质量标准但可以使用的产品，如果产品符合特区管委会的规定，可以在国内市场销售；经特区管委会批准，投资人和国外服务商可以在特区内设办事处。

迪洛瓦经济特区位于仰光省丁茵—皎丹镇区，是由缅甸财团和日本财团进行合作开发的特区。迪洛瓦经济特区 A 区域第一阶段的土地租赁工作已于 2014 年 5 月份启动。来自美国、日本、中国、泰国、瑞士、澳大利亚等国家和地区的公司就特区首期项目投资事宜与开发公司签署协议。截至 2016 年 7 月，迪洛瓦经济特区投资额已达 7.6 亿美元，预计几年后将增加到 10 亿美元，且每年出口额将达到 3.5 亿美元。缅甸新政府执政以来，在迪洛瓦经济特区投资的企业数量日益增多，目前已有 105 多家企业入驻该特区，主要来自日本、新加坡、中国等 12 个国家和地区，行业包括服装、玩具、饮料瓶等。

皎漂经济特区由中国和缅甸共同合作开发，包括港口项目、工业区项目、包括住宅及基础设施在内的居住区项目。位于孟邦的皎丹工业园区于 2016 年 3 月 26 日正式开放。经过两年的建设期，工业园区的基础设施包括路桥、水电等都已经完成，约有 10 家公司已经开始在园内运营。工业园区内的企业涉及多种行业，包括锌、铁丝网、预拌水泥、食品饮料、纺织、金属提纯、制冰、制鞋、家具、塑料、海鲜储存、汽车配件等。

九、老挝

矿产、水电行业为外资在老挝主要投资领域。老挝吸引外资较多的省（市）有万象市、万象省、甘蒙省、沙湾拿吉省等，琅勃拉邦省、乌多姆赛省、华潘省、波利坎赛省、沙拉湾省、阿速坡省、占巴色省等也有较大潜力吸引外资，主要引资行业有农业、农产品加工、贸易、能源、矿产、旅游业等。

2011年年底，老挝政府颁布《2011年至2020年老挝开发经济特区和专业经济区战略规划》，截至2020年年初，老挝政府批准设立12个经济开发区，即赛色塔综合开发区、沙湾—色诺经济特区、金三角经济特区、磨丁—磨憨跨境经济合作区、万象嫩通工业贸易园、东坡西专业经济区、万象隆天专业经济区、普乔专业经济区、塔銮湖专业经济区、他曲专业经济区、占巴塞经济专区和琅勃拉邦经济专区，共吸引806家企业入驻。

赛色塔综合开发区由昆明高新技术产业开发区管委会与云南建工集团合作共建，是中国在老挝唯一的国家级境外经贸合作区，列入中国“一带一路”建设中的早期收获项目。开发区将重点发展农副产品加工、林木加工、机械制造、能源、物流、家电生产、纺织服装以及旅游休闲等产业。截至2020年3月，园区已有入园企业79家，协议总投资超过10亿美元，主要涉及清洁能源、农畜产品加工、电力产品制造、饲料加工、烟草加工、建材科技、物流仓储等。其中，中国农业龙头企业新希望集团入驻园区，设立了新希望老挝有限公司。赛色塔开发区二期及三期占地面积7.5平方公里，重点发展商贸和服务业，并努力建成万象新城，二期主要发展绿色、生态和环保产业，三期主要为新城建设，大力发展服务业和地产业，同时建设一流的学校、医院、公园等配套服务设施。

十、文莱

文莱油气资源丰富，根据2018年《BP世界能源统计年鉴》，截至2017年年底，文莱已探明石油储量为11亿桶，占全球总量的0.1%。荷兰壳牌集团（Royal Dutch/Shell Group of Companys）最早进入文莱，与文莱政府及日本企业先后成立了四家合资公司，即文莱壳牌石油公司（BSP）、文莱壳牌销售公司（BSM）、文莱液化天然气公司（BLNG）、文莱天然气运输公司（BGC）。

2001年，文莱首相府新设经济发展局（BEDB），统筹招商引资及本地经济发展工作。2003年，该局提出以港口建设和工业园建设为主的“双叉战略”，希望利用摩拉港优势，打造本地区货物集散中心；同时通过园区招商模式吸引外资，结合自身资源禀赋，重点发展四大产业集群，即食品与医药、油气中下游产业链与可再生能源、信息通信以及物流、金融和油田服务等生产性服务业。2016 年，为加快吸引外资，进一步加快经济多元化发展，文莱政府进行了一系列政府内部改革，新设了一站式服务平台，优化缩减了各项行政审批、决策流程。目前，文莱已规划建设 8 个产业园（表 3–8）以吸引外国投资，已引进甲醇厂、恒逸石油综合炼化厂、葫芦岛钢管厂、住友管线厂、加拿大生物制药厂和加拿大 CAE 多功能训练中心等大型投资项目。其中双溪岭工业区（Sungai Liang Industrial Site）为最主要的工业区，规划面积 283 公顷，主要用于油、气下游和高科技产业，在该区最大的外来投资项目是日本投资的甲醇厂项目，总投资 6 亿美元，设计产能 85 万吨。

表 3–8　文莱八个工业园区 [1]

编号	工业区名称	规划面积（公顷）	产业规划
1	双溪岭 Sungai Liang	283	打造石化产业中心
2	大摩拉岛 PMB Island	955	化工产业园区、大型造船维修厂和综合型海洋供给基地
3	萨兰碧加 Salambigar	137.2	主要培育食品、药品和化妆品等轻加工业，以及水产品养殖和加工
4	林巴 Rimba	15	高新电子产业，主要用于发展数据集灾难防范中心的建设，以及配套的区域外包型企业后台操作中心
5	蓬加山 Bukit Panggal	50	高能耗产业，主要发展能源密集型的制造业，比如铝坯压铸等
6	特里塞 Telisai	3000	种养殖业，以混合型产业为主
7	生物创新走廊 BIC	500	清真食品药品加工

[1] 资料来源：文莱经济发展局。

续表

编号	工业区名称	规划面积（公顷）	产业规划
8	安格列克 Anggerek Desa	50	科技园，主要面向计算机产业，用于计算机技术创新与产业孵化等高技术性产业

第四节　跨国公司与东盟产业集群互动发展

从上面的分析中我们可以看出，东盟各国产业集群的发展历程中总是有跨国公司参与的身影，而跨国公司在东盟的投资部门也总是与其产业集群的发展相联系，跨国公司与东盟产业集群两者呈现出相辅相成的关系。一方面跨国公司不仅推动了东盟国家产业集群的发展，还带动了产业结构的升级。另一方面，东盟国家经济发展以及产业集聚现象也吸引了越来越多的跨国公司在当地投资。纵观跨国公司在东盟国家的投资，我们会发现跨国公司在东盟国家的投资呈现出产业与地理空间集聚的双重特征。

一、东盟产业集群的发展需要跨国公司的参与

一般来说，跨国公司的直接投资会通过乘数效应和前后向关联，引发当地企业扩大投资规模，跨国公司一般还会带来连续性的后续投资和与之相关的辅助性投资，这些都将促进东道国国内资本流量和存量的增加，弥补东道国国内建设资金的不足，推动东道国相关产业的发展，促进产业集群的形成。

1990 至 1997 年间，马来西亚、印度尼西亚、泰国、菲律宾平均每年国内投资总额的上涨率分别为 15.1%、10.0%、10.3% 和 5.8%，然而四国的储蓄率明显低于投资率，由此可以看出，跨国公司的直接投资是推动东盟四国国内投资的主要因素之一，解决了东盟国家发展中的资金缺口问题。同时，跨国公司先进的管理和技术水平，也促进了东盟国家当地产业集群的发展。以汽车产业

为例，泰国由于在汽车产业政策上采取了一系列外资投资促进措施，吸引了几乎所有知名跨国汽车制造商到泰国投资设厂，几乎每一家日本汽车制造商和许多领先的美国、欧洲和中国汽车企业在泰国都有自己的生产工厂，其中许多在泰国设立了地区总部。这些汽车组装商还吸引了710多家汽车零部件制造商和1700多家相关支持企业来到泰国。这些汽车零部件供应商都是最重要的贡献者，它们帮助泰国塑造了整个汽车供应链直至形成今天的结构[1]。泰国汽车业很快成为泰国第三大行业，约占泰国国内生产总值的12%。自2012年始，泰国最大出口商品为汽车，2018年，泰国是世界第12大机动车生产国和第5大轻型商用车生产国，东盟最大的机动车生产地。而马来西亚虽然希望通过运用产业政策建造汽车产业的集聚中心，但是事实上并没有像泰国那样成功，原因是马来西亚的汽车产业前期一直受到国家的严格保护，对跨国公司的投资进行限制，使汽车产业集群的形成和发展受到了影响。通过引进跨国公司的投资，东盟国家由此先后建立起一些耗资大、科技含量较高的产业，如马来西亚和印度尼西亚的石化工业和钢铁工业，新加坡的船舶工业和炼油工业，新加坡、马来西亚和菲律宾的电子电器工业，泰国和马来西亚的汽车工业等。

东盟国家产业集群的形成，受惠于跨国公司的投资，各国产业结构的调整也与跨国公司在东盟的投资密切相关。东盟国家产业结构的升级表现为由农业向工业制造业，再向服务业的升级，由劳动密集型产业向技术密集型产业的调整，由低技术、低附加值产品或服务向高技术、高附加值产品或服务的调整，再从传统制造到智能创新。20世纪70年代以前，东盟国家（除新加坡外）长期处于传统的农业社会，但经过70年代跨国公司在东盟制造业的大量投资，东盟各国的工业产值很快就超过了农业，到80年代，东盟主要国家实现了工业产值超过农业的目标，完成了产业结构的初步转型。80年代中期以后，日本和“亚洲四小龙”纷纷向东盟国家转移劳动密集型和部分技术密集型工业，跨

---

[1] 李前.泰国值得投资的十大关键行业从传统制造到智能创新[J].进出口经理人，2019，548（5）：39-41

国公司在东盟国家的投资有70%集中在制造业部门，使得东盟国家的制造业迅速发展。90年代后期，跨国公司对东盟制造业的投资比重有所下降，而服务业的比重明显上升，而且制造业也从劳动密集型向资本和技术密集型转移，欧美日跨国公司在电子信息、石化、汽车工业等部门的投资急剧扩大。进入21世纪，跨国公司在东盟服务业的投资比重进一步上升。近年来，以智能制造、互联技术等为基础的新工业革命将引发全球价值链的重构，现有的国际产业分工和全球价值链将发生新的格局性变化。东盟国家纷纷借助全球价值链重组与调整的时机，积极改善营商环境，参与全球价值链和区域生产网络，吸引跨国公司的“工业4.0”投资项目，以实现智能制造战略意图。2018年5月，德国英飞凌科技(Infineon)公司在马来西亚建成了具备自动化与智能化的第二晶圆厂，该厂兼具生产和研发功能，产品专注于汽车电子，它配备智能货架，自动跟踪晶圆的存储和检索，实现机器自动优化，是马来西亚“工业4.0”的代表项目。德国西门子公司已在新加坡设立“工业4.0”实验室，美国麦肯锡公司建起先进再制造及技术中心（ARTC）试验工厂，新加坡与“工业4.0”概念的首倡者德国汉诺威工业展览会联合举办工业展览会，全面展示“工业4.0”的全球最佳实践和应用。2019年10月，由越南BRG集团与日本住友集团合作的河内市首个智慧城市项目正式动工，这是越南最大的智慧城市项目，总投资42亿美元，分五期建设，2028年全部竣工。2019年11月，韩国现代集团宣布将在印度尼西亚投资设厂生产电动汽车，耗资15亿美元[1]。

二、东盟产业集聚增强了对跨国公司的吸引力

从20世纪80年代起，东盟逐渐成为世界上对跨国公司最具吸引力的地区之一，该地区吸引的FDI占发展中国家FDI总额的比重从1980年的9%上升到1992年的24%，占全球FDI的份额也从不到1%上升到9%。过去，跨国公司比较注重东盟国家的生产要素条件，也就是自然禀赋优势，比如非熟练劳动

---

[1] 王勤，温师燕.东盟国家实施“工业4.0”战略的动因和前景[J].经济研究参考，2020（12）：9.

力的低工资、可供开采的自然资源等要素。跨国公司投资的目的是把这些国家当作出口加工地，利用这些国家的低成本优势，以在国际市场竞争中取胜。现在，这些传统要素在引资中的优势正在逐渐失去。跨国公司更重视东盟集聚经济对其决策的影响，跨国公司集中在某地区能产生规模经济与外部性，这种集聚经济的存在可以增强区域对外资的吸引力。跨国公司集中生产能够通过整合产业上中下游以降低生产成本和信息成本，吸引更多的跨国公司进入。

从产业分布来看，跨国公司在东盟的电子信息业、石化工业和汽车工业的投资较大，这些工业部门多数由跨国公司所主导，并被纳入跨国公司全球的生产体系中。东盟国家是世界办公和通信设备产品的重要生产与出口基地，跨国公司在当地形成了庞大的办公和通信设备产品生产的区域网络。以东盟磁盘驱动器（HDD）产业集群为例，1982 年希捷公司为了降低生产成本开始在新加坡进行组件装配和最终装配活动，刺激其他美国企业也相继采取类似的战略，随后关键部件企业如世界上最大的薄膜式介质设计制造商 Komag，以及主要为 HDD 产品开发制造记录磁头的全球最大企业 Read-Rite 等，也开始将生产活动向东盟地区转移，以便更好地服务于客户。由美国跨国公司带动的东盟 HDD 产业集群吸引了日本跨国公司的投资，到了 90 年代，日本几乎所有的主要 HDD 生产商都逐渐将其制造装配环节转移到东盟地区，使东盟 HDD 产业集群地位得到进一步提高。目前世界上约有 80% 的磁盘驱动器是在新加坡、马来西亚、泰国和菲律宾生产的，其中 3/4 的零部件可以在东盟当地完成采购。

欧美石化公司在 20 世纪 90 年代大举进军东盟石化市场，纷纷在当地的炼油与石化工业投下巨资，这些跨国公司在中东地区和东盟当地取得廉价石油，按照合理的区域分布，跨国界组织炼油加工，定点生产，定向销售，它们在新加坡所设的子公司则是把新加坡作为石油加工转运的一个区域中心。进入 21 世纪，新加坡正快速成为世界上新的炼油和化工生产中心之一，邻近的马来西亚、印度尼西亚、菲律宾、越南和泰国等东盟国家也在扩大下游基础设施和炼化加工能力，以满足其燃料和石化品需求增长。东盟配套的石化产业投资环境吸引了多家跨国公司来此建设新项目。2015 年，道达尔宣布世界上最大的润滑油调配厂在新加坡投产，亨斯迈公司开始在新加坡进行 2.5 万吨 / 年的聚醚胺扩能项目，壳牌公司完成对新加坡乙烷裂解装置升级改造，巴斯夫和马来西亚国家石油公司（Petronas）计划在马来西亚关丹现有合资公司基地新建一个世界级的 2- 乙基己酸（2-EHAcid）厂，阿曼将投资 70 亿美元在印度尼西亚廖内省建设石油仓储设施、石化厂和炼油厂，东洋工程将在西爪哇 Cilegon 新建一个产能 12 万吨 / 年的合成橡胶厂[1]。

20 世纪 90 年代，日、美、欧著名的汽车制造商纷纷投资东盟国家的汽车工业，由于泰国汽车零部件产业高度集中，产品质量高且制造成本低，许多跨国汽车制造商开始从汽车零部件到整车生产转移到泰国，使之成为东盟最大的汽车生产与出口基地[2]。近年来，随着市场对新能源汽车兴趣剧增，泰国正逐步建立和完善新能源汽车供应体系及基础设施，预计到 2036 年，新能源乘用车保有量多达 120 万辆，为此，泰国政府出台了一系列免税政策和消费性激励措施，吸引外资建立泰国新能源汽车生产中心。2017 年 3 月，泰国政府启动了汽车及其零部件制造商的电动汽车促销特权计划，丰田、本田、日产、马自达和铃木等 8 家日本汽车制造商申请加入了混合电动汽车项目，德国汽车制造商梅赛德斯 – 奔驰和宝马计划加入充电式电动汽车和电池电动汽车计划。日本三菱汽车公司计划投资 200 亿泰铢生产电动汽车，该项目已获批计划于 2021 年投产，混合动力汽车和纯电池电动汽车项目将于 2024 年启动[3]。

三、跨国公司投资东盟的地域集聚特征

从地理空间的分布来看，跨国公司在东盟国家表现出非常明显的地域集聚特征。例如，新加坡裕廊化工岛以其完善的水电气、高效的服务以及较低的初

---

❶ 饶兴鹤 . 东南亚石化业发展速度加快 [J]. 石油知识，2017（1）：14-15.

❷ Freeman N J, Bartels F L. The Future Foreign Investment in Southeast Asia[M]. New York: Routledge Curzon，2004：113-116.

❸ 王勤，温师燕 . 东盟国家实施“工业 4.0”战略的动因和前景 [J]. 经济研究参考，2020（12）：9.

期投资成本，吸引了欧、美、日石化厂商的进驻。伊斯曼(Eastman)化学公司、杜邦（DuPont）公司、克洛达（Croda）国际公司、塞拉尼斯（Celanese）公司、埃克森美孚（ExxonMobil）公司、Basell东方公司、三井化学公司、帝人公司和旭化成/三菱气体化学公司等世界级的大型石化企业均已在岛上落户。裕廊化工岛通过集中投资，已经形成了上下游一体化发展的石化产业模式，形成一个“大而全”的产品供应基地，具备一定的规模效应，且资源优化配置，跨国公司可在最大程度上共享原料供应，从而有效地降低了石油和石化产品的生产成本，提高了产品的竞争力。目前，裕廊岛的产业主要分为炼油、石油化工(乙烯、化纤)、特殊化工、液体仓储和公用工程系统（水、电、汽、风等)。新加坡生产能力强、技术水平高、产业关联紧密的优势，得到了众多生物医药跨国公司的青睐。目前，超过30家的世界领先生物医药科技公司先后聚集在新加坡的启奥生物医药研究园和大士生物医药园设立区域或全球总部、投资建厂以及成立研发中心，如雅培、拜耳、罗氏、葛兰素史克、百特、波士顿科学、GE医疗、默沙东、依视路、美敦力、柯惠医疗、强生、飞利浦医疗、西门子医疗、BD医疗、美敦力、诺华、赛诺菲、武田制药、艾伯维等。

1987年至2000年期间，在泰国的68个府中，罗勇府占批准FDI总额的31%，其后是曼谷（曼谷府）(12%）和春武里（11%）[1]。泰国汽车生产组装厂主要分布在第一区和第二区的曼谷（Bangkok)、北榄府（Samut Prakan)、巴吞他尼府（ Pathum Thani)、大城府（Ayutthaya)、罗勇府（ Rayong)、北柳府（Chachoengsao)、春武里府（Chon Buri）和龙仔厝府（Samut Sakhon)，丰田、铃木、尼桑、三菱、本田、马自达、奔驰、宝马、福特、通用、沃尔沃等欧美日汽车厂商大多在这二区设厂。

马来西亚电子产业集群主要集中在多媒体走廊区域以及槟城和马六甲一带地区，槟榔屿工业区云集了众多的跨国电子供应商、采购商和制造商，如欧司朗公司（OSRAM)、霍尼威尔（Honeywell)、美国国家仪器有限公司（NI)、

[1] UNCTAD. 2001世界投资报告：促进关联[M]. 北京：中国财政经济出版社，2002：80。

揖斐电电子（Ibiden）、先进微设备公司（AMD）、戴尔公司（DELL）和英特尔（Intel）公司等，世界上有1/3的微处理器是在槟榔屿装配的。

此外，索尼、东芝、宏达、富士通、英特尔、西门子、飞利浦、三星、宏碁等世界电子业巨头先后在菲律宾的内湖、甲米地、打拉、宿务和碧瑶等地投资，也在当地形成了电子产业的集聚。

本章小结

本章在对东盟投资环境、跨国公司在东盟各国投资与产业分布的特点以及东盟各国产业集群发展历程的分析中发现，东盟营商环境和促进产业集群发展的政策吸引了跨国公司的投资，东盟各国产业集群的发展历程中总是有跨国公司参与的身影，而跨国公司在东盟的投资部门也总是与其产业集群的发展相联系，跨国公司与东盟产业集群两者呈现出相辅相成的关系。

从时间点来看，跨国公司在东盟的直接投资大致经历了起步、剧增、低迷、反弹、衰退和复苏六个阶段，各阶段投资的产业也呈现出从第一产业转向第二产业，再从第二产业到第三产业服务业，再到现在的智能制造的发展轨迹，而且第二产业中制造业部门投资的技术层次在提高，重化工业部门的投资比重也在上升。但由于各国经济发展水平差异很大，实施对外经济开放战略与政策的时间点不一样，跨国公司对东盟各国的投资时间、投资产业结构分布等也呈现出不一样的特征。

东盟各国产业集群的发展各具特色，但这些产业集群的共同特征十分明显，它们都是建立在当地经济特区和工业园区的基础上，而且是以跨国公司为主导。

从跨国公司的投资与东盟产业集群发展的现状来看，我们会发现跨国公司在东盟国家的投资呈现出产业与地理空间集聚的双重特征。跨国公司不仅推动了东盟国家产业集群的发展，还带动了产业结构的升级，同时，东盟国家经济发展以及产业集聚现象也吸引了越来越多的跨国公司在当地投资。

第四章

>>>>>>>>

跨国公司与东盟产业集群互动发展的机理

第一节 互动发展的内在运行机理：竞争和关联

对跨国公司与东盟产业集群互动发展的机理，笔者认为可以运用系统理论的有关原理来进行分析。我们可以把以跨国公司为主导的东盟产业集群看作是一个动态的系统，系统内包括了跨国公司、供应商以及相关的支持机构等众多子系统。这个系统要想良性运转，需要内部各子系统的有机协作，同时也需要与外部进行联系。本节主要分析系统内各子系统之间的关系对两者互动的影响，至于外部联系将在下节进行阐述。

一、跨国公司影响东盟产业集群的机理

跨国公司对东道国当地产业集群形成的影响，现有研究文献大多认为，初始跨国公司的投资降低了一个区域的市场风险与投资成本，从而使当地投资逐渐累积，最终形成产业集群。这种累积表现为初始跨国公司、关联性跨国公司、竞争性跨国公司以及东道国本土企业在特定区域投资的共同作用。跨国公司在东道国的直接投资由于其自身具备所在产业的特点，必然会对东道国的产业发生外部效应，邓宁（1993）把这种外部效应称为“外国直接投资者与东道国各经济主体之间形成关联的直接结果”。挪威学者 Tina Soreide 认为“当跨国子公司在东道国的建立影响了现有的竞争状态时，产业重构效应就会产生”。[1] Markusen 和 Venables 把跨国公司进入对东道国国内产业发展的影响归结为两种

[1] Soreide T. FDI and Industrialization: Why Technology Transfer and New Industrial Structures May Accelerate Economic Development[J]. Chr. Michelsen Institute Working Paper, 2001: 3.

效应：竞争效应（competition effect）和关联效应（linkage effect）[1]。竞争效应一方面是指初始跨国公司由于受到东道国自然或人为因素的吸引，进入东道国进行投资，而它在本国乃至全球的竞争对手（竞争性跨国公司），出于对先行进入者在东道国市场获取垄断优势的担心，为维持竞争均势，一般也会进入初始跨国公司投资的同一区位进行投资；另一方面初始跨国公司与竞争性跨国公司进入东道国后，与东道国企业的竞争结果会改变东道国原有的市场结构，并在动态的竞争中形成新的市场结构。关联效应是指跨国公司的投资会带来其原来的全球供应商（关联性跨国公司）的跟随投资，从而在东道国特定区域内形成具有前后向价值链关系的产业集聚，而且会改变东道国本产业以及许多相关产业的供需状态从而影响其生产。

（一）跨国公司之间的竞争效应与东盟产业集群的发展

聂克博克（F. T. Knickerbocker，1973）的寡占反应论指出，在寡占市场中，所有企业的地位都很重要，它们的任何举动都会影响到其他寡头厂商，因此，每个厂商对对方的行动都很敏感。尤其是市场当中的领头企业的地位相当重要，只要它做出某种市场行动，为了维持自己与竞争对手在市场上的相对地位，其他厂商在充满不确定性的经营环境中往往采取“跟随领头者”的行动，以保持力量均衡，削减竞争风险[2]。当行业中领头者向国外直接投资时，其他寡头也会紧随其后去相同的国外市场直接投资。当某个跨国公司由于受东盟国家自然资源、劳动力成本或政府政策等因素的诱导而率先在东盟国家投资，把一些组装与装配环节安排在东盟国家，其同行业的竞争者一般也会将投资定位于先行进入者的同一区位，从而导致一系列的后续投资行为跟进。对于东盟国家来说，由于跨国公司的强大的竞争压力往往导致本土竞争性企业出现“丢盔弃甲”的局面，许多实力弱小的本土竞争性企业退出产业市场竞争的主战场，实

---

[1] Markusen J R, Venables A J. Foreign direct investment as a catalyst for industrial development[J]. Europen Economic Review，1999.

[2] Knikcerbocker. Oligopolisti cultinational Enterprise . Boston ，Mass, Graduate School of Business Administration, Harvard University，1973.

力稍强的则加入跨国公司的全球生产体系，成为其供应链中的一个环节或与跨国公司合资组建新的合资公司。这种跨国公司之间的竞争效应最终导致东盟国家某些以跨国公司为主导的产业集群的形成。

波特（Porter）曾指出："外国企业并非是和某一企业进行竞争，也不是与一组企业竞争，而是与整个区域文化进行竞争。"[1] 以美国学者 Granovettor 为代表的新经济社会学者认为，经济行为是根植在网络与制度之中的，这种网络与制度是由社会构筑并有文化意义的，它对经济活动会产生重要的影响[2]。产业集群区所形成的地方化弹性生产系统或区域创新网络成为跨国公司全球战略必争的重镇要地，这些地方"根植性"的特色网络使跨国公司获得了竞争优势，而且这种竞争优势由于其复杂的社会和文化现象，集群外的企业是很难模仿并获得的，它存在于当地的社会文化网络中，其他跨国公司要想获得这种优势必须将这种集群区的生产链纳入自身的全球经营网络中。随着东盟国家产业集群的逐渐形成，越来越多的跨国公司为了获得东盟产业集群网络独特的竞争优势，使之在全球的竞争中保持领先，纷纷加入东盟产业集群当中，从而进一步推动了东盟产业集群的成熟和发展，产业集群的配套能力得到增强，各跨国公司会把更多的价值链环节（如生产、研发等）安排到东盟国家，从而吸引更多的企业加入集群中，产业集聚效应得到扩大、强化。

产业集群成长到成熟阶段后，伴随集群赖以生存环境的变化，集群会产生分化，有些集群会升级，有些集群会衰退。集群升级意味着集群产品结构升级、产品功能升级或产业链升级。东盟产业集群内的企业间的激烈竞争会促使集群内企业不断地进行技术变革和技术创新，从而推动了集群产品功能升级和产品结构升级。而东盟国家间产业集群之间的竞争还可能带动了产业链的升级，如东盟其他国家的低成本压力促进新加坡进行产业链升级。集群衰退是指

---

[1] Porter, M.E. The Competitive Advantage of Nations[M]. New York: Free Press，1998.

[2] Granovettor M. Economic Action and Social Structure : The Problem of Embeddedness[J]. American Journal Sociology, 1985，91：479-490.

集群内几乎不再有新的企业加入或者集群内出现企业大规模的区位移动，集群逐渐失去活力。跨国公司在东道国的投资动机主要有两个：接近市场和降低成本，其中降低成本是跨国公司投资东盟的主要动因，当东盟国家成本要素价格上升，而其他一些发展中国家的成本更具有竞争优势时，跨国公司基于全球竞争战略的角度就会对投资区位进行重新选择，转移到成本更低廉的其他国家或地区，由于东盟国家的很多产业集群是由跨国公司所主导的，这种集群内跨国公司的撤退必然会使东盟原有集群出现衰退及出现集群“产业空洞化”现象。

（二）跨国公司的产业关联效应与东盟产业集群的发展

产业关联的实质是各产业相互之间的供给与需求关系。当某一产业的生产活动发生变动时通过供给联系或通过需求联系与其他产业部门发生关联，从而影响或波及其他产业部门。赫希曼（1958）提出了后向关联和前向关联的概念。当一个产业为另一个产业供应有关投入品时，后向关联效应就产生了；当一个产业使用另一个产业的产出作为其投入品时，前向关联效应也就产生了。UNCTAD《2001年世界投资报告》明确指出，跨国公司能否真正推动东道国产业的发展取决于跨国公司生产系统与本地企业的产业关联的强度。

当跨国公司进入东盟某一区域成为初始跨国公司时，这些初始跨国公司多为垂直型，它们在母国可能已经存在一个相对稳定的供应网络。进入东盟国家初期，由于东盟国家没有与之衔接的可靠分工网络，加之东盟市场供应的不确定性，为降低成本，减少经营风险，跨国公司除了进行母国和第三国采购外，往往将已有供应网络在东盟国家进行复制和延伸。而它的原有母国供应商，为了能够与投资东盟的跨国公司保持价值链关系，降低成本，往往跟随初始跨国公司进入东盟国家进行“群居生存”投资，从而在东盟特定区域形成了具有前后向价值链关系的外资企业集聚。比如，2000年代初，佳能（日本）投资兴隆工业园（越南）时，当时吸引了一些供应商到园区为佳能提供零部件，包括帕克加工（油漆和表面处理金属零件）、日本染料铸造公司、Volex电缆组件（新加坡）（电源供应卡和互联器）、住友线圈中心（日本）（打印机零件）和桑托斯（马来西亚）（精密塑料注射模）。2016年许多韩国的中小供应商企业都跟随三星和 LG 公司在越南投资。由于这些跨国公司所生产的产品都是拿来外销，所以东盟本地企业并没有把它们当成竞争对手，而是当成客户，并开始向它们提供简单的零件与服务。而且跨国公司在特定区域的集聚同样会对东盟国家本地企业产生极大诱惑力，为分享集聚好处，当地一些企业也会进驻到跨国公司的集聚区来寻找跨国公司的外包订单，而跨国公司出于节约成本的目的，也希望将简单的配套环节分包给当地企业。至此，跨国公司的产业关联效应使东盟国家特定区域内形成了一定意义上的产业集群，但此时本土企业参与跨国公司主导的产业集群网络的机会少、程度低，大部分跨国公司还是由原来的供应网络提供配套支持。

伴随产业集群的发展，东盟本土企业配套能力的增强，跨国公司出于降低交通与通信成本、利用当地创新资源以及东道国国家的要求，只保留核心制造环节，而将其他非核心环节外包出去，这为本土企业融入跨国公司主导的产业集群分工网络提供了可能性。本土企业为了降低运输成本迁入集群，主动嵌入集群网络，同时为了维持、强化与跨国公司的供应链关系，本土企业增加改进产品质量和降低生产成本方面的投资，使本土企业在集群内的投资规模扩大、企业数量增加。随着集群内产业链的延长和扩展，对生产服务、生活服务提出新的要求，围绕集群的一系列生产服务、生活服务机构随之兴起，跨国公司与本土企业、当地政府、研发机构和金融机构等组织之间的依赖关系随之产生并不断加强，集群网络得以扩展，集群社会根植性进一步强化，产业的关联效应日益明显，不断有新的企业加入集群，推动产业集群的发展。

跨国公司与东盟本土企业的关联主要是属于后向关联，这种关联效应通常视跨国公司、东道国和母国的具体情况而定。正如 Rodriguez-Clare（1996）所总结的，当存在以下情况时跨国公司和东道国之间的联系效应是可持续的：跨国公司生产的产品使用大量中间投入品（实施本土化战略）、总部和子公司生产企业之间交流成本高、母国和东道国生产的中间投入品差距不太大。如果这些情况发生逆转，则跨国公司可能会对发展中的经济造成损害，并在发展中国家形成形式化的“飞地经济”❶。因此，跨国公司的后向关联效应对东盟国家产业集群的发展的最终影响还不能一概而论，到底这种影响是不是可持续的，会不会推动东盟产业集群的不断发展乃至于升级，还是最终只是“昙花一现”，还需要根据产业集群所在行业的特性、参与的主要跨国公司战略、东道国政府政策以及当地的配套能力等情况具体问题具体分析。

二、东盟产业集群吸引跨国公司投资的机理

产业集群是在特定领域中，一群在地理上临近、有交互关联性的企业和相关法人机构，并以彼此的共同性和互补性相联结。1998 年波特在《集群与新竞争经济学》一文中解释了产业集群的含义：“集群是特定产业中互有联系的公司或机构聚集在特定地理位置的一种现象。集群包括一连串上、中、下游产业以及其他企业或机构，这些产业、企业或是机构对丁竞争都很重要，它们包括了零件、设备、服务等特殊原料的供应商以及特殊基础建设的提供者。集群通常会向下延伸到下游的通路和顾客上，也会延伸到互补性产品的制造商以及和本产业有关的技能、科技，或是共同原料等方面的公司上。最后，集群还包括了政府和其他机构——像大学、制定标准的机构、职业训练中心以及贸易组织等——以为产业发展提供专业的训练、教育、资讯、研究以及技术支援。”❷产业集群不是单纯的产业空间集聚，而是根植于地方社会文化环境，包括各种正式合作关系和非正式交流的社会经济网络。波特认为，从理论上讲，更为开放的全球市场和更加快捷的交通运输与通信系统应当削弱地理位置在竞争中的作用。但这种由正式的、非正式联系的企业及相关机构形成的产业集群代表着一种能在效率、效益及柔韧性方面创造竞争优势的空间组织形式，它所产生的持续竞争优势源于特定区域的知识、关联及激励，是远距离的竞争对手所不能达

❶ Rodriguez-Clare Andres. Mutinational, Linkages, and Economic Development[J]. American Economic Review，1996（86）：852-873.

❷ Porter M E. Clusters and New Economics Competition[J]. Harvard Business Review，1998，76（6）：77-90.

到的。Ahuja 认为，集群内企业间存在生产、市场、技术、采购、基础设施等方面的关联同时又存在基于声誉、友谊、相互依存和利他行为的竞合关系，因此产业集群是拥有经济属性、社会属性和自学习属性的网络组织[1]。产业集群内企业间由于竞合和关联所产生的竞争优势是集群外企业所无法分享的，正是这两种优势吸引了越来越多的企业（包括跨国公司）参与到集群中。

（一）东盟产业集群由于竞争而产生的竞争优势

按照波特的观点，如果没有有效的竞争，集群将难以生存。在产业集群中这种竞争关系不是你死我活的竞争，而是一种协作竞争。东盟产业集群具有空间集聚和专业化的双重特征，跨国公司参与的东盟产业集群都是由跨国公司、跨国公司的竞争者和跨国公司的供应商等大量企业在空间的汇集，成员企业和辅助机构被共同“锁定”在一定区域，经济活动高度密集，可以较容易地获得专业化的、弹性的劳动力，具有较强的地域相关性，企业成员之间的竞争激烈；同时产业集群的生产经营具有很强的专业化特征，企业成员之间围绕产业链实行精细的专业分工，形成社会化分工网络，产业链上下游企业之间的关系密切，相互之间的协作频繁。因此，在东盟产业集群内，大量企业相互集中在一起，既展开激烈的市场竞争，又进行相互之间的协作。这种既有竞争又有协作的竞合机制为东盟产业集群创造了许多的竞争优势。

1. 规模经济优势

产业在地理上的集聚，形成了集群内产品的规模生产和大规模的市场需求，使集群内跨国公司获得从原材料到零部件的低成本供给。由于产业集群内聚集了大量的市场需求，提供原材料和零部件的企业就可以实现规模生产，使得原材料和零部件价格降低，地理的接近也节约了单位运输成本。以彩色电视机为例，每台电视机在进入工厂前，劳力与固定费用的成本只占成本的 7%，花在材料与购买零组件上的成本（包括仓储及处理的成本）则高达 76%，产业

---

[1] Ahuja G. CollaborationNetworks, StructuralHoles, and Innovation: a Longitudinal Study[J]. Administrative Science Quarterly，2000，45（3）：425- 455.

集群的规模经济效应有利于大幅度降低电视机的材料与零部件成本，使生产电视机的跨国公司获得了低成本生产的竞争优势。另外，产业集群的整体品牌效应还可能使集群内企业获得营销的规模经济优势。如新加坡裕廊石化产业集群内聚集了 BP、埃克森美孚（ ExxonMobil ）、三井化学（ Mitsui Chemicals ）、壳牌(Shell)等众多欧美日石化厂商，形成了一个由跨国公司所主导的“大而全”的石化产品供应基地，集群内规模经济效应明显。

2. 劳动力市场共享优势

随着产业集群的扩大，集群内的人才机制也会逐步完善，吸引了大量本地或外地的专业技术和管理人才的涌入，形成劳动力供给充足的区域性市场。集群内企业可以根据自身生产的需要，及时调整工人的数量，减少工资成本和工人劳动保障方面的费用。同时，人才在集群内企业间自由流动，促进了信息、思想的传播和扩散，提高了集群内劳动力供给的效率。比如，因为菲律宾拥有大量会计、软件编程、建筑服务、电话销售和电脑绘图设计等领域的高技术人才，使英特尔、微软、安路、柯达、美国国际集团、加德士、宝洁和汇丰银行等都在菲律宾设立了共享服务中心或呼叫中心，其中大多数设在马尼拉。马来西亚由于能够招聘到会说英语、马来语、汉语普通话、广东话、印地语和泰米尔语的员工，宝马、花旗集团、戴尔、敦豪快递、爱立信、汇丰银行、IBM 和皇家荷兰壳牌公司等都已经在马来西亚建立了区域服务中心[1]。2003 年 8 月丰田汽车公司在泰国建立了第四个国外研发中心，这是该公司在发展中国家建立的第一个研发中心，泰国被选作丰田亚洲研发中心坐落的地点有多方面的原因，其原因之一是泰国当地汽车产业集群的发展使当地聚集了众多的熟练劳动力[2]。

3. 技术创新优势

由于在集群区域内汇集了大量的竞争对手，使集群内的竞争更加激烈，强

---

[1] UNCTAD. 2004 年世界投资报告：转向服务业 [M]. 北京：中国财政经济出版社，2006：156.

[2] UNCTAD. 2005 年世界投资报告：跨国公司和研发国际化 [M]. 北京：中国财政经济出版社，2006：132.

大的竞争压力迫使企业加快技术创新步伐，或者提升产品质量与产业层次，改善服务，或者将同质性竞争转变为差异化竞争，另辟蹊径，开发新的产品品种和工艺，将竞争压力转化为集群创新的动力。由于存在着“学习曲线”，使集群内专业化中小企业学习新技术变得容易和低成本。同时产业集群的发展壮大吸引了大量的服务企业及支持机构的进入，如科研单位、管理咨询机构、技术开发机构、行业协会等。这些机构加强了技术的研发、交流和扩散，为企业创新提供了广泛的机会，同时又便于企业人员提高学习能力，有利于知识和信息的传播和积累，有力地支撑了集群企业的创新。有关1994年美国国外研发的数据表明，在发展中国家进行研发的机构有77%集中在包括新加坡在内的4个国家和地区。原因很明显，创新活动集中在创新资源高度集中的地区，即拥有受过高级训练的科学家、工程师和技术人员的大量供给，并靠近大学和其他研究机构的地点，也许更重要的是，在这些地点的周围已建立了能够产生群集收益的创新企业[1]。

（二）东盟产业集群由于关联而产生的竞争优势

东盟产业集群对跨国公司的吸引力源于集群内产业关联程度和企业间的紧密联系。下游企业集聚所带来的内部需求是促进上游企业聚集的强大动力，而上游产业集聚所带来的充足、便捷且高质的供给又构成对下游企业的吸引力。上下游之间相互吸引，一旦集群形成，就会按照自己的逻辑不断发展，所以集群本身就是一个良好的招商环境。集群内不仅聚集了同行业从事不同生产环节的企业，还集结了大量配套的专业化厂商、服务、研发机构和各类专门人才。集群这种由于关联而产生的竞争优势主要体现在以下几个方面。

1. 范围经济优势

范围经济是由集群内企业间的分工与合作而形成的。由于集群内专业化程度很高，企业往往集中于生产某一专门的产品，同时利用自身的技能与其他企业紧密合作，协同参与价值链的全部增值活动。在这种情况下，生产系统被肢解为许多部分，分散在许多小企业中，企业之间再通过建立合作的网络关系进

[1] UNCTAD. 2001 年世界投资报告：促进关联 [M]. 北京：中国财政经济出版社，2002：99.

行交易，这些专门化的企业联合起来进行多样化产品的生产，便可以形成集群的范围经济。这方面的优势在新加坡裕廊岛石化产业集群内体现得特别明显，以美国埃克森公司主导的第三个乙烯专业区计划为例，专业区已形成包括年产80万吨乙烯、47万吨聚乙烯、20万吨聚丙烯等产品的石化基地。壳牌化学与巴斯夫则由该中心供应的烯烃芳香族产品为原料，建成生产50万吨苯乙烯和25万吨环氧丙烷的工厂。日本三井化学的苯酚厂以其所产出的丙烯为原料生产苯酚，而所生产的苯酚再流向双酚A厂，双酚A厂则以配管输送方式提供给帝人化成制造聚笨乙烯。

2. 社会资本优势

产业集群内协同互动的关联机制会促进信息、技术、人才的流动，缓和各经济主体的矛盾，为水平和垂直型公司创造合作与信任的空间。东盟国家产业集群内企业具有地缘的接近性和地理“根植性”，如许多企业相互熟悉，地理位置靠近，业务上有往来，往往在集群内形成企业社会网络关系。东盟国家产业集群区内企业具有共同的区域文化背景，企业间的相互联系比如转包、产品的质量、交货时间、资金结算等本身就是建立在信任的基础上，声誉对企业的生存与发展很重要，所以它们必须遵守信用，避免机会主义倾向，因而有利于企业间建立以信任与承诺为基础的社会网络和集群文化，通过网络关系降低交易成本，加强相互合作，减少交易中的风险和不确定性。

3. 创新网络优势

创新网络是指多个企业为了获得和分享创新资源而在所达成的共识和默契基础上相互结成的合作创新体系。东盟产业集群作为一种地方根植性网络，一个关键性特征就是集群内的跨国公司、供应商、相关机构（政府、大学、研究机构以及中介机构）以及各种创新的思想和设计构成创新网络的结点，交流尤其是面对面的交流使各个结点链结成网或类网，并在交流中产生“网”中新的结点。交流越频繁，则结点越多；结点密度越大，交流的机会也就越多、越频繁，创新的机会就越多，创新的能力也就越强。网络环境为东盟集群内企业提供了一个信息交流的平台，通过横向、纵向的联结，信息、技术、资源在网络内部不断流动和优化配置，集群内企业以较低成本获得大量有价值的专业信息和知识。

东盟国家集群网络内由于空间接近性和共同的产业文化背景，不仅可以加强显性知识的传播与扩散，而且更重要的是可以加强隐性知识的传播与扩散，并通过隐性知识的快速流动进一步促进显性知识的流动与扩散。由于知识的累积性，知识溢出的动态过程使集群中知识存量不断增加，从而产生更多的知识溢出。另外，产业集群中单个企业的资金、人才和技术等创新资源有限，难于取得技术突破，通过创新网络形成专业化分工，每个企业集中精力于自己的核心专长，并形成企业间资源和能力互补，产业集群的整体技术创新能力就能大大提高。这种创新网络优势和上述的社会资本优势共同形成产业集群持续、长期的竞争优势（见图 4–1），它是集群所独有的，具有很强的根植性，企业只有加入到集群中才能获得这种优势，所以它对集群外企业产生了很强的吸引力。

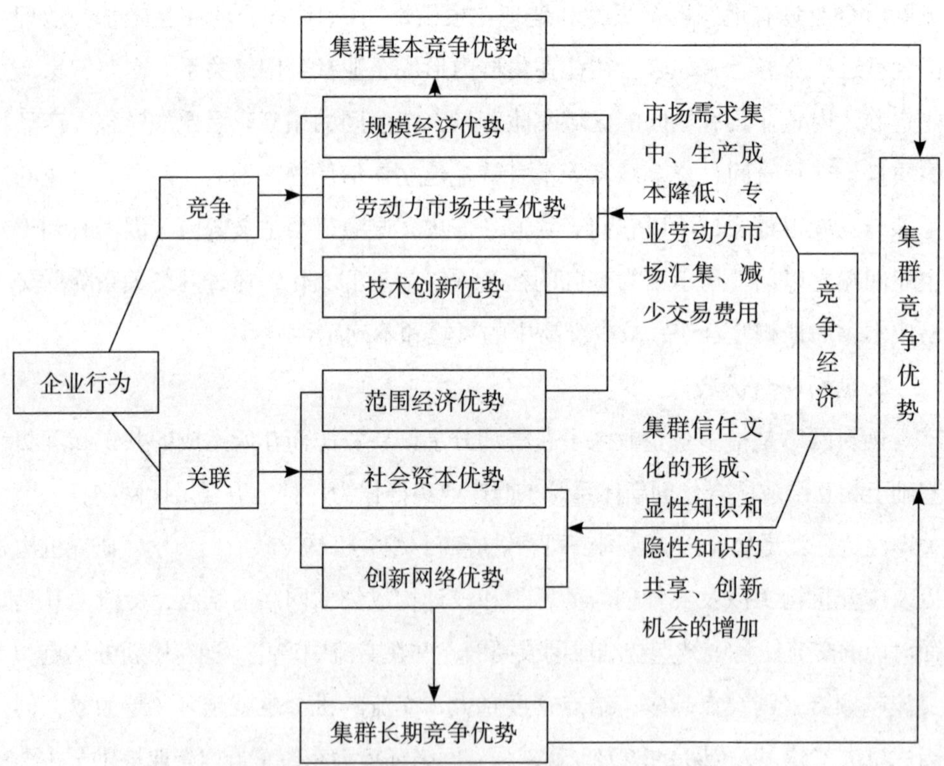

图 4–1　东盟产业集群竞争优势的来源和形成

三、竞争和关联导致跨国公司与东盟产业集群的互动

综上所述，竞争和关联是导致跨国公司与东盟产业集群的互动发展的两个非常重要的内在因素。竞争效应和关联效应促进了跨国公司到东盟进行更多投资，从而带动了东盟相关产业集群的发展；另外，竞争和关联为东盟产业集群带来了基本和长期的竞争优势，吸引了越来越多的跨国公司的投资。

以东盟磁盘驱动器（HDD）产业集群为例，竞争和关联导致跨国 HDD 厂商纷纷到东盟投资并最终推动东盟 HDD 产业集群的发展。1981 年苹果电脑率先在新加坡投资，这一举动促使苹果公司在美国硅谷总部周边的竞争者也去新加坡看看，先是坦登（Tandon），接着微周边（Microperipheral）和迈拓（Maxtor），1982 年美国希捷公司为了降低生产成本也开始在新加坡进行组件装配和最终装配活动，刺激了更多的美国企业也相继采取类似的战略，由美国跨国公司带动的东盟 HDD 产业集群吸引了日本跨国公司的投资，到了 20 世纪 90 年代，日本几乎所有的主要 HDD 生产商都逐渐将其制造装配环节转移到东盟地区，使东盟 HDD 产业集群地位得到进一步提高。而对跨国 HDD 制造商来说，东盟国家特别是新加坡有相当大的“拉”力，因为它有好的支援工业（例如：印刷电路板组件、铝模）、技术工人、基础建设（十分有效率的机场与现代化的通信设施），同时又有总体成本竞争力（印刷电路板组件在新加坡的制造成本比美国少一半，其他东盟国家更低）、可立即开工的现成工厂大楼、诱人的税务奖励，以及擅长电子与电机的劳力，有很多在新加坡设厂生产的著名跨国公司都对这些“拉力”深表肯定[1]。

从韩国跨国公司在东盟的投资来看，2016 年，共有 3770 家韩国企业在东盟运营，包括全部 20 家韩国最大的跨国公司。其中，在东盟最有影响力的韩国企业有电器领域的 LG 集团和三星集团，钢铁和基础设施领域的浦项制铁集团（POSCO），零售和化工领域的乐天集团等。此外，韩国的中小企业也加紧在东盟布局。截至 2015 年底，在东盟投资的韩国中小企业数量达 1786 家，与 2005 年的 513 家相比上涨了三倍多，这些企业主要集中在电子配件、服装等领域。同时，在东盟投资

---

[1] 曾振木，等．心耘 [M]. 戴至中，译．上海：上海教育出版社，2006：174-175.

的韩国中小企业往往与韩国的大型跨国公司保持着密切的联系。这些中小企业充分利用东盟国家资源丰富、人力成本低廉、地理位置优越等特点，在当地投资建设生产基地，并以代工的形式为大型韩国企业提供产品零部件或半成品，成为其产业链布局中的重要一环。因此，韩国对东盟投资的最大特点是，一家大型韩国企业赴东盟投资，往往会带动若干个中小型韩国企业进驻东盟，形成聚集效应[1]。

第二节　跨国公司与东盟产业集群互动的影响因素

竞争和关联是跨国公司与东盟产业集群互动的内在机理，而系统外的一些外在因素如世界生产体系的变迁、跨国公司所在产业的特性、东盟国家的政策条件、东盟国家的比较优势以及东盟区域一体化的进程等对两者互动发展的影响也不可忽略。

一、世界生产体系的变迁

世界生产体系是建立在国际分工基础上的各国商品与服务的生产联系及组织关系。20 世纪 70 年代，阿根廷经济学家、联合国拉丁美洲经济委员会第一任秘书长劳尔 · 普莱维什（Raul Prebish）用“中心—外围”结构描述当时的世界生产关系和分工格局。但到了 20 世纪 80 年代，随着信息技术和互联网的发展以及世界经济全球化的进程，世界各国的生产分工关系摆脱了“中心”与“外围”相对分离的传统状态。世界经济从一个由国家和地区构成的市场转变为一个地区与国土边界日渐模糊的全球市场，各国跨国生产主体的组织方式、所有权联系、空间分布也呈现了紧密一体化的特性。全球性生产体系特征的变化，为东盟国家的经济和产业发展创造了一定的机遇。

（一）跨国公司组织方式的变化

20 世纪 70 年代，福特汽车公司率先建立了后来为众多跨国公司效仿的企业

[1] 驻东盟使团经商参处 .2016 版东盟投资报告情况 [RI/OL].（2016-09-01）[2016-09-27].

内部跨地区、跨国家的垂直一体化生产组织体系，在欧洲许多国家生产零部件，然后集中在德国、英国和西班牙进行整车组装。但20世纪90年代，这种内部纵向一体化的企业组织关系尽管仍然存在，但生产体系的国际化同时还超越了企业的边界。纵向一体化公司亲自执行的许多活动，现在正由外部小规模的、弹性专业化公司和分包商来完成，从而形成了不同企业间的层级制关系。在汽车产业，品牌制造商如福特、通用等跨国公司控制管理庞大而复杂的生产流通网络，处于整个产业价值链的中心，而其他非核心的零部件或子系统组件如汽车玻璃、仪器仪表、轮胎、变速器等上万个部件的生产则分散给众多的联系厂商，各个联系厂商专注于价值链环节的特定职能，处于从属地位。在电子产业，产品定义者、标准制定者和核心技术开发者如IBM等掌控着产业的主导权，而一些非关键零部件加工制造者和产品组装者为其完成其价值链中的某些环节。在饮料行业，品牌营销商如可口可乐、百事可乐等控制着整个价值链中的核心技术和关键营销环节，而具体的生产环节则由各合约商来组织。这些联系厂商和合约商可能是独立的企业，也可能是从属性子公司，但都受到不同程度核心企业的控制，具有“受控制的供货商”属性。跨国公司这种由内部纵向一体化向外部供货商辐射的新型组织方式为东盟国家的中小企业以及产业集群提供了参与全球生产分工的机会。

（二）跨国公司生产布局的变化

日益激烈的全球竞争促使跨国公司在全球范围内寻找投资地点，为了赢得竞争优势，跨国公司想方设法在价值链的各个环节降低其成本，这就使以往依照国别或地区投资布局、各国或各地区的投资点相互独立、自成一体的集中生产格局不能完全满足跨国公司全球竞争的需要。现在跨国公司在全球范围进行价值链各个环节最佳投资地点的选择，一些海外生产点只是公司系统内一部分中间品的消费者和另一部分中间品的生产者。例如，英特尔将半导体成本结构中高附加值部分（硅片生产与加工）留在美国，而将制造设施放在以色列和爱尔兰，将劳动密集程度较高的装配和测试活动安排在马来西亚、菲律宾、哥斯达黎加和中国。于是，在全球范围内逐渐形成了服务于世界市场的区域或全球加工基地、制造基地、研发基地、采购基地和营销基地。例如，在发动机行业，日本京都的发动机集群控制着超过发动机总价值 50% 的高增值环节——PC 板研发和生产；大阪轴承集群控制液压轴承；在高增值零部件生产中，依次为新加坡——测试；泰国——产品研制和加工；马来西亚——板壳；菲律宾——组装和板壳；中国平湖——组装[1]。

（三）跨国生产联系纽带的变化

跨国生产联系的传统战略是一种股权控制战略，通过控制所有权，保持对整个生产链的控制。但是，当代世界生产网络已经超越了股权连接这一纽带，而演变为由专业化于价值链上特定核心环节的跨国公司、其分布于各东道国的子公司、为其提供供应的跨国供应商、非跨国供应商与分包商交织构成的系统网络，分布于不同国别和区域的生产过程之间的高度依存关系更多源于共处于某一产业或某一产品的价值链，而不是共处于某一股权体系，从而形成了由价值增值链为纽带的新型世界生产体系。在这种非股权式的世界生产体系中离岸外包成为重要的承接形式，随着经济全球化进程的加快，离岸外包的地理范围不断扩大，外包的环节和项目不断增加，从零部件到整个产品的制造，从生产业务到办公业务都可以由世界范围的外包商完成。全球价值链布局中，跨国公司与不存在股权联系的东盟外包商之间建立起较之于一般市场联系更加密切和更为长久的关系。通过对承接其外包业务的东盟主要供应商的技术转让、培训供方工作人员、提供与业务有关的信息和给予资金资助，跨国公司使原本非系统内的东盟生产商变成了准系统内企业，使东盟国家内的一般厂商无需跨国却已实现了生产的国际化（就其生产标准、服务对象、利润实现而言），并融入全球一体的世界生产网络中去。东盟国家的这些供应商由于融合到了世界生产体系中，其本身的技术水平得到提高，市场范围得到扩大，有些供应商甚至发展成为全球供应商，如马来西亚的英泰克（ENGTEK）从一个默默无闻的中小企业成长为一家高精密设备生产商，为电子产业中好几家全球性厂商提供有竞争力的、高增值的产品和服务。

---

❶ 张辉．全球价值链下的地方产业集群转型和升级 [M]. 北京：经济科学出版社，2006：123.

二、跨国公司所在产业的特性

由于跨国公司与东盟本土企业相比，在不同的产业中其优势有着显著的差异，因此并不是所有的产业都集中了相同数量的跨国公司投资。有的产业聚集了大量的跨国公司直接投资，而有的产业跨国公司的投资则很少，这与跨国公司所在的产业特征有着密切关系。

（一）产业的技术水平

UNCTAD（2001）认为在制造业内部 FDI 地理集中的水平因工业而异，技术水平越先进，地理集中的程度也越高。因此，在六个代表不同技术水平的工业中，即高技术中的半导体和生物技术工业，中等技术的汽车和电视工业，低技术的食品与饮料以及纺织与服装工业，生物技术是地理集中程度最高的工业，其后是半导体工业和电视工业，而食品与饮料工业的地理集中程度是最低的。在这些工业中，外国分支机构的区位选择表现出相当大的地理差异，在高技术工业中，外国分支机构往往集中在世界上某个选定的区位，而在食品与饮料行业，外国分支机构在地理上更平均地分布在世界各地[1]。在各国国内，能够吸收大量高技术外国分支机构的地区也是很有限的，这说明高技术产业在此国家层面上的集中程度也是相对较高的，许多观察结果证实了只有拥有技术能力的地区才能够吸收高技术 FDI。电气与电子、化工业是包括东盟在内的亚洲发展中国家和地区吸引 FDI 最多的行业。某些行业如生物技术和微电子工业的跨国公司倾向于群集在相对较小的区域，通常靠近当地企业和其他机构，比如马来西亚的槟榔屿电子工业集群就吸引了众多的跨国公司进入；超过 30 家的全球领先的生物医药跨国公司在新加坡的启奥生物医药研究园和大士生物医药园设立区域或全球总部、投资建厂，以及成立研发中心。

（二）产业的国际化程度

当前国际化程度较高的产业可以分为两类：一类是技术复杂、产业价值链

---

[1] UNCTAD. 2001 年世界投资报告：促进关联（中译本）[M]. 北京：中国财政经济出版社，2002：83.

清晰、规模经济明显的全球性产业，如电子、汽车、石化等；另一类是多国产业如食品、饮料、日化制品等。如果跨国公司所在的产业的国际化程度不高或是多国产业，则跨国公司的进入对东盟的产业集群的影响是不大的。因为在本土化的产业中，东盟本土企业拥有更多的信息、销售渠道、熟悉的文化环境等便利条件和优势，而跨国公司在这些方面不具有比较优势，对当地产业集群的发展不会造成明显的影响。而如果跨国公司所在的产业是国际化程度高的全球产业，由于跨国公司拥有全球生产体系，在国际分工中往往占据有利地位，东盟国家由于经济发展水平相对落后，这些国际化产业的发展往往是不充分的，而跨国公司无论是在管理还是在资源配置、技术水平方面都具有绝对的优势。因此，一旦跨国公司进入东盟，则很容易在东盟市场上发挥市场力量，对东盟国家的市场结构产生影响，其直接后果往往是将寡占型市场结构传导给东盟国家，在东盟国家形成“主导厂商型的寡占市场结构”，使东盟国家实力较弱的本土企业要么并入跨国公司，要么成为其供应商，所以容易在东盟当地形成以跨国公司为主导的产业集群。

（三）产业价值链的长短及治理模式

Steinle 和 Schiele（2002）曾指出，一个行业如果具有较长的价值链，并且价值链上各个环节的生产工艺差别较大，那么该行业越倾向于聚集[1]。在经济全球化的背景下，跨国公司以前基于产权优势的国际化生产治理模式演变为基于增值优势的高端主导式治理模式。基于增值优势的高端主导式治理模式就是跨国公司借助于行业标准和规范，跨国界组织与协调产业价值链各环节的价值创造，并控制价值在各厂商间的分配。由于各产业的价值链构成并不完全相同，因而居于高端的企业属性也不尽相同，其治理模式也不完全一致。在汽车、飞机、计算机、半导体、石化及重型机械等传统所谓的资本技术密集行业，生产的进入壁垒很高，寡头型的大制造商居于价值链高端，它们在协调生产网络中

[1] Steinle C, Schiele H. Which do industries cluster? A proposal on how to assess an industry's propensity to concentrate at a single region or nation[J]. Research Policy，2002，31：849-858.

居于中心地位，向前控制原材料和配件供应商，向后与分销零售密切联系，对整个产业的价值链实施控制，因而此产业的跨国公司一旦进入东盟某个地区投资，很容易就带动相关的供应商和分销商跟随进入该地区，在当地逐渐形成以跨国公司为主的产业集群。而在服装、鞋、玩具、手工艺品等传统所谓的劳动密集型行业，生产的进入壁垒很低，造成高度竞争和全球分散的工厂体系，而设计及市场营销方面的进入壁垒却很高，因而品牌设计者（如耐克）和大型零售商（如沃尔玛）在全球价值链中占据着高端地位。品牌持有者并不建立自己的生产设施，而是利用合约进行生产，包括借助零售商来监管国际分包过程中的一些环节，如采购投入、组装、质量控制、从不同供应商处接货等，从而对全球生产体系实施治理，因而这类跨国公司的进入不会带来很明显的产业集聚效应。

三、东盟国家的政策条件

东盟国家在不同的时期采取了各种有针对性的 FDI 政策和产业发展政策，这些政策相互协同，在不同的发展阶段各有侧重。近几十年来，东盟国家对两者互动发展有影响的政策主要体现在以下几个方面。

（一）东盟国家的税收政策

新加坡对内外资企业实行统一的企业所得税政策，新加坡政府近年来不断降低公司所得税，税率已由原来的 24.5% 降至 17%，对涉及特殊产业和服务的企业（如高技术、高附加值企业）、大型跨国公司、研发机构、区域总部、国际船运以及出口企业等给予一定期限的减、免税优惠或资金扶持等。将区域总部（RHQ）或国际总部（IHQ）设在新加坡的跨国公司，可适用较低的企业所得税税率。区域总部为 15%，期限为 3 ~ 5 年；国际总部为 10% 或更低，期限为 5 ~ 20 年。马来西亚也不断降低公司所得税，还让外国投资者获得 5 ~ 10 年的免税期，在头 5 年期间减税 70%，同时免除原料和资本货物进口税。菲律宾的企业所得税已由 35% 降至 30%，而且规定在新开辟的苏比克等开发区内投资，只征收税率为 5% 的公司税，在水电收费方面可获优惠，并免征地方税；如果在偏远地区投资，外资企业除享受优先开发行业的优惠外，还可享受额外的优惠。外国的跨国企业在菲律宾设立总部，则可享受免征所得税、地方税。印度尼西亚政府1999年1月颁布第七号总统令，公布了恢复鼓励投资的“免税期”政策，对纺织、化工、钢铁、机床、汽车零件等22个行业的新设企业给予3～5年的所得税免征。印度尼西亚政府于2007年开始向钢材板材加工、铜矿加工、综合性纺织工业、麻布纺织工业、固定柴油机生产及机床六项生产工业提供投资优惠政策，优惠政策包括5年内享受减税30%及减少10%的红利税等。印度尼西亚政府2013年将为企业获得税收优惠进一步简化手续，并降低获得免税期和免税津贴的标准。根据印度尼西亚政府现行规定，在基础金属、炼油、天然气、有机基础化学、可再生能源和电信设备6个工业部门，投资额超过1万亿印度尼西亚盾（约合1亿美元）的企业，可获得5～10年的所得税免税期。越南对于不同领域的项目实施不同的税率和减免期限。如特别鼓励投资项目所得税率为10%，减免期限为4～15年；鼓励投资项目所得税率为15%，减免期限为2～10年；所有优惠税率优惠期最多不超过15年，优惠期后按普通税率征税；普通投资项目所得税率为20%，减免期限为2年。在瑞士洛桑国际管理发展学院（简称IMD）政府效率竞争力评价中，东盟五国的税收政策要素竞争力均位居世界前列，2006年新加坡、泰国、印度尼西亚、马来西亚和菲律宾的税收政策要素竞争力的世界排名分别是第3、4、7、13和15名。随着东盟经济共同体的建设，东盟积极实施关税和非关税减让措施，截至2018年，在东盟内部货物贸易中，6个东盟老成员取消了99.3%的进口关税，4个新成员取消了97.7%的货物进口关税。东盟内享受零关税的税目累计达98.6%，各国平均关税水平已降至0.06%。[1]东盟国家富有竞争力的税收政策有力地吸引了跨国公司的投资。

（二）东盟国家的产业政策

东盟各国政府根据工业化的不同阶段，积极实施产业政策，鼓励和扶持新

---

[1] 商务部国际贸易经济合作研究院、中国驻东盟使团经济商务处、商务部对外投资和经济合作司．对外投资合作国别（地区）指南—东盟（2020年版）.2020年12月．

兴产业发展，尤其是印度尼西亚、马来西亚、新加坡对所谓的战略性产业实行了政策倾斜，它们对各国的 FDI 和构筑产业竞争优势产生了直接影响。从 20 世纪 60 年代末起，东盟国家政府鼓励外国投资，设立出口加工区，使得面向出口型产业得以迅速发展。70 年代末开始，东盟相续转向推行以第二次出口替代的工业化战略。新加坡率先提出实施经济重组来促使工业企业技术升级，FDI 的结构已转向技术含量高的出口导向型的产业，如计算机部件、计算机外围设备、软件包和硅晶片。马来西亚设立国有重工业公司重点发展钢铁、汽车、石化等部分重化工业，菲律宾提出重点实施 11 项重工业建设项目，印度尼西亚将基础工业、金属工业和机械工业列为优先发展的产业部门，泰国也重视发展重化工业。80 年代中期起，东盟转向第二次面向出口工业化发展，各国政府相继提出了一系列鼓励和扶持新兴产业发展的政策。新加坡开始把 FDI 的目标指向高技术产业，如集成电路、计算机、工业电子设备和特殊化学产品。90 年代中期的金融危机后，各国普遍意识到本国产业升级的严重滞后，加快了产业结构调整的步伐。新加坡推出了促进制造业部门多元化和培育有发展潜能的本地企业的措施。马来西亚提出在未来 10 年将以发展知识经济为基础，制造业倚重电子电器业并向高增值和多元化转化。菲律宾设立了 4 个信息技术园区，积极鼓励信息科技产业的投资。为鼓励企业加大研发力度，新加坡政府规定，自 2009 估税年度起，企业在新加坡发生的研发费用可享受最多 150% 的扣除，并对从事研发业务的企业每年给予一定金额的研发资金补助。新加坡经济发展局为鼓励、引导企业投资先进制造业和高端服务业、提升企业劳动生产力，推出了先锋计划、投资加计扣除计划、业务扩展奖励计划、金融与资金管理中心税收优惠、特许权使用费奖励计划、批准的外国贷款计划、收购知识产权的资产减值税计划、研发费用分摊的资产减值税计划等税收优惠措施，以及企业研究奖励计划和新技能资助计划等财政补贴措施。马来西亚对核准的运营总部、区域分销中心和国际采购中心除了 100% 外资股权不受限制以外，还可享受为期 10 年的免缴全额所得税等其他优惠。为鼓励在生物科技领域的投资，推动生物科技的发展，马来西亚规定生物科技公司从首年盈利开始，免交

10年所得税。2015年11月，泰国内阁通过了工业部提交的未来十大重点产业建议，十大重点产业可分为两类，一是泰国原有优势产业，包括新一代汽车制造、智能电子、高端旅游与医疗旅游、农业和生物技术、食品深加工，二是未来产业，包括工业机器人、航空和物流、生物能源与生物化工、数字经济、医疗中心，十大重点产业均设有配套投资促进优惠政策。

（三）政府为跨国公司创造良好的经营环境

东盟国家跨国公司投资对产业集群发展的积极影响得益于政府政策的设计，它为跨国公司创造了具有吸引力的经营环境。新加坡在20世纪90年代在吸引国外晶圆厂时面临很大的困难，大型半导体公司在设立晶圆厂时普遍都要考虑三个条件：一是人力，每座工厂大概需要500位工程师与500位技术工人；二是要有充裕的资金，因为一座工厂要花10亿美元以上；三是专业的基础建设，包括稳定的供电、大量干净的水，以及足以让每个投资者建设3 ~ 5个厂而形成群组的大片土地，因为晶圆厂产品的更新换代速度很快，所以当第一座厂的制程技术变得过时时，第二座厂就会开始生产新一代的产品与零件，第一座厂则继续服务低阶市场，接着再引入第三座厂，并以此类推，同时把第一座厂升级。为了让晶圆集群在新加坡发展起来，整个集群所要涵盖的主要产品与元件有平面显示器、微处理器、动态随机存取记忆体以及数位信号处理器，就需要盖25座晶圆厂。新加坡政府最后克服土地紧缺的问题把三块适合的土地划为晶圆厂园区，地点分别位于巴西立、淡滨尼与兀兰，总面积则在100公顷上下，并且以最快的速度平整好土地并尽可能为晶圆厂提供必要的基础设施建设。在融资方面，经发局的群组发展基金（Cluster Development Fund, CDF）可以投资像晶圆厂这种战略性的高科技业，新加坡的银行也愿意放款给晶圆厂。在专业人才方面，新加坡经发局出资赞助新加坡国立大学，开设晶圆厂制造的课程供理工科系的应届毕业生选修，新加坡国家科技局在晶圆厂制程与积体电路设计的技术上也给予了援助，而且把理工科毕业生送到国外受训。经过新加坡政府多方的努力，多家跨国晶圆厂家进驻到晶圆厂园区，最终新加坡拥有了超过14间半导体晶圆制造厂，其中包括三座12英寸晶圆厂。

（四）政府加强关联的政策

随着跨国公司直接投资在东盟经济中的重要性不断提高，东盟国家不仅在寻求更多的这类投资，也日益关注这类投资对经济可持续发展的利益。获取这些利益的最重要途径就是在外国子公司和国内企业之间建立生产关联。这些关联可以有几种形式：后向关联、前向关联和水平关联。当外国子公司从国内企业获得商品和服务时，就形成后向关联；而在外国子公司向国内企业出售商品和服务时，就形成前向关联，水平关联涉及与参与竞争活动的当地企业的相互影响[1]。

东盟各国向外国子公司提供激励以鼓励建立关联，采取豁免外国子公司的公司所得税、增值税或销售税等措施。例如，印度尼西亚等国政府对出口商豁免增值税以鼓励使用当地投入。在马来西亚参与产业关联（ILP）的大企业可以将员工培训、产品开发、测试以及工厂审计的费用在计算所得税时予以扣除。是否建立关联也被用作给予外国投资者“领先”或类似地位的标准之一，“领先”地位使外国公司有资格获得各种财政或金融激励或其他利益。例如，在马来西亚，领先地位授予那些计划制造受到鼓励的产品或从事受到鼓励的活动的公司，同时还考虑到这些公司的增加值、技术水平以及在项目中所涉及的产业关联。泰国投资委员会还提供各种各样的激励以促进那些利用国内资源并开发基础和辅助性行业的投资项目。在政府与跨国公司之间的具体谈判中，特别是在大型 FDI 项目的谈判中，常常在决定过程中将关联因素包括在内。例如，根据马来西亚的伞型转包计划，政府不通过竞争性投标就将采购合同授予一家家具市场中介公司，而作为交换，这家公司销售中等规模的当地公司的产品。帮助国内企业与外国子公司建立关联的政策措施涉及信息提供与中介服务，如泰国投资委员会的产业关联发展小组安排对潜在供应商的装配工厂进行访问，自从在 1997 年启动“卖主客户见面计划”以来，已安排了大约 50 起对工厂的访问。东盟政府还通过产业关联计划和技术提升计划来加强当地供应商的供应能力。1986 年新加坡在其 FDI 目标战略中制定了当地产业提升计划，通过增强当地供应商的“效率、

---

[1] UNCTAD. 2001 世界投资报告：促进关联 [M]. 北京：中国财政经济出版社，2002：147.

可信赖性和国际竞争力”，以提升、加强和扩大外国子公司的当地供应商，该计划鼓励跨国公司与当地企业订立长期合同并帮助它们提升产品及工艺。虽然新加坡当地产业提升计划最初的动机是发展电子产业群，但如今已涉及医药制品、石油和石化、海运、运输和物流、教育和信息技术产业群。

马来西亚的第二个产业优胜计划（1996—2005 年）遵循的产业开发方针，对关联创造与深化具有深刻的意义，其核心目标是推动本国经济沿着价值链上升，从以装配为基础的低附加值活动上升到研发、产品设计、分销和营销等活动。与此相关的目标是支持具有国际竞争力的群集的发展，而培植这些群集需要将主要制造商与其供应商以及主要的商务服务结合起来，并开发必备的基础设施和机构。这种方针旨在创造前向关联和后向关联以及国内分立企业，同时也开发国内中小企业，该计划将参与计划的公共部门和私人部门从制度上联系在一起。1992 年出台的泰国投资委员会产业关联开发小组的计划（简称 BUILD 计划）旨在“充当成品制造商和中小型零部件制造商之间的中介，以建立产业关联和转让生产技术”，从而将国内外大企业和中小企业联系起来。该计划的主要目标是加强装配商和零部件供应商之间的关系，促进供应商，特别是中小供应商的开发，提高生产效率和质量以及促进外国投资者、泰国零部件制造商和泰国政府之间的合作。

中小企业在东盟的经济发展中占据重要地位，东盟各国非常重视扶持中小企业的发展，并于近期出台了《东盟中小企业蓝图》和《东盟中小企业发展战略行动计划 2016—2025》等文件，推动了东盟中小企业的发展壮大及国际化经营。

四、东盟国家的区位优势

国际生产的地理集中反映了特定地点的区位吸引力，这些吸引力来自许多因素，如自然资源、市场规模、熟练劳动力以及跨国公司经营所需的具有竞争性的互补性投入。不同的区位优势结构吸引价值链上不同的环节，这些结构可能是行业特有的，也可能出现于不同行业。区位优势结构给位于该区位的企业带来许多效率收益。在电子工业等高技术行业，廉价的半熟练劳动力和高效率的出口加工区便利设施可能吸引终端装配商。在其他经营活动中，生产企业的要求可能包括一国国内发达的供应链、广泛的技能、与毗邻的其他企业以及知识生产机构的互动。某些后勤办公室活动可能需要专业化的技能（如会计），研发或地区总部等高价值职能对高级技能和机构有特别的要求。这就是许多经营活动（自然资源开采外）往往聚集于特定区位的原因，国内外投资者都试图利用这类群集增强其实力。因此，如果一个国家或地区能够根据本国的竞争优势，利用企业的自然聚集倾向培育出特定的群集并最终使其成为一种品牌，从而将一个国家或地区不可移动的区位优势与企业可移动的竞争优势匹配起来，就可以大大提升本国或本地区的区位优势，吸引越来越多的高增值环节的跨国公司的投资。

目前，东盟国家自然资源和熟练劳动力甚至市场的重要性在下降，而新的区位优势因素包括技能、技术能力、先进的基础设施、东盟区域供应网络以及吸引跨国公司的良好物流和强大的辅助机构，这些因素的发展成为吸引国际生产的关键。如果东盟国家的技术实力较强，跨国公司一般倾向于在东盟国家建立研发分支机构，最初是为了使技术适合东盟当地条件，随后是为了利用东盟的创新能力和科技专家。东盟各国国内企业的发展水平和技术能力存在很大的差异，因此对跨国公司的吸引力和附加值水平也不一样。事实证明，东盟当地技术能力对外国跨国公司子公司采购当地化程度的影响很大。新加坡的许多当地企业为外国跨国公司子公司提供中间产品和服务，说明当地生产投入和附加值水平相当高。马来西亚电器行业外国子公司的作用十分突出，进口密集、技术转让成分低、后向联系少的特征非常明显，跨国公司子公司所需要的专业化投入很难在当地生产，虽然一些外国跨国公司子公司已着手后向联系的建立，但当地供应商网络的建设需要相当长的时间。泰国对进口投入的严重信赖和附加值的较低水平限制了国际直接投资扩大外汇收入潜力的发挥，由于国内配套行业不能提供高质生产投入和服务，后向联系仅发生在一些资源基础型和低水平加工行业，技术水平较高行业的当地联系基本没有建立起来[1]。但近些年泰国

---

[1] UNCTAD. 1997 年世界投资报告：跨国公司市场结构与竞争政策 [M]. 北京：对外经济贸易大学出版社，2001：149-153.

的汽车产业发展很快，原因是泰国的汽车零部件制造商（本国制造商和外国制造商）与汽车装配商建立了密切的联系。

五、东盟区域一体化进程

Jose L. Tongzon 认为，东盟开展区域工业合作有三大理由：一是寻求更大的地区市场和规模经济，不同的工业合作项目都是基于资源共投和市场共享之上的；二是重新定位东盟各国传统上的对外经济联系，以往的东盟国家（除泰国外）都与前宗主国的联系要比与邻国的联系更紧密，通过工业化合作将有利于加强地区往来，构筑地区经济网络；三是促进专业化和培育投资环境，通过工业合作可以促进东盟国家特定工业上专业化水平的提高，通过地区内不同产品的贸易还可以增加区内贸易，改善相互投资环境并吸引区外投资[1]。

在当前跨国公司一体化生产体系中，跨国公司在各国的分支机构是其复杂的全球生产战略的组成部分，分配给特定分支机构的职能有很大的差别。分配给欠工业化地区的是诸如装配、包装这些任务，而分配给先进的工业化地区的是技术和技能密集程度较高的任务。跨国公司一体化生产体系有许多形式，有全球性的和地区性的。在有些地区，地区一体化生产体系已经发展起来，由于这些地区各国之间的贸易壁垒已经降低，并且拥有强大的产业实力，跨国公司在地区中可以实现生产体系中不同部门的地理专业化（例如零件、组件、半成品生产的专业化）。随着东盟区域一体化进程的加快，东盟国家之间的贸易壁垒不断降低乃至于消除，2010 年以来，东盟六国（文莱、印度尼西亚、马来西亚、菲律宾、新加坡和泰国）有 99% 的商品实现了零关税，东盟新成员国（柬埔寨、老挝、缅甸和越南）在 2015 年陆续落实零关税。这促使了东盟国家获得对其他国家扩大市场的商机，而且东盟有关自由贸易协议将导致进口自东盟国家的原材料进口成本有所下降，因此东盟区域一体化的加深将促使跨国公司在该地区逐渐建立一体化生产体系，从中实现生产体系中不同部门的地理专业化优势。东盟国家

[1] Tongzon J L. The Economies of Southeast Asia: Before and After the Crisis[M]. 2nd ed. Cheltenham: Edward Elgar Publishing Limited，2002： 56-57.

地缘接近有利于跨国公司生产的重新构建，为产业内专业化生产提供了发展空间。拥有熟练劳动力和丰富技术资源的新加坡承担了管理中心和地区总部的角色，而东盟其他国家负责零部件的生产和装配。因此，东盟区域经济一体化后，跨国公司可以在东盟区域内进行专业化生产与分工，可使资源得到最有效率的配置，许多跨国公司在东盟的投资已经体现出这种地区一体化生产体系的趋势。

除此之外，东盟区域一体化所签订的国民待遇条款与争端解决机制、当地成分要求、业绩要求、技术转移要求以及国有化和征用风险的消除或减少等，减少了参与国之间的贸易和投资纷争，而且东盟各国政府不断推出市场导向的经济政策，这些都为跨国公司提供了良好的环境，再加上地理条件的便利和廉价劳动力以及较强的区位优势，结果是跨国公司的投资显著增加。从东盟国家FDI的走势可以看出，东盟自80年代后期FDI流入高潮后到20世纪90年代初处于调整状态，但自1992年东盟自由贸易区建立以后，虽然在亚洲金融危机和美国次贷危机之后的几年有所波动，但东盟流入FDI的规模一直在迅速地增长，特别是2015年东盟共同体成立以来，东盟成员国之间的贸易壁垒、市场分割被逐步打破，贸易自由化和便利化程度得到进一步提高，东盟的FDI更是得到稳定增长。

随着东盟各国之间互联互通的不断完善，越来越多的跨国公司开始根据东盟各成员的发展程度不同和资源优势差异，在各成员间进行资源整合和调配，公司与公司之间、公司内部各分支机构之间建立从总部到生产基地的一体化生产网络链。未来，不断深入的东盟经济一体化建设必将为东盟带来更大的投资潜力，全球产业链布局也将为东盟的企业走出去创造更多的有利条件。

本章小结

从本章两节的分析可以看出，跨国公司与东盟产业集群的互动是建立在竞争与关联的基础上，跨国公司之间的竞争以及跨国公司与供应商之间的关联导致东盟许多产业集群的形成，反过来东盟产业集群的关联效应和竞争效应所产生的竞争优势为跨国公司提供了一般和长久的竞争优势，吸引了越来越多跨国公司的投资。

东盟产业集群内的竞争是一种协作竞争，这种既有竞争又有协作的竞合机制为东盟产业集群创造了规模经济优势和技术创新优势。而东盟产业集群内聚集了跨国公司、跨国公司子公司以及它们的供应商和各类关联机构，产业集群内由于关联产生了范围经济优势、社会资本优势和创新网络优势。

跨国公司与东盟产业集群之间的互动又受到许多条件的影响，如世界生产体系的变迁、跨国公司所在产业的特性、东盟国家的政策条件、东盟国家的比较优势以及东盟区域一体化的进程等，这些因素为两者之间的互动创造了有利的环境。通过以上的系统分析，笔者认为可以用图 4–2 来描述跨国公司与东盟产业集群的互动关系。

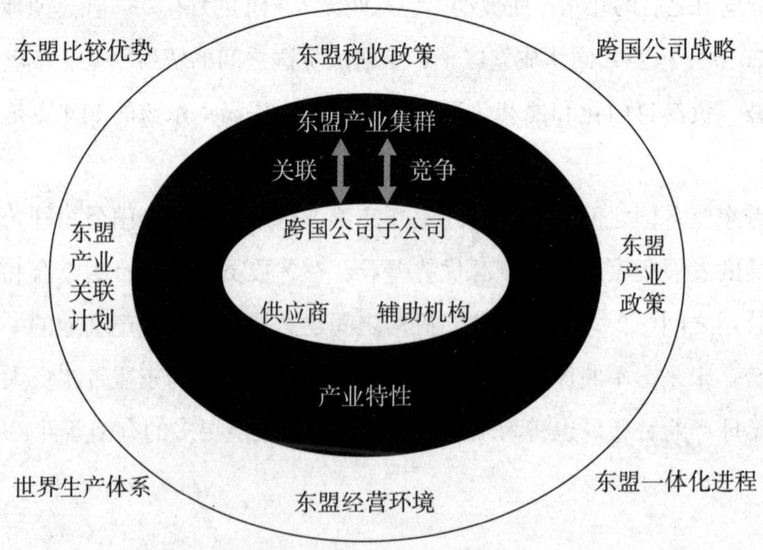

图 4–2　跨国公司与东盟产业集群的互动模式

第五章

>>>>>>>>

跨国公司与东盟产业集群：案例研究

第一节 跨国公司与新加坡的“化工岛”

新加坡裕廊岛是世界上重要的化工生产基地，这个“化工岛”上具有完备的化工体系，聚集着朗盛、伊斯曼、杜邦、埃克森美孚、壳牌、三井化学、BP、住友化学等世界一流化工企业和孚宝、欧德等专业储罐公司。跨国公司在新加坡裕廊石化产业集群的形成和发展过程中起着非常重要的作用。

一、跨国公司与新加坡裕廊石化产业集群

新加坡石油化学工业始于20世纪七八十年代，这一时期，设立并投产的有八大石化公司，它们是新加坡石油化学公司、菲立普斯新加坡石化公司、新加坡聚烯烃石化公司、登卡新加坡石化公司、新加坡乙二醇石化公司、新加坡乙氧基石化公司、蒂特拉新加坡石化公司和库里哈新加坡石化公司，这八大石化公司主要由外国跨国公司所主导（见表5-1）。其中新加坡石油化学公司是上游工业部门，生产乙烯与丙烯，而其他七家石化公司则为下游工业部门，生产石化的衍生石化材料，如低浓度聚乙烯、聚丙烯、高浓度聚乙烯、乙二醇、聚氯乙烯和乙炔炭等，从此新加坡的石化产业集群逐渐形成。

20世纪90年代，新加坡实施建设“化工岛”计划，将本岛以南的七个岛屿进行填海、架桥加以合并，使之成为一个庞大的化工岛，称为裕廊岛。新加坡政府主张以引入大型跨国企业为突破口，带动相关行业的其他企业跟进，从而形成石化产业集聚。1990年1月8日杜邦公司（Dupont）宣布了在裕廊岛设立尼龙综合厂，孚宝转运站（Ommeren terminals）马上到萨克拉岛（Sakra）设点。它们的举动引起了许多其它跨国公司对裕廊岛的兴趣。由于裕廊石化专区内公共设施齐全，有完善的水电气、高效的服务以及较低的初期投资成本，吸

引了巴斯夫（BASF）、BP、塞拉尼斯（Celanese）、埃克森美孚（ExxonMobil）、三井化学（Mitsui Chemicals）、雪佛龙（Chevron）、壳牌（Shell）和住友化学（Sumitomo Chemical）等欧、美、日石化厂商的纷纷进驻。许多第三方服务企业，如SUT、孚宝、Oiltanking、Rotary IMC和Poh Tiong Choon也进入裕廊岛，提供公用工程、仓储、终端设施、仓库、维修等服务。裕廊岛跨国公司投资的强劲增长，带动了本地下游支持业（process supporting industry）的业务发展，下游支持行业超过九成为中小型企业，属于工程服务供应商，主要为上述大型跨国企业提供设计、建筑与维修厂房等服务，这些厂房多数设在裕廊岛。由此，裕廊岛内逐渐形成了一个由跨国公司主导本地企业参与的完整的石化产业集群。

表 5-1　20 世纪 80 年代新加坡石化公司的资本结构[1]

公司名称	设立日期	投产日期	投资公司	投资比例（%）
新加坡石油化学公司	1977 年	1984 年	日本新加坡石化公司 英荷壳牌石油公司 淡马锡控股公司	50 30 20
菲立普斯新加坡石化公司	1980 年	1984 年	菲立普斯石油公司 日本住友化学公司	85.7 14.3
新加坡聚烯烃石化公司	1980 年	1984 年	日本新加坡聚烯烃石化公司 英荷壳牌石油公司	70 30
登卡新加坡石化公司	1980 年	1984 年	日本电气化学工业公司	100
新加坡乙二醇石化公司	1982 年	1985 年	英荷壳牌石油公司 壳牌东方石油公司 日本新加坡乙二醇公司	50 20 30
新加坡乙氧基石化公司	1985 年	1987 年	P.T.Prima Inti Percasa（印度尼西亚） Albright and Wilson Pte Ltd（英国）	51 49
蒂特拉新加坡石化公司	1986 年	1987 年	新加坡石油化学公司 日本伊藤忠商事会社	60 40

[1] 资料来源：汪慕恒 . 新加坡石化工业 [J]. 南洋问题研究，1994（3）.

续表

公司名称	设立日期	投产日期	投资公司	投资比例（%）
库里哈新加坡石化公司	1989 年	1990 年	日本新加坡改良剂公司 美国罗姆·哈斯公司	75 25

目前，裕廊岛的石化产业主要分为三大类：一是炼油和石油化工（乙烯、化纤）产业，如 BP Amoco 公司、Exxon Mobil 公司；二是特殊化工和液体仓储产业，如三大专业储罐公司：浮宝（Vopak）、欧德（Oiltanking）和 Tankstore 均落户于裕廊岛；三是为集群提供服务的公用工程系统（水、电、汽、风等），如三巴旺公司（Sembawang Utilities and Terminals）提供了废水处理、蒸气与供水设施以及转运、物流与工业消防设施；胜科天然气公司（SembGas）同印度尼西亚国家石油公司（Pertamina）签订一项协议，由印度尼西亚的西纳吐纳向裕廊岛内沙克拉岛通过海底管道输运 0.092 亿立方米的天然气，供裕廊岛的化工公司联合发电，向生产企业供热送电。

在新加坡的“化工岛”计划的引导下，裕廊岛石化产业集群内上下游产品链接，并产出许多衍生产品，形成一个由跨国公司所主导的“大而全”的石化产品供应基地。目前，有辛醇（伊士曼公司）、乙炔（塞拉尼斯公司）、苯乙烯（壳牌）、苯酚（三井化学）、乙烯（埃克森美孚）等“化学群”的建立。以美国埃克森美孚主导的第三个乙烯专业区计划为例，地点设在埃克森美孚化学所拥有石油炼制中心的这个“化学群”，已形成包括年产 80 万吨乙烯、47 万吨聚乙烯、20 万吨聚丙烯等产品的石化基地。壳牌化学与巴斯夫则由该中心供应烯烃芳香族产品为原料，建成生产 50 万吨苯乙烯和 25 万吨环氧丙烷的工厂。日本三井化学的苯酚厂以其所产出的丙烯为原料生产苯酚，而所生产的苯酚再流向双酚 A 厂，双酚 A 则以配管输送方式提供给帝人化成制造聚笨乙烯。

裕廊岛石化产业在发展之初主要集中于上游和通用化学品生产，后来大多投资于下游领域，尤其是特种化学品生产，并全盘考虑岛上的生产一体化，使一套装置的产能往往成为另一套装置的原材料。经过多年的发展，裕廊岛已形成了完整的石油化工产业集群，2007 年实现工业总产值 2465 亿新元，其化工业产值占新加坡制造业总产值的 34%，是全球第三大石油炼制中心和全球十大乙烯生产中心之一。截至 2008 年年底，已有 95 家世界领先的石化公司进驻裕廊岛，员工人数超过 8000 人，总投资额超过 300 亿新元[1]。根据新加坡经济发展局的数据，到 2014 年年中，裕廊岛已经吸引的外资总额超过 280 亿美元。2017 年新加坡石化工业产值 795.85 亿新元，占制造业总产值的 26.06%，就业人数 2.25 万人，主要产品包括成品油、石化产品及特殊化学品，企业主要聚集在裕廊岛石化工业园区。

二、裕廊岛石化产业集群优势吸引了跨国公司更多的投资

新加坡裕廊岛最吸引跨国公司的竞争优势在于裕廊岛具有完备的化工体系，裕廊岛垂直一体化的工业结构使一个工厂的产出成为另一个工厂的投入，这节约了运输成本，同时共享设施的原则使跨国公司得到了规模经济效应和范围经济效应。有相同价值链并与第三方服务公司联合的化工公司形成了石化产业集群，使相互间在工艺技术上和产品供求上有密切依存关系的部门联合起来，发挥一体化的优势。信息技术和熟练的劳动力增强了裕廊岛石化产业集群的竞争力，新加坡政府在裕廊化工岛上建立了全岛信息技术网络和内部网，把岛上所有公司联系在一起，通过网络为岛上公司提供产品和服务。坐落于裕廊岛上的化学处理科技中心（Chemical and Process Technology Centre），是世界首个提供实地训练（live training）的培训设施。裕廊岛的化学与工程科学学院（Institute of Chemicals and Engineering Sciences）也于 2004 年建成，为其产业集群内企业提供所需要的专门人才。

新加坡裕廊镇管理局（JTC）建立了一体化的后勤系统（ILS），目的也是提高裕廊岛产业集群的竞争力。投资商不需在此建电厂、油槽、码头、仓库或办公室，一切设施向新加坡政府租用即可，减少了其初期投资成本并降低了

---

[1] 东南亚石化工业现状及发展展望 [R].（2009-09-24）.http://www.baogao114.com/free_report/200924111237.shtml.

其投资风险。政府还建设了“输送管道服务走廊”，承租厂商可利用管道输送原料、成品及各类用品，不需要用卡车运送，可降低运送成本，从而大幅度提高厂商的竞争力。2003 年 8 月成立的裕廊岛“邦岩物流园区”（Banyan Logis Park）是新加坡第一个综合性化工物流园区，由 JTC 公司负责建设，占地 80 公顷，耗资 4500 万美元。Banyan 为裕廊岛的化学工业提供整套物流服务，包括仓储、固体废弃物处理、废水处理、装运、清洗等。园区有自己的泊位、码头和海运设施，并和裕廊岛的化工厂通过管网相连，可以为液体化学品、固体化学品，以及危险化学品提供物流服务。

新加坡裕廊岛，这个世界上重要的化工生产基地多年来凭借得天独厚的海运条件、强大的港口吞吐能力和充足的原材料供应优势，吸引了朗盛、伊斯曼、杜邦、埃克森美孚、壳牌、三井化学等世界一流化工企业的投资，形成了完善的上下游产业一体化发展模式并具备极高的产品差异化优势，在亚洲石化工业甚至世界石化工业上都具有重要的地位。裕廊岛石化产业集群的一系列竞争优势吸引了越来越多的跨国公司的投资和再投资，有些公司甚至在岛上设立了研发中心。2005 年，德国的 Peter Cremer 以及 Archer Daniels Midland 和 Wilmar 的联营企业在裕廊岛开设亚洲首家生物柴油厂；日本住友化学工业注资近两亿美元，在裕廊岛设立第三间厂房；埃克森美孚（Exxon Mobil）化学耗资高达 1 亿元扩建新加坡的化工厂，将乙烯年产能增加至 90 万吨以上，该公司在裕廊岛建设的第2套石化联合装置，于2011年初投产，投资超过40亿美元，建成后成为新加坡第 5 个大规模一体化石化工厂；阿联酋国家石油也扩大了在裕廊岛油库区的投资。2006 年，日本三井化学公司在新加坡裕廊岛设立首家石油化工研发中心。2009 年日本三菱化工公司（MCC）在新加坡组建一个全资子公司，这是公司重组旗下精对苯二甲酸（PTA）业务的一部分。2009 年 2 月，全球领先的特殊化学品集团德国朗盛公司（LANXESS）宣布在新加坡投资 4 亿美元，新建一家合成橡胶的生产厂，这是朗盛有史以来的最大一笔单项投资，这里是2000年以来全球新建的首个丁基橡胶生产厂，工厂占地约 2 万平方米，产能达到 10 万吨 / 年。2014 年埃克森美孚计划在新加坡建造卤化丁基橡胶生产厂，以及氢化碳氢树脂生产厂。2019年，埃克森美孚宣布在新加坡投资数十亿新币，扩建公司位于新加坡裕廊岛的综合厂，用于建造把燃油和其它渣油（也称桶底油）产品转化成高价值的润滑油原料和馏分油的设施。

三、影响跨国公司与新加坡石化产业集群互动的因素

（一）新加坡的石油化工发展战略

新加坡的石油化工发展战略主要分成两大部分，一是石化专业区计划，二是“化学群”战略。石化专业区的构想始于1971年，新加坡政府要求日本住友化学公司协助规划，开始第一期石化工业区计划；第二期在1997年开始运转。二期项目增加了多项下游产品，如苯乙烯、环氧丙烷、乙二醇、线性低密度聚乙烯、丙烯酸（脂）、高吸水性树脂、MMA单体和聚合物等。以填海造陆方式衔接而成的裕廊岛，是新加坡发展石化工业的专业用地。新加坡石油化学工业的另一个特征就是“化学群”战略，上下游产品链接，产出许多衍生产品，形成一个“大而全”的石化产品供应基地。经过多年的努力，新加坡终将裕廊岛建成从石油精炼到生产高附加值的下游产品的连续生产体系，成为世界第三大炼油中心和石油贸易枢纽之一，也是亚洲石油产品定价中心。

在加强世界第三大炼油中心建设的同时，新加坡政府又积极采取措施，将新加坡建成为世界第三大国际贸易中心。为此，新加坡政府鼓励跨国石油公司在新加坡设立国际石油贸易服务中心，并为它们提供各种税收优惠。德国的巴登苯胺烧碱公司、英国帝国化工公司和英国石油公司、美国的杜邦石油公司与通用塑料公司等著名跨国公司均已在新加坡设立国际石油交易服务中心。

另外，新加坡政府认识到，化工行业是一个知识和技能驱动的行业，要保持化工行业的竞争力，必须重点放在创新和研发上。新加坡政府承诺到2010年将国家研发支出占国内生产总值的比例提高到3%。为此，在裕廊岛成立了化学工程科学院（ICES），集中研究化学与工艺工程。为提高私营部门的研发水平，已经启动了各种激励计划。例如，新加坡科技研究局A*Star与它的研究机构联合推出了T-Up计划。根据这一方案，研究科学家和工程师可以借调到

当地企业，与他们的工作人员合作，通过研发、产品开发、工艺、技术、品牌和商业化来开发新的知识产权。在借调期间，政府将资助这些研究科学家和工程师高达 70% 的费用，其目的是增强企业的竞争力。

（二）新加坡的招商引资政策

在新加坡的招商引资过程中，注重对产业的集聚和规模经济的培育。新加坡主张以引入大型跨国企业为突破口，带动相关行业的其他企业跟进，从而形成产业集聚，其中最重要的群组基地是裕廊化工岛。裕廊岛的发展是由新加坡经济发展局（EDB）和裕廊镇管理局（JTC）共同规划的，JTC 负责园区的规划、建设和管理，EDB 为投资商提供全程的办证服务以及政策法律上的咨询服务。裕廊化工岛通过良好的基础设施、战略规划、高效管理和优惠政策吸引了国外众多的石化投资者。例如，新加坡政府近年来不断降低公司所得税，税率已由原来的 24.5% 降至 17%；根据新加坡政府公布的长期战略产业发展计划，石油化工等 9 个产业部门被列为奖励投资的产业，凡在上述领域投资的国内外企业均可获得 5 ~ 10 年的免税期；裕廊岛没有进口化学品的限制，化学品没有进口关税；政府同意外资企业对本地工厂拥有 100% 的所有权，并完全返还利润。岛上还建立了化学加工技术中心（CPTC）和化学工程科学院（ICES）以支持跨国公司之间的合作。

新加坡优惠政策的主要依据是《公司所得税法案》和《经济扩展法案》以及每年政府财政预算案中涉及的一些优惠政策。新加坡采取的优惠政策主要是为了鼓励投资、出口、增加就业机会、鼓励研发和高新技术产品的生产以及使整个经济更具有活力的生产经营活动。如对涉及特殊产业和服务的企业（如高技术、高附加值企业）、大型跨国公司、研发机构、区域总部、国际船运以及出口企业等给予一定期限的减、免税优惠或资金扶持等。政府推出的各项优惠政策，外资企业基本上可以和本土企业一样享受。

（三）跨国石化公司的全球布局和东盟区域一体化进程

印度尼西亚、马来西亚、文莱均为产油国，新加坡是世界第三大炼油中心和石油贸易枢纽之一，因此欧美炼油与石化公司将东盟作为它们全球战略的重要环节。这些跨国公司在中东地区和东盟当地取得廉价石油，按照合理的区域分布，跨国界组织炼油加工，定点生产，定向销售。它们在新加坡所设的子公司，则是把其作为石油加工转运的一个区域中心。

因为新加坡的市场规模很小，自由贸易协定（FTA）对它尤其重要，特别是在化工行业，自由贸易协定有利于增强产品的市场竞争力。例如，2002 年 11 月起实施的《日本—新加坡经济伙伴关系协定》涵盖了 95% 的化工产品的关税减免。因此，氧化醇、聚碳酸酯和甲基丙烯酸甲酯等石化产品现在可以不加关税进入日本。东盟自贸区把东盟内部的所有关税降低 0% ~ 5%。目前除部分列在敏感商品清单上的产品外，东盟内部几乎所有商品都已实施零关税。东盟区域一体化进程的加深使东盟各个国家之间能实现资源的优势互补，增加本地区的竞争优势，吸引跨国公司在本地区进行更多投资，如新加坡政府已和印度尼西亚政府签订了经济合作协定，合作开发印度尼西亚廖内省的大卡里门岛，发展炼油工业、石化工业及石油产品存储。

第二节　跨国公司与马来西亚槟城电子产业集群

马来西亚槟城电子产业集群最初是由政府创办的，但是其发展主要依靠跨国公司。20 世纪 70 年代初，当群集刚刚建立时，跨国公司由于受到廉价、训练有素并会说英语的劳动力的吸引而在该地区建立起装配工厂。早期投资者的成功导致了新的跨国公司陆续进入，其中很多跨国公司都是电子工业的全球经营者，跨国公司的供应商为了更好地服务于它们的客户，也随后纷纷进驻当地。槟城电子产业集群内云集了众多的电子供应商、采购商和制造商，世界上有 1/3 的半导体是在槟城装配的。

一、马来西亚槟城电子产业集群的发展历程与跨国公司的投资

槟城坐落在马来西亚半岛西北沿海地带，濒临马六甲海峡。由于半导体

封装业及相关电子业的聚集，使今日的槟城有“东方硅谷”之称。槟城的电子业并不是由一个单一的大型工业园区所构成，而是由多个自由贸易区、工业园区与工业区组成，槟城地区主要分为槟岛与威省大陆两个工业区带，分别以 Bayan Lepas 与 Prai 为代表。虽然槟城的电子工业群集最初是由政府创办的，但是其发展主要依靠在本地经济中根基牢固的跨国公司[1]。槟城电子产业集群的发展与跨国公司的投资大约可以分为 1985 年以前、1986 年至亚洲金融危机之前和亚洲金融危机之后三个阶段。

（一）1985 年以前

1970 年以前，槟城经济以转口贸易为主。1970 年槟城政府提出设立四个自由贸易区的策略。1971 年通过了设置自由贸易区及保税工厂等相关法律，开始奖励出口导向的电子业来投资，外资享有诸多的优惠措施。马来西亚的第一个自由贸易区就设在槟城的 Bayan Lepas，跨国公司由于受到自由贸易区优惠政策的吸引而在槟城地区建立起装配工厂。这一阶段投资的厂商以美国半导体厂商为主，包括国民半导体（National Semiconductor，1971 年 2 月）、西门子（Siemens，1972 年 4 月）、英特尔（Intel，1972 年 8 月）、超微（AMD，1972 年 9 月）和惠普（HP，1972 年 10 月）等，转移到槟城的主要是劳动密集型的后段封装环节。由于半导体（IC）产品体积小，运输费用低，IC 产业是一个规模经济产业，决定了 IC 企业从发展初期便实行全球战略，形成了上游的 IC 设计、中游的芯片制造、下游的 IC 封装和测试的全球 IC 产业链。此时欧美 IC 企业把 IC 产业前端的IC设计和制造留在欧美国家内，后端的封装环节转移到发展中国家。而当时的贸易政策环境也促成了欧美 IC 封装环节对东盟国家的转移。如 1963 年美国进行了关税调整，对于全部或部分利用美国零部件组装的 IC 产品进口，只就增加值征收关税，这一政策推动美国 IC 企业从事离岸芯片封装。早期投资者的成功导致了新的跨国公司陆续进入槟城，其中很多跨国公司都是电子工业的全球经营者。至 1980 年，槟城 25 家主要外商共计雇用 24919 名工人，占自由贸

---

[1] UNCTAD. 2001 年世界投资报告：促进关联 [M]. 北京：中国财政经济出版社，2002：90.

易区就业总数的 44.7%。从此，槟城的电子产业集群开始形成。

（二）1986—1996 年

20 世纪 80 年代后，由于日本和“亚洲四小龙”加快了对东盟国家的投资，使得该地区的电子产业的规模迅速扩大，同时也带动更多国际电子零组件厂商的投资。在槟城的外国投资中，日本以消费性电子投资为主，比如音响、电话和电视等产品及零部件，新加坡以电子资讯投资为主，中国台湾以消费性电子和资讯电子为主，其他欧美国际厂商多以半导体元件和微处理器的组装为主，这一时期跨国公司主要把电子产业的制造和装配环节转移到槟城，以进一步降低其营运成本。这一阶段新投资的主要外国厂商有中国台湾的忆声电子、宏碁电子和美国的希捷公司、戴尔公司等。电子业的数量也由 1980 年的 25 家增加至 1992 年的 129 家，到 1998 年更增加到 152 家。其中近八成的附加值和近七成的工作是由跨国公司所提供。槟城一半以上的制造业劳动力（约 14.5 万人）集中在电子产业中。相关计算机零部件产业的完整，也促使戴尔公司在 1996 年在槟城成立亚洲第一个制造中心。那些早期的外国投资也带动、吸引了周边配合厂商跟进投资，1987 年槟城工业区内电子业当地采购比例从 1976 年的 0.2% 上升到 17.7%[1]，从而带动了本地中小电子企业的发展，槟城电子产业集群得到迅速的发展。

（三）亚洲金融危机后

亚洲金融危机对槟城的电子业也造成了一定的影响，但危机过后槟城的电子业也得到了迅速的恢复，许多跨国公司甚至在危机期间依然增加了对槟城的投资（见表 5-2）。另外，由于马来西亚重新调整外资和产业发展政策，不断改善投资环境，这一时期跨国公司对槟城电子产业的投资仍呈上升趋势，且产业发展重心开始向半导体、资讯电子和数码电子方向发展，产业集聚现象越发明显。

2005 年 1 月，槟城成为马来西亚巴生港以外第一个被授“多媒体超级走廊

---

[1] Hew D, Loi W N. Entrepreneurship and SMEs in Southeast Asia[M]. Singapore: Institute of Southeast Asian Studies，2004：137.

电子城”地位的州属。截至 2005 年 10 月 30 日，共有 68 家公司获授“多媒体超级走廊”地位。由于槟城多媒体超级走廊电子城的推介，吸引了更多的国内外投资，吸引了像德国的欧司朗公司（OSRAM）、美国霍尼威尔（Honeywell）、美国国家仪器有限公司（NI）及日本的揖斐电电子（Ibiden）等外国公司。先进微设备公司（AMD）、戴尔公司（DELL）和英特尔公司（Intel）等也纷纷扩展和提升它们在槟城的经营，英特尔公司和摩托罗拉公司还在槟城设立研发中心。2013 年 9 月 5 日，半导体与电子元器件业顶尖的工程设计资源与全球分销商 Mouser Electronics 宣布位于马来西亚槟城的最新客户服务中心正式落成。2017 年 7 月 13 日，全球较大的高性能太阳能产品制造商之一晶澳太阳能，向位于马来西亚槟城的生产基地投资了 1.63 亿美元，配备全自动产线，可生产单晶和多晶电池片。

表 5-2　1997—2000 年大型跨国公司在槟城的投资计划[1]

时间	厂商	金额（单位：十亿马币）
1997 年 9 月	惠普（HP）	1.0
1997 年 11 月	英特尔（Intel）	1.4
1998 年 3 月	托雷（Toray）	1.0
1998 年 4 月	英特尔（Intel）	1.4
1999 年 3 月	摩托罗拉（Motorola）	0.3
1999 年 4 月	欧司朗（Osram）	0.4
1999 年 4 月	超微（AMD）	1.0
1999 年 4 月	惠普（HP）	0.7
1999 年 6 月	希捷（Seagate）	0.8
2000 年 4 月	英特尔（Intel）	0.5
2000 年 6 月	安捷伦（Agilent）	0.4
总计		8.9

[1] 资料来源：槟城发展机构（PDC）。

从以上槟城电子产业集群发展的轨迹来看，跨国公司对槟城电子产业集群发展的作用功不可没，其投资的趋势是沿着产业价值链的两端向上延伸的，由最初半导体的封装、加工组装等低端环节向中间产品、关键零部件的生产等中端环节甚至向销售、研发、服务等高端环节的延展。可以说是跨国公司的投资促进了槟城电子产业集群的形成与发展。

二、槟城电子产业集群的竞争优势

槟城电子产业集群经过四十多年的发展，已经形成了一定的电子产业发展基础。Rasiah（2008）对马来西亚的槟城、新山和印度尼西亚的爪哇、巴淡的电子产业集群进行实证比较研究后发现，槟城在基本的基础设施、高技术性的基础设施、网络联结和全球市场价值链上均比其他三个地方有优势，但四个地区在高技术性的基础设施方面都不太理想，以至于影响到其技术发展。在基本基础设施方面，槟城的航空、水电供应、运输、安全保障方面都比较完善。在与集群内的顾客、政府、教育培训机构、辅助机构等的联结方面，槟城也做得比较好。在电子行业的全球价值链中，槟城不但是出口以及吸收来自于母公司（美国、欧洲、日本、韩国、中国台湾）技术的一个重要平台，而且为东盟其他国家（泰国、菲律宾、印度尼西亚）及本国其他地区（吉打、霹震、巴生港）提供重要的技术支持（见图 5-1）。槟城政府在 20 世纪 70 年代就开始重视电子公司与全球市场的联结。槟城拥有熟练的劳动力和技术能力，槟城的合同制造商也为印度尼西亚、菲律宾和泰国的跨国公司提供支持。实际上槟城有意识地与高附加值的公司联结已为槟城吸引到很多类别（包括半导体、半导体零部件、磁盘驱动器等）公司的投资，马来西亚唯一的两家微处理器装配和测试厂就落户在槟城。在高技术性的基础设施方面，虽然槟城比新山好，但马来西亚的整个技术水平不是特别高而且技术人才比较缺乏，这使跨国公司（如 Intel、AMD、Hewlett Packard 和 Dell）在槟城无法进行更多的研发活动。由于槟城拥有完善的基本基础设施、良好的产业联结性、庞大的下游工业支撑，所以槟城电子产业集群跟其他东盟国家或地区的相比，具有较强的产业集群竞争优势，吸引了更多的跨国公司的较低端环节的投资。而跨国公司的更多投资又使槟城的基础设施、产业链得到进一步的完善，两者之间形成了良好的互动。根据槟城发展局 2002 年的统计，槟城地区共有 150080 家厂商，其中电子业占多数[1]。2008 年槟城创下了 102 亿林吉特的投资额，比 2007 年的 47 亿林吉特增加一倍[2]。马来西亚在全球后端半导体制造市场所占份额为 8%，其中槟城贡献了 80%。迄今，槟城已确立了在微电子组装和封测领域的竞争优势。该地区拥有一个由超过 3000 家多元本地供应商构成的生态系统，覆盖包括自动化、软件开发、组装、电子、精密工程和金属加工等领域。

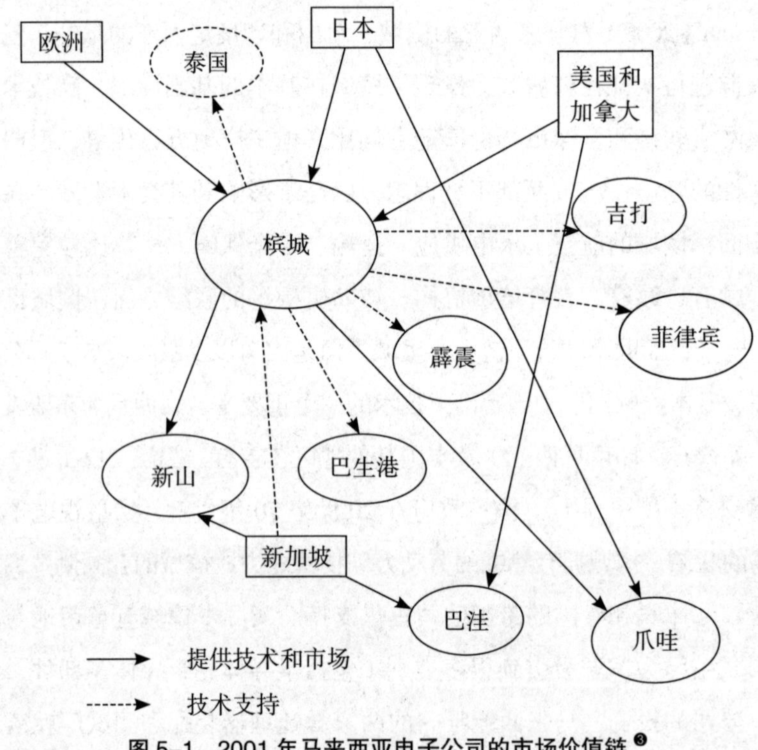

图 5–1　2001 年马来西亚电子公司的市场价值链[3]

---

❶ Penang Development Corporation Industrial Statistics（2002），http: //www.pdc.gov.my/article.cfm？ id=296.

❷ http: //dapmalaysia.org/cn/index.php/2009/02/24/lge1015.

❸ 资料来源：Kuroiwa I, Toh M H. Production Networks and Industrial Clusters[J]. Institute of Southeast Asian Studies，2008： 146. FIGURE 5.2.

三、马来西亚及槟城的政府政策

马来西亚政府对于产业发展的主导性较强，不仅有总体的大型经济计划（两期的工业发展总计划 IMP）作指导，对于策略性产业及配套基础设施的投资也非常积极。2001 年马来西亚制定和实施的《第二个产业优胜计划（1996—2005 年）》对电子产业的发展和提升起了积极作用，该计划的核心目标是推动本国经济沿着价值链上升，从以装配为基础的低附加值活动上升到研发、产品设计、分销和营销等活动，与此相关的目标是支持具有国际竞争力的群集的发展。在这一广泛计划下，各操作层面有具体的计划和激励措施，如槟城鼓励小企业迁移到毗邻自由工业区的工业园区的激励措施已被证明是重要的政策工具。另外，马来西亚政府的第七个五年计划（1996—2000）中揭示了国内自行发展电子产业所需零部件能力的关键策略，其措施包括与跨国公司建立策略联盟、加强地方产业吸收高科技的能力、加强员工技术能力的教育训练与扩大支援技术计划规模，诸如产业关联计划（ILP）及厂商发展计划（VDP），同时鼓励跨国公司向当地中小企业采购关键零组件、局部组件、工具与设备。为了成为全球信息与通信技术产业的中心，马来西亚政府于 1996 年创建了信息与通信技术计划，即多媒体超级走廊，所有取得多媒体超级走廊地位的公司都可享受马来西亚政府提供的一系列财税、金融鼓励政策及保障。在制造业领域，从 2003 年 6 月开始，外商投资者投资新项目可以持有 100% 的股权。2009 年 4 月，马来西亚政府为了进一步吸引外资，刺激本国经济发展，开放了包括计算机相关服务领域在内的八个服务业领域的 27 个分支行业，允许外商独资，不设股权限制。2010 年 10 月，马来西亚政府推出“经济转型计划”（Economic Transformation Programme, ETP ），关注支柱产业发展，推出包含电子电器工业在内的 12 个国家关键经济领域（NKEAs）。2018 年 10 月，马来西亚启动国家工业 4.0 计划，给予“工业 4.0”企业的一系列的优惠政策，重点发展高附加值产业，加速制造业的数字化转型。该计划的侧重方向，包括制造业三大催化行业电子电气（工业电子、消费电子等）、机械设备（专业设备加工、发电设备等）、化工（石化产品、橡塑产品等），以及两个重点增长领域航空航天（系统集成、工程设计等）和医疗设备（智能穿戴、医疗设施等）。马来西亚政府鼓励外国投资进入其出口导向型的生产企业和高科技领域，马来西亚对外商投资的鼓励政策和优惠措施主要是以税务减免的形式出现的，分为直接税激励和间接税激励两种。

在槟城电子产业集群的发展过程中，最关键的政府部门是槟城发展机构（PDC）和槟城技术发展中心（PSDC）以及后来成立的投资槟城机构。面对槟城由劳动密集转型的压力，PDC 提出制造业精明伙伴（Smart-partnership in Manufacturing）和统合制造中心（Integrated Manufacturing Center, IMC）概念。精明伙伴概念中的角色包括 PDC、跨国大型公司、跨国中小型企业、本地中小型企业，希望本地企业在 PDC 协助之下，鼓励与跨国公司合作，将技术转移到本地，同时也为跨国公司提供相关支持产业。统合制造中心就是希望外商将生产以外更多的机能转移到槟城，包括研发、销售、就地采购等，英特尔公司就是其中很典型的例子。1994 年英特尔槟城厂是马来西亚第一个推行综合制造中心概念的跨国公司，它将槟城的微控制器装配厂提升为具有全球市场的完整企业，包括微控制器的研发、设计、生产及销售。随着它的建立，英特尔公司在槟城除了进行 Pentium Ⅰ、Ⅱ的包装与测试及在居林工业区生产母板以外，也参与发展新的软件技术。PSDC 由 90 家跨国公司赞助成立于 1989 年，主要目的是为槟城工商界培养熟练人力资源。为了更进一步强化推动工业、科技和商业以及提高槟城经济竞争力，州政府成立了投资槟城机构，取代了之前由槟城州发展机构（PDC）的工业部门所扮演的角色，并且扩大及加强鼓励工业界投资。投资槟城机构的任务包括支援原有公司的发展，以便更进一步地扩大其价值链和协助本地工业继续发展及在国际市场的竞争能力。此外，投资槟城机构也在多媒体发展机构（MDC）的支持和协助下，受委为发展槟城多媒体超级走廊电子城的办事处。投资槟城机构在招商引资方面发挥了积极作用。

第三节　跨国公司与泰国汽车产业集群

泰国已成为东盟的汽车中心，有“东方底特律”之称，几乎所有领先的日本汽车公司以及来自美国、欧洲和中国的公司都在泰国建立了工厂，目前主要的汽车生产线有丰田、铃木、尼桑、三菱、本田、马自达、奔驰、宝马、福特、通用、沃尔沃、上汽等，一些公司还选择在泰国设立研发中心和地区总部。泰国国内拥有1000多家汽车零配件厂家和近2000家零部件供应商，全球知名汽车及零配件制造业者都已在泰国设立合资企业，同时也供应全球汽车零配件市场。泰国汽车产业主要集聚于泰国的中部和东部地区，泰国汽车产业集群的发展吸引了跨国公司更多的投资，跨国公司与泰国汽车产业集群之间形成了良好的互动关系。

一、泰国汽车产业集群的形成及特征

泰国汽车工业的发展始于20世纪60年代。此前，泰国的汽车全部依靠进口。60年代初，泰国开始引进国外汽车生产线，与国外汽车厂商联营，在泰国设立汽车装配厂，从组装起步。经过60多年的发展，泰国已成为东盟汽车制造中心和最大的汽车市场。目前，在泰国的东部和中部地区已经形成了汽车产业集群。泰国汽车产业集群的形成与日、美、欧跨国汽车制造商的投资是分不开的。泰国汽车产业集群的发展大致经历了以下三个阶段。

（一）20世纪60年代~ 80年代末

20世纪60年代，跨国汽车制造商已经开始在泰国进行投资，以日本汽车制造商为主，美国的福特公司和德国的奔驰公司也已来泰国合资建厂，主要从事组装生产活动，垂直分工是这一时期日本汽车在泰国生产的典型特征。这一阶段跨国汽车公司的投资主要集中在曼谷以及其邻近的中部地区的工业区内，比如曼谷的Bangchan和Ladkrabang工业区、北榄府的Samrong工业区。例如，丰田公司、尼桑公司、五十铃公司和日野公司在泰国的第一家工厂就坐落于北榄府的Samrong工业区，三菱公司和马自达公司的工厂分别位于曼谷的

Ladkrabang 工业区和 Bangchan 工业区。为了减少运输成本和初始投资，这些跨国公司的供应商也在附近设厂。至此泰国汽车产业集群初步形成，但此时泰国汽车产业集群的规模还很小。

20 世纪七八十年代，泰国政府实行的是汽车产业保护政策，政府一直采取高关税、规定本地含量等措施，保护国内汽车产业。全散件 CKD（completely knocked down）的进口关税曾高达 80%，整车 CBD（completely built-up）的进口关税达 150%。泰国政府不但对整车的本地含量进行了规定，而且对一些必需的零部件的本地含量也作出了强制性的要求。比如，内燃机的本地化含量从 1989 年的 20% 增加到了 1996 年的 70%。由于这个政策，日本对泰国的投资也由组装生产进入到零部件生产阶段，如 1979 年日产公司和泰国的 Siam Nissan Diesel 公司签订了技术援助合同，其中包括了零部件生产，日本汽车厂商开始在泰国构建以水平分工为基础的生产体系。在这样的环境下，泰国的本地供应商迅速地发展起来。尽管本地化含量具有很严格的限制，但泰国政府在执行政策时具有很大的灵活性，比如泰国政府在制定政策之前会与跨国汽车制造商商讨提高本地含量的可能性，跨国汽车厂商就可以和政府商量每个部分的本地含量比例，从而保证了本地化计划的顺利实施。因此，20 世纪 80 年代末曼谷以及其附近的北榄府和巴吞他尼府的汽车产业集群得到了进一步的发展。

（二）20 世纪 80 年代末 ~ 90 年代中期

20 世纪 80 年代末至 90 年代中期，泰国经济的高速增长使国内汽车需求猛增。1990 年，泰国的 GDP 增长率为 14%，汽车销量随之也增长 46%。迫于突出的供需矛盾，泰国政府部分开放了汽车的进口，进口税率下降约 50%，并放宽对车型的限制。另外，一系列汽车业投资促进措施的出台吸引了国际知名汽车制造商在泰国投资设厂，并纷纷扩大规模。这些投资促进措施包括免 8 年公司所得税、抵扣机器设备进口关税和原材料进口关税退税等。截至 1997 年，汽车业新增投资累计达到 150.7 亿泰铢，其中 65% 来自日本汽车厂商。由于 80 年代曼谷以及其邻近的中部地区的制造业的迅速发展，这个阶段泰国工业区规划委员会（IEAT）按照城镇化的要求在泰国的北部和东部地区也设立了工业区，东部和北部地区特别是工业区内的基础设施得到了建设。泰国促进投资委员会（BOI）开始在泰国的三个区实行有差别的税收激励以刺激三个区内公司的投资，因此许多汽车制造商和汽车零部件厂商也纷纷到三个区内设厂投资(见表 5-3)。

表 5-3　主要跨国汽车制造商在泰国投资的年份及地点 ❶

序号	跨国公司	年份	地点
1	尼桑公司 Nissan（Siam Motors）	1962	北榄府 Samut Prakan
2	丰田公司 Toyota	1964	北榄府 Samut Prakan
3	日野公司 Hino	1966	北榄府 Samut Prakan
4	三菱公司 Mitsubishi	1966	曼谷 Bangkok（Lad Krabang）
5	五十铃公司 Isuzu	1966	北榄府 Samut Prakan
6	马自达公司 Mazda	1975	曼谷 Bangkok（Bangchang）
7	尼桑公司 Nissan（Siam Nissan Auto）	1977	北榄府 Samut Prakan
8	尼桑内燃机 Nissan Diesel	1987	巴吞他尼府 Pathum Thani
9	本田公司 Honda	1993	曼谷 Bangkok（Minburi）
10	三菱公司 Mitsubishi	1992	春武里府 Chonburi（Laem-ChaBang）
11	丰田公司 Toyota	1996	北柳府Chachoengsao(Gateway)
12	本田公司 Honda	1996	大城府 Ayutthaya（Rojana）
13	五十铃公司 Isuzu	1997	北柳府 Chachoengsao

❶ 资料来源：Lecler Y. The Cluster Role in the Development of the Thai Car Industry[J]. International Journal of Urban and Regional Research，2002，26（4）. Table 2.4.

续表

序号	跨国公司	年份	地点
14	泰国联合汽车公司（马自达、福特） Auto Alliance Thailand（Mazda/Ford）	1998	罗勇府 Rayong 东海岸
15	通用汽车公司 General Motors	1998 （2000）	罗勇府 Rayong 东海岸
16	宝马公司 BMW	2000	罗勇府 Rayong（Amata City）

在新工业区的设立以及东海岸发展项目的刺激下，东部地区的春武里府（Chonburi）和罗勇府（Rayong）的汽车投资项目得到明显的增长。1999 年，这两个地区的汽车制造商总数达到了 120 多家（见表 5-4）。日本汽车厂商的投资主要集中在春武里府，比如三菱公司及其供应商在 Laem Cha Bang 工业区，电装公司（Denso）、丰田公司和一些零部件厂商集中在春武里工业区，而欧美汽车制造商（如 AAT、GM 和 BMW）以及随后跟进的欧美零部件供应商（如 Viston、TRW 和 Dana）主要集中在罗勇府的东海岸工业区，这些工业区内的日本零部件生产商也为欧美汽车制造商提供零部件。由于毗近中部地区汽车产业集群（特别是曼谷和北榄府），这一阶段东部地区的汽车产业集群开始形成，并集中在春武里府和罗勇府，但曼谷和北榄府依然是泰国最重要的汽车生产基地（见表 5-4）。

（三）亚洲金融危机后至今

受亚洲金融危机的影响，泰国许多汽车生产企业在减产裁员的同时，将目标转向国际市场，注重产品出口，以缓解国内需求不足的压力。泰国本地汽车及零部件生产企业大多是合资企业，它们依靠其国际合作伙伴的市场渠道和国际化操作经验，加快了汽车及其零部件的出口。泰国进出口银行也出台了汽车出口信贷支持政策，鼓励汽车出口。泰国出口的汽车零配件主要为 OEM 件，且出口数量呈逐年上升趋势。泰国国内汽车零配件生产企业除供应本地汽车制造企业外，还是国际品牌汽车制造企业的全球战略下的产业链环节，以 OEM

的形式向外输出产品。这一阶段，泰国汽车产业成了全球汽车生产网络的重要环节。

表 5-4　1999 年泰国的汽车厂商总数及地区分布[❶]

府	公司数量（个）	所占比例（%）
曼谷（Bangkok）	406	42
北榄府 Samut Prakan	188	20
巴吞他尼府 Pathum Thani	52	5
龙仔厝府 Samut Sakhon	45	5
佛统府 Nakhon Pathom	17	2
暖武里府 Nonthaburi	13	1
春武里府 Chonburi	64	7
罗勇府 Rayong	58	6
北柳府 Chachoengsao	30	3
大城府 Ayutthaya	43	4
呵叻府 Nakhon Ratchasima	17	2
中部地区	721	75
东部海岸地区	152	16
其他省份	25	3
其他地区	85	9
总计	958	100

这一阶段泰国汽车产业集聚现象越发明显，主要集中在中部地区以及东部地区，97% 以上的汽车及零部件生产厂商集中在这两个地区的曼谷、春武

❶ 资料来源：Lecler Y. The Cluster Role in the Development of the Thai Car Industry[J]. International Journal of Urban and Regional Research 2002，26（4）. Table 2.3.

里府、罗勇府、北榄府、北柳府、大城府和龙仔厝府，形成了泰国的“汽车产业带”（见表 5–5）。虽然非工业区内的汽车及零部件厂商数更多，但这些厂商大多是服务机构和本地的零部件供应商，而工业区内的厂商多为跨国公司并且规模也大得多。从泰国汽车产业的构成来看，跨国汽车公司处在汽车产业的顶端，主导着泰国汽车产业集群的发展。从表 5–4 和表 5–5 可以看出，这一阶段相比前一阶段，跨国公司的投资在东部地区（春武里府、罗勇府和北柳府）出现了加速的趋势，甚至还超过了中部地区的投资，这主要是由于东部地区基础设施的完善。比如，五十铃公司、三菱公司、AAT 公司、丰田 IMV 项目以及丰田的第三个工厂都设在北柳府。在过去的十几年里，东部地区已经从以农业为主转变成以工业为主，1990 年出台的东部发展计划 I 也刺激了许多工厂到东部投资，东部地区已经形成了一个非常重要的汽车产业集群，产业集群内巨大的劳动力市场和服务设施的便利也吸引了其他各种类型的厂商进驻到集群区中。

跨国汽车公司不仅在泰国扩大了汽车的生产，而且在泰国建立研发机构。2016 年，日产在泰国建立了一个新的测试中心，该研发测试中心还将服务于印度尼西亚、菲律宾、马来西亚和越南。本田（日本）于 2017 年在泰国设立了研发中心，这是该公司在日本和美国以外的第一个研发中心。

在“泰国 4.0”战略规划下，2017 年 3 月，泰国政府启动了汽车制造商和汽车零部件制造商的电动汽车促销特权计划，涵盖了三种类型的电动汽车，即混合电动汽车（HEVs）、充电式电动汽车（PHEVs）和电池电动汽车（BEVs）。目前，8 家日本汽车制造商申请了泰国的混合电动汽车项目，其中包括丰田、本田、日产、马自达和铃木等。德国汽车制造商梅赛德斯 – 奔驰和宝马也计划加入电动汽车计划。[1]

---

[1] 王勤，林少霞．泰国汽车产业的国际竞争力 [J]. 南亚东南亚研究，2019（3）：15.

表 5-5 2005—2006 年泰国汽车及零部件厂商的地区分布[1]

地区	2006 年工业区内汽车及零部件厂商数（个）	2005 年非工业区内汽车及零部件厂商数（个）
曼谷	50	267
大城府	31	41
北榄府	67	514
龙仔厝府	6	212
春武里府	147	147
罗勇府	121	103
北柳府	38	65
中部地区总计	154	1034
东部地区总计	306	315
其他地区总计	3	78

二、产业集聚是跨国汽车制造商投资泰国的重要原因

泰国共有 15 条汽车生产线，几乎所有著名的跨国汽车制造商都有在泰国投资，其中日本 8 条，分别是丰田、铃木、尼桑、三菱、本田、马自达等；欧美 6 条，为奔驰、宝马、福特、通用、沃尔沃等。同时，泰国国内拥有 1000 多家汽车零配件厂和近 2000 家零部件供应商。从 2004 年开始，日产、福特、三菱、五十铃和丰田等世界大公司也纷纷追加在泰国的投资，三菱、五十铃和日产都开始在泰国生产组装小型货车，而丰田已经开始在泰国建设第 3 个装配厂。福特汽车公司（Ford）、通用汽车公司（GM）及克莱斯勒汽车公司（Chrysler）也表示将增加在泰国的投资[2]。全球第二大钢铁公司——新日本制铁（NIPPON-STEEL）拟在泰

---

[1] 资料来源：根据 Kuroiwa I, Toh M H. Production Networks and Industrial Clusters[J]. Institute of Southeast Asian Studies，2008：244-245. TABLE7.16 的资料整理。

[2] 泰国《世界日报》2009 年 9 月 24 日。

国建立首家镀锌钢工厂，投资总额将超过100亿铢，为汽车工业提供原材料[1]。为什么这些著名的跨国公司都青睐泰国呢？1999年泰国发展研究委员会的一项调查发现，泰国本地企业和跨国公司决定在东部地区投资的主要原因是东部工业区的投资激励、高质量的运输和公共设施，其次因为在工业区内投资比较靠近顾客和供应商。

Nipon Poapongsakorn 和 Kriengkrai Techakanont 在2007年对泰国东部的汽车厂商也进行过一项调查，发现在工业区（IE）内投资的最重要原因是工业区内良好的公共设施服务、便利的运输条件以及邻近顾客。而投资者选择在非工业区的投资主要是由于初始投资、便利的运输条件以及邻近顾客。而在对"现有投资地的最大优势是什么"这个问题的回答中，56%的公司认为是由于靠近顾客而节约了运输成本，22%的公司认为是由于靠近原材料而导致的低成本。31%的公司认为现有投资地的劣势是公共设施问题，25%的公司认为是交通拥挤，12.5%的公司分别认为是通信问题和电力设施问题。64.7%的公司认为与汽车制造商在同一工业区内可以降低原材料、零部件和产品的运输成本，41%认为可以降低通信交流成本，23.5%认为可以获得规模经济效益（见表5-6）。

从以上 Nipon 等人的调查结果可以看出，运输和通信交流成本是影响泰国汽车公司投资地选择的非常重要的因素，而东部和中部地区工业区的汽车产业集聚现象刚好可以为其他后来的投资者节约这两方面的成本。泰国的汽车产业带已经聚集了众多的跨国汽车制造商、零部件厂商以及当地的供应商，产业集群内靠近顾客以及供应商的优势吸引了更多的跨国公司的投资。大多数汽车零部件制造商为多家跨国汽车公司提供服务。汽车工业的扩张意味着钢铁、橡胶、化工企业也在泰国进行投资扩张，为汽车企业和供应商提供服务，比如，荷兰的阿克苏诺贝尔公司就在泰国投资以靠近并服务于汽车产业，中国的玲珑、森麒麟、中策、双钱、通用等橡胶轮胎制造公司均在泰国投资，全球十大橡胶轮胎公司已有八个在泰国投资了十二家工厂，泰国汽车产业集群的配套能力及吸引力进一步增强。

---

[1] 泰国《世界日报》2009年10月10日。

表 5–6　影响投资地选择的因素和工业区的优势[1]

问题	比例（%）	问题	比例（%）
1. 为什么你的公司选择在工业区内投资？		5. 与汽车制造商在同一工业区	
		通信成本	
（1）公共设施	42.8	（1）更低	41.2
（2）便利运输	21.4	（2）一样	11.8
（3）靠近顾客	21.4	（3）不确定	47.1
（4）容易招聘到劳动力	7.1	零部件和原材料的运输成本	
（5）便宜的土地	7.1	（1）更低	64.7
2. 对非工业区内的公司：选择在现有地区投资的最重要原因是什么？		（2）一样	0.0
		（3）不确定	35.3
		劳动力成本	
		（1）更低	5.9
（1）初始投资地	50.0	（2）一样	35.3
（2）靠近顾客	25.0	（3）不确定	58.8
（3）便利运输条件	12.5	机器维修成本	
（4）公共设施	12.5	（1）更低	5.9
3. 现有公司所在地的优势是什么？		（2）一样	52.9
		（3）不确定	41.2
（1）低的产品运输成本	55.6	规模的经济性	
（2）低的原材料运输成本	22.2	（1）更低	23.5
		（2）一样	17.0
（3）容易招聘到熟练工人	5.6	（3）不确定	58.8
		6. 供应商和你公司所在地会影响到你的生产吗？	
（4）其他	16.7		
4. 现有公司所在地的劣势是什么？		（1）距离近，没影响	0.0
		（2）距离远，没影响	27.8
（1）公共设施问题	31.3	（3）延迟生产计划	11.1
（2）交通拥挤	25.0	（4）对生产有微小影响	61.1
（3）通信不便	12.5	7. 纳入生产网络的主要好处是什么？	
（4）电力问题	12.5	（1）汽车制造商的技术援助	50.0
（5）劳动力问题	6.3	（2）规模的经济性	42.8
（6）其他	12.5	（3）更多的顾客、市场的多样性	7.1

[1] 资料来源：Kuroiwa I, Toh M H . Production Networks and Industrial Clusters[J]. Institute of Southeast Asian Studies，2008：250.

从以上两部分的分析来看，跨国汽车制造商特别是日本的汽车制造商带动了泰国中东部地区汽车产业集群的发展，而反过来中东部汽车产业集群的优势又进一步吸引了更多的欧美日跨国汽车公司的投资，两者是一种相辅相成的关系。在这两者的互动过程中，汽车产业的特性、跨国公司投资的策略、泰国政府的政策以及东盟一体化的进程起到了一定的作用。

三、影响跨国公司与泰国汽车产业集群互动的因素

（一）汽车产业的集聚特征

汽车产业是一个典型的加工组装产业，一辆汽车需要 3 万多个零部件，因此零部件与整车企业之间的投资关联度很紧密，一旦一家跨国整车企业在国外投资设立了生产基地，那么其原有的零部件配套体系必将尾随进入整车公司的海外投资地，汽车产业的“集聚性”表现非常突出。如 20 世纪 80 年代至 90 年代早期，泰国的零部件生产技术还不是很高，跨国汽车公司出于对成本、质量、标准化、敏捷生产、技术保密的考虑，倾向于向原供应商进行采购，它们会要求原有的零部件供应商也到泰国投资设厂生产，或者自己在泰国当地投资设立子公司生产零部件。零部件供应商为了获得市场份额和整车企业的订单，也积极到泰国投资。因此汽车产业的集聚特征推动了泰国相关汽车产业集群的发展。

（二）泰国政府政策

20 世纪 60 年代，泰国政府就建立了工业区并出台政策鼓励跨国汽车公司在工业区内投资。20 世纪七八十年代，泰国政府实行的是汽车产业保护政策，政府一直采取高关税、规定本地含量等措施，保护国内汽车产业。1991 年泰国开始奉行汽车工业自由开放政策，泰国政府利用种种刺激投资手段和关税优惠措施，吸引到了大量世界知名的汽车制造商。

泰国投资委员会（BOI）将汽车行业列入五大投资促进行业，采取一系列的鼓励措施，以吸引更多的汽车制造企业落户泰国。现在，外国汽车企业到泰国投资设厂可以享受以下几项主要优惠：允许持大股或全部股份；无出口比例限制；无采用当地零配件比例限定；免缴机器进口税；免缴法人所得税 8 年；免缴用于生产出口产品所必须的进口原料的进口税 1 年；若工厂设在获优惠投

资的工业区或工业村内，免缴法人所得税期满后，再获减免50%，为期5年，允许把水、电费的两倍作为成本从利润中扣除，从项目有收入之日起，为期10年，允许把基础设施的安装和建设费的25%作为成本在利润中扣除。为了更好地吸引外国投资者投资汽车零配件工业，泰国投资委员会出台了一系列投资鼓励措施，生产发动机部件、传动部件、刹车、操纵及悬挂系统、油箱、过滤器、电器配线、天线、密封圈和簧片的企业可以享受全面的优惠待遇，14种汽车辅助工业可以享受税收优惠待遇，包括铸造、冲模、夹具加工、切削、热处理、表面处理及工程塑料等。

2009年6月，泰国出台优惠措施鼓励投资新型汽车组装及生产，吸引车商转移生产基地至泰国。BOI规定获得促投优惠的经营商可豁免机器进口税、法人所得税，为期5年。如果经营者投资总额（不包括地价及流动资金）超过100亿铢，将获豁免法人所得税6年；投资额超过150亿铢，将获豁免法人所得税7年[1]。

2015年9月，泰国内阁通过了产业集群经济特区政策，拟给予符合条件的区内企业所得税减免、进口机器免税以及专家等个人所得税减免、外国人可拥有土地等优惠。目前泰国政府致力于发展两类产业集群：超级产业集群和其他产业集群。超级产业集群包括运用先进技术的领域以及未来产业，如汽车和零配件，电力产品、电子产品和通信技术，数字经济，环保型石化产品和化工产品等产业；其他产业集群包括农产品加工、纺织服装等产业。

2016年，泰国提出4.0发展战略目标，其中新一代汽车制造被列为未来经济发展的十大目标产业部门的首要目标产业。除了传统汽车制造业外，泰国期望在5年内发展成为全球电动车制造基地，因此将位于巴吞他尼府的泰国科学院园区打造为电动车零件研发中心，并将在工业园区中选出一创新特区，用于开发电动车的新产品。

（三）跨国汽车公司的投资策略

Lecler（2002）对泰国的丰田公司和三菱公司进行实证研究后发现，跨国汽车

---

❶ 泰国《世界日报》2009年6月11日。

制造商选择新的生产地点的策略会影响到它的供应商的选址，供应商会在汽车制造商的同一地区重新设厂或建立新的工厂。20 世纪 90 年代，这两家公司在东部地区优惠政策以及港口便利条件吸引下，都把新工厂建立在泰国的东海岸地区，三菱公司在春武里府的 Laem Chabang 工业区，丰田公司在北柳府的 Gateway City 工业区，两家公司的投资吸引了众多的供应商也进驻到东部地区的工业区内，这两个案例表明跨国汽车制造商的战略在产业集群的形成过程中发挥着重要的作用[1]。

跨国汽车公司为了响应泰国政府的本地化含量要求以及培育本地供应商以降低成本，纷纷在泰国国内广泛地建立了与供应商企业的关联网络。例如，2001 年 1 月丰田汽车泰国公司（TMT）在泰国的一级供应商有 575 家，其中 134 家供应核心汽车部件，441 家供应其他原料和设施。在前一类企业中，日本合资企业和与丰田有关的公司占企业数的 55%，占供应额的 79%。在原料和设施供应商企业中，独资的泰国企业占供应商数量的 60%，占供应额的 14%。据估计，TMT 供应链上的二到四级供应商企业大约有 1500 家，其中主要是泰国拥有的企业。公司的目标是在东盟自由贸易区预期实行汽车自由化时实现 100% 当地采购[2]。跨国汽车公司的本地化战略促进了泰国本地供应商的发展，从而也促进了泰国汽车产业集群的发展。

（四）东盟区域一体化的进程

进入 21 世纪后，美欧日等发达国家的汽车传统市场已接近饱和，汽车厂商都在关注汽车拥有量较少、制造成本较低的东盟市场，东盟国家汽车市场从 2000 年的 100 万辆发展到 2010 年的 250 万辆。东盟自由贸易区的建立吸引了全球汽车制造商和零部件厂商对东盟的投资[3]。根据东盟自由贸易协定，泰国、新加坡、马来西亚、菲律宾、文莱和印度尼西亚将对 85% 的商品实施 0 ~ 5%

---

❶ Lecler Y. The Cluster Role in the Development of the Thai Car Industry[J]. International Journal of Urban and Regional Research，2002，26（4）：799-814.

❷ UNCTAD. 2001 年世界投资报告：促进关联 [M]. 北京：中国财政经济出版社，2002：166.

❸ Hew D and Loi W N. Entrepreneurship and SMEs in Southeast Asia[M]. Singapore: Institute of Southeast Asian Studies，2004：211.

的关税。日美欧跨国汽车制造商都热衷于在东盟自由贸易协定实施以前建立和扩大它们的经营，同时利用东盟国家不同的优势把汽车产业的不同环节放在东盟不同的国家，在东盟地区内建立紧密的汽车供应链，以实现资源的最优配置，如丰田公司在东盟地区的投资案例（见图 5–2），就充分体现了这点。同时，随着东盟自由贸易区计划的实施，东盟国家间汽车及零部件进口关税将下调到 0 ~ 5%，泰国汽车出口将会有进一步增长的空间。届时，跨国公司可以向该地区供应零部件和出售组装好的汽车而无需交纳高额的进口税，这些都为跨国汽车公司在泰国的投资和泰国汽车产业集群的大发展创造了良好的环境。

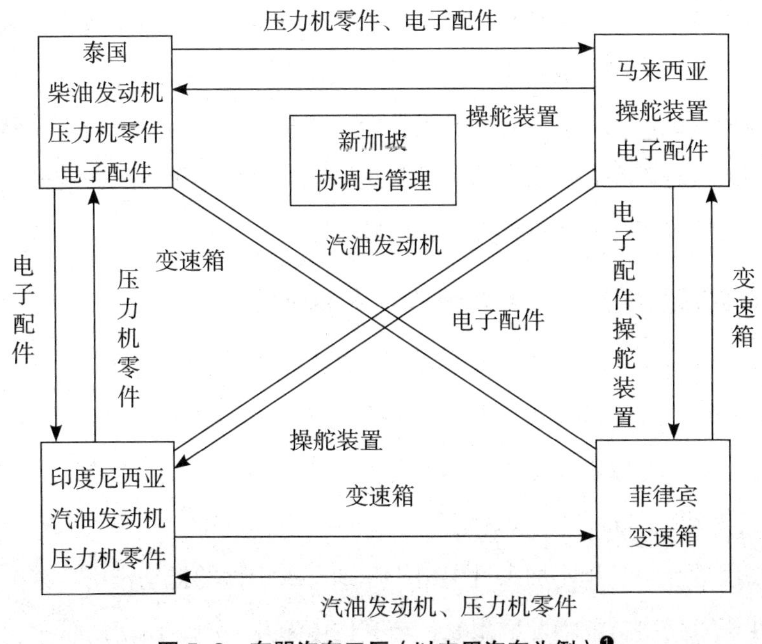

图 5–2　东盟汽车工厂（以丰田汽车为例）[1]

---

❶ 资料来源：Petri P A. The East Asian Trading Bloc: An Analytical History[M]//Frankel J A, Kahler M eds.. Regionalism and Rivalry: Japan and the United States in Pacific Asia. Chicago: University of Chicago Press，1993： 21-52.

第四节　跨国公司与越南纺织服装产业集群

纺织服装业是越南优先发展的行业之一，近年来，越南纺织服装业发展迅速，名列世界纺织品服装出口国前五位。目前，越南拥有约 6000 多家纺织服装厂，有纺织产业工人 280 多万人，年营业额达 300 多亿美元，相当于越南 GDP 的 15%。纺织服装业已成为越南最具规模的经济行业。越南纺织服装 90% 以上的企业集聚在南部的湄公河三角洲地区和北部地区，越南纺织服装产业集群的发展得益于全球纺织服装供应链的转移及跨国公司的对外投资。外资对越南纺织服装业的发展起重要作用。资料显示，外资企业占越南纺织服装企业的比重约为 25%，为该行业贡献了 60% 的出口总额。虽然美国退出了 TPP，但越南与其他地区或国家签订的自由贸易协定，如越南—欧盟自贸协定、越南—韩国自贸协定、越南—日本自贸协定及越南—欧亚经济联盟自贸协定等，依然使越南成为纺织服装行业外资投资的热点目的地[1]。

一、越南纺织服装产业集群的形成及发展现状

越南纺织业拥有着悠久的传统和历史，但越南纺织服装业真正开始发展是在 20 世纪 60 年代，法国人在越南建设了许多大工厂。从 1998 年以后，越南纺织服装出口一直仅次于原油居第二位，2001 年出口额达 20 亿美元，2002 年达 27.1 亿美元，2003 年达 36.3 亿美元，2004 年达到 42.5 亿美元。在越南纺织服装业发展进程中，越南加入世贸组织起到了决定性的推动作用。其中最大的利好就在于对美出口取消配额限制，与其他国家竞争时，越南纺织业者处于平等地位。

越南从 2007 年加入世界贸易组织的十多年来，特别是在 2010—2018 年签署了几项自由贸易协定，其中包括跨太平洋伙伴自由贸易协定、欧盟越南自由

❶ 李骏卿，马尧，杜撰，等．中国纺织服装企业赴越投资现状及环境分析 [J]. 商场现代化，2018（2）：27-29.

贸易协定、韩国越南自由贸易协定、欧亚经济联盟自由贸易协定，促使越南纺织服装业得到了快速发展。目前，越南大约有6000多家纺织品和服装公司以及285万从业人员，2018年，越南纺织服装行出口额达360亿美元，增长了16.6%，是2010年以来的最高增长率。外商独资企业和国有企业在越南服装业中占据非常重要的地位，其中外商独资企业年产量达到越南服装年总产量的60%。越南电力充足，水资源丰富，政治稳定，人员素质相对较高，人员工资较低（2017年人均约合292美元），制衣工的效率大概是中国的70% ~ 80%，相对优越的投资环境近年来吸引外资速度剧增。2017年，流入越南纺织服装业的外资增长了10%，大部分是大企业投资，投资规模较大且分为若干期，投资主要方向为面料生产，主要投资目的是在越南建立大企业，形成自身完整的一体化供应链。目前，这些投资的第一期工程已经基本完成[1]。

越南纺织服装90%以上的企业集聚在南部的湄公河三角洲地区（包括胡志明市及其周边省份）和北部地区（越南首都河内周围），分布在海防、北宁、新安、太平、清化、岘港、广义、平阳、龙安、同奈、芹苴11个省市建成的11个纺织服装工业园内。仁泽工业园区是越南开设的国内第一个纺织品和服装工业区，仁泽产业园区项目位于同奈省，地处越南南部经济区、湄公河三角洲以及胡志明市CBD多个经济发展圈，仁泽产业园项目包括仁泽6工业园、翁科工业园以及仁泽3工业园三大园区，有晓星、天虹等多家公司入驻。由天虹集团在越南投资的海河工业园区位于越南的东北，中越边境的广宁省海河县。占地约为3300公顷，总投资额度预计达到250亿美元，其中基础设施建设将耗资10亿美元。园区主要的规划产业有纤维、纺纱、织造、印染以及机械制造、建筑材料等多种产业。

服装加工业的快速增长造成了越南纺织服装供应链的不平衡，越南纺织企业对进口原辅料的依赖性较大，为进一步提升纺织服装业竞争力，越南不断调整产业结构，加速产业国产化，获得众多国外订单，推动纺织服装业实力不断

[1] 中国纺织报.美国退出TPP后对全球纺织供应链有何影响？

加强。此前越南纺企主要从中国、韩国等国家进口原辅料，现在则转向从国内购买纺织原辅料。在1995年期间，越南纺织服装业的国产化比例仅为20%以下，到现在国产化比例已提升为50%以上，原辅料产品国产化比例已提高到60%。越南国内原辅料质量能满足越南纺织企业的需求，为越南纺织企业对外贸易带来巨大优势。越南工贸部副部长胡氏金叉表示，越南国内信誉度高的原辅料供应商提供的原料质量好，价格合理。随着国产化比例提高，越南纺织服装业将形成完整的生产链。

二、跨国公司对越南纺织服装产业集群的推动

从越南开放大门迎来外国投资者时，纺织服装工业已吸引了来自世界16个国家和地区的2000多家投资者，投资资金达157.47亿美元。其中，韩国是最大投资来源国，投资资金为44亿美元，其次为中国台湾（25亿美元）、中国香港（21亿美元）和日本7.89亿美元。2017年，流入越南纺织服装业的外资增长10%，大多数来自美国、欧盟、日本、韩国、俄罗斯、中国香港和泰国等。预计，越南纺织服装业到2035年发展仍有较大的余地，出口额预计达2亿美元，纺织服装原辅料的本土化比例逐步提高，其中纤维达80%、聚酯纤维达60%～65%等❶。

越南纺织产业的发展离不开跨国公司的身影，就连越南国内最大的纺织服装企业——越南全国纺织服装集团（Vinatex）掌握的几个关键的纺织投资项目中，也有些是与外国合作伙伴合资的。例如，与美国集团ITG合资建造牛仔布工厂，与韩国集团Teachang合资建造印染厂，与德国集团Ten Cate合资建造织布厂。在外国投资项目中，马来西亚的Pamatex Berhad投资1亿美元建设的纤维和纺织厂项目，以及中国台湾Formosa集团投资4亿美元对现有工厂的扩容项目最为著名。

跨国公司对越南纺织服装业的投资主要集中在制衣环节，同时纺纱、织布

❶ 陈本宗.越南纺织服装业吸引外国投资者[N].越通社，2018-06-20.

环节投资量逐步增多。如申洲国际、青岛即发、东渡集团等企业都在越南进行绿地投资。如今，纱线和染整等企业也开始向东盟进行生产转移，天虹集团、鲁泰集团、百隆东方、雅戈尔盛泰、华孚色纺、新大东、裕纶等企业在越南的棉纺投资合计已超过250万锭，棉纱产量超过越南总产量一半。早先，越南国内仅能满足部分的原辅料供应，面料生产环节（包括织造、针织、印染和后整理）的65%需要进口，其中绝大部分进口来自中国。ASEAN与其他国家（除了韩国）的协定，越南－EU自由贸易协定都有源产地规则“从布起”，到TPP要面对的是更高的要求“从纱起”，因此，为了获得自由贸易区的关税优惠，越南纺织业必须专注于加强供应链的组成部分（从纱、织物到服装），完善各个生产阶段，发展全球供应链是目前越南纺织业的重要目标。这吸引了更多的外国投资者来到越南寻找机会，对纺织业的原辅料投资展开合作，具有代表性的是中国、日本的一些集团如Sunrise、Texhong、Mitsui等。Texhong在越南广宁已经建成产纱第一阶段的工厂，投资3亿美元，到目前，Texhong在越南有了4个工厂。Sunrise跟天南投资与发展公司联合设立了天南Sunrise染－纺织公司，公司总投资24亿美元，建立了生产编织布工厂，其效率为100万米/月，针织布工厂效率为300吨/月。韩国Kyungbang正在越南平阳运行一家纱生产企业，第一阶段投资4000万美元，接下来继续投资1.6亿美元以提高生产纱的能力，希望成为亚洲最大的生产纱工厂。

从产业集群的效应来看，越南纺织服装产业集聚度越来越高，“产业链整体转移”现象越发明显。如百隆东方在越南投资建厂后不久，位于产业链下游的申洲国际、鲁泰集团等面料企业和即发、东渡等针织服装大型企业跟随建厂[1]。近年来，天虹集团、申洲国际、鲁泰集团等实力较强的纺织企业都已开始在越南建设全产业链工程，吸引众多的中国印染、面料企业加入。目前，天虹集团在越南拥有三大生产基地，合计约125万纱锭，以及400台先进布机和染

[1] 刘小辰.浅析纺织服装企业“走出去”的对外投资状况[J].现代丝绸科学与技术，2018(1)：37-40.

整服装全套产业链体系，是越南最大的纺织生产企业之一。天虹纱锭规模占到全越南约 700 万锭总生产规模的 17.8%，年生产纱线约 30 万吨，占到越南全国 70 万吨纱总产量约 43%，所用越南员工超过 2 万人，是越南名副其实的纱线龙头生产企业。由天虹集团投资兴建的越南天虹海河工业园项目是目前我国纺织企业主导的在建工业园项目之一，是广宁省重点发展园区，园区力求打造涵盖原料、纺纱、制造、染整、制衣及品牌全产业链，实现上下游整合的综合效益。2015 年，鲁泰集团在越南西宁省福东工业园投资建设 6 万锭纺纱及年产 3000 万米色织面料生产线项目，随后又投资 3000 万美元设立鲁泰（越南）制衣有限公司，形成年产 600 万件的制衣生产能力，将其在越南的投资从纺纱、色织布延伸到制衣比较完整的产业链工程。青岛即发集团在已有越南制衣工厂的基础上，于 2016 年合资建设高档面料生产项目，总投资 1 亿美元，主要从事生产针织织布、梭织织布和其他无纺布及染色、印花、服装和销售等业务，年产 1.2 万吨高档面料。申洲国际越南基地不仅承担面料和成衣生产，更为重要的是可以向紧邻的柬埔寨提供面料供应。雅戈尔集团也计划投资十亿元级别的越南工业园项目，将面料等产能投放到该园区内。

三、越南政府助推纺织服装产业集群发展的主要举措

越南服装业的快速发展离不开政府积极的政策引导。20 世纪 90 年代后期出台的《加速发展战略》，在促进形成纵向一体化的服装产业链以及提高国产服装产品质量方面都起到了较好的作用。越南政府鼓励外商投资纺织服装业，尤其鼓励投资各种纱丝类、工业专用布料、高级布料和辅料生产。外国企业在纺织服装行业投资，政府会在地租、税收等方面提供优惠政策。越南 2001 年提出的未来 10 年纺织服装业发展规划时指出，政府将集中财力引进现代化的先进技术和专业化的生产设备，鼓励外商投资纺织服装机械及零配件生产，逐步实现纺织服装机械产品的国内组装制造。根据《越南 2015 年至 2020 年纺织工业发展规划》，河内市将建成纺织业的服务、原料供应、技术和设计中心以及高附加值产品的生产基地，同时，将各地纺织厂搬迁到南定、河南、永福、

北宁、宁平省和海防市的工业区，红河平原地区将形成一个纺织品出口生产基地和三个印染工业区[1]。越南工贸部于2014年发布了《2020年前工业发展指导计划和2030年展望》，按照这份由越南总理批准的计划，越南将重点发展与机械和金属制品、化工、电子信息技术、纺织服装与制鞋、农林渔业生产相关的加工制造业，将优先发展配套工业，以增强在全球产业链中的参与度。该计划指出，越南将促进私营企业和中小企业的发展，并促进来自外国和非政府经济领域的投资。根据越南工业到2025年发展战略及到2035发展展望，到2025年，越南优先发展用于国内生产和出口的纺织原辅料；2025年后，优先发展高级时装。优先发展产业的发展措施有：大力推进产品多样化，主动发展本土原辅业；大力开拓传统出口市场；在已加入的双边和多边贸易协定中最大限度发挥越南的优势；大力开发具有潜力的市场，如俄罗斯、中东、东欧和非洲市场；建设越南品牌的分销和零售网络[2]。2014年出台了《至2020年、展望2030年纺织工业发展规划》，根据规划，到2015年，胡志明市纺织业总产值约38万亿盾（约合18亿美元），到2020年为47.7万亿盾（约合22.7亿美元），到2025年为63.7万亿盾（约合30亿美元）。

为支持本土制造商的发展，越南政府启动了“越南纺织村”模式。同时，为解决越南纺织服装行业的原辅料问题，越南纺织服装集团已着手在胡志明市建设纺织服装原辅料经营中心，该中心将汇集至少500家国内外纺织服装原辅料供应商，成为越南首屈一指的纺织服装行业专营中心[3]。为了鼓励往产业链高端环节发展，规定纺织、鞋帽箱包类生产设备，25%以上的纯利润用于研究与发展。为进一步吸引外商投资，加强越南营商环境竞争力，2016年底越南政府批准同意建立3个特别经济行政区，分别位于云屯沿海区（北部广宁省）、北文丰（中部庆和省）和富国岛（南部坚江省）。

---

❶ 越南2015年至2020年纺织工业发展规划[EB/OL].（2020-2-28）.

❷ 驻越南经商参处.越南工业到2025年发展战略及到2035发展展望[EB/OL].（2014-8-29）.

❸ 吴崇伯.东盟国家纺织服装业的最新发展与加强中国对东盟纺织业投资的对策研究[J].创新，2013（4）：5-11.

除了这些国内的积极政策引导外，越南还加入了 WTO、EPA、ASEAN 和 TPP 等各种国际区域组织，这些区域组织的加入也给越南纺织服装业的发展带来了各种优惠政策。据越南《投资报》报道，随着越南参与 TPP，许多外资纺织企业纷纷加大在越投资力度。越南纺织服装集团（Vinatex）称，现有十几家来自日本、中国的纺织企业表示要在越增加投资。中国香港 TAL 集团拟在越南新投资面料、纺织厂，预计投资额 2 ~ 4 亿美元；中国香港晶苑集团拟新投资纺织厂，投资额约 5.5 亿美元；韩国 Hansoll Textile 有限责任公司拟增资 5 亿美元，扩大生产规模。国内政策的正确引导、国外优惠政策的供给、相对低廉的劳动力成本、相对较高的工作效率等因素，都是越南服装业得以快速发展的推进剂。

本章小结

本章通过对新加坡裕廊石化产业集群、马来西亚槟城电子产业集群、泰国汽车产业集群和越南纺织服装产业集群进行案例研究，发现在这四个东盟国家较具代表性的产业集群的产生和发展过程中，均离不开跨国公司投资的身影，而东盟这三个产业集群本身的竞争优势又吸引了跨国公司更多的投资，跨国公司与东盟产业集群之间形成了互动关系。

在跨国公司与新加坡裕廊石化产业集群的互动过程中，新加坡政府的石化专业区计划和化学群战略起了非常重要的作用。在新加坡的“化工岛”计划的引导下，裕廊岛石化产业集群内上下游产品链接，并产出许多衍生产品，形成一个由跨国公司所主导的“大而全”的石化产品供应基地。新加坡裕廊岛最吸引跨国公司的竞争优势在于裕廊岛具有完备的化工体系。

从马来西亚槟城电子产业集群发展的轨迹来看，跨国公司对槟城电子产业集群发展的作用功不可没，其投资的趋势是沿着产业价值链的两端向上延伸的，由最初半导体的封装、加工组装等低端环节向中间产品、关键零部件的生产等中端环节甚至向销售、研发等高端环节的延展。由于槟城在基本的基础设施、高技术性的基础设施、网络联结和全球市场价值链上这四个方面具有一定的比较优势，吸引了跨国公司的投资。

泰国汽车产业集群主要集中在泰国的中部地区和东部地区，无论从集群的形成还是到最后的发展升级都离不开跨国公司的投资，可以说，跨国公司是泰国汽车产业集群发展的活力和源泉。从泰国汽车产业的构成来看，跨国汽车公司处在产业结构的顶端，主导着泰国汽车产业集群的发展，而本地供应商大多处在较低端的位置。另外，跨国公司投资在地理位置上的偏好也影响到集群的竞争力，随着东部投资环境的完善，泰国汽车产业集群有东移的趋势，泰国汽车产业集群已经成为跨国公司全球生产网络中非常重要的一个环节。

越南纺织服装 90% 以上的企业集聚在南部的湄公河三角洲地区和北部地区，越南纺织服装产业集群的发展得益于全球纺织服装供应链的转移及跨国公司的对外投资。跨国公司对越南纺织服装业的投资主要集中在制衣环节，同时纺纱、织布环节投资量逐步增多。从产业集群的效应来看，越南纺织服装产业集聚度越来越高，“产业链整体转移”现象越发明显。当然，越南服装业的快速发展离不开政府积极的政策引导。

第六章

>>>>>>>>

跨国公司与东盟产业集群互动的效应分析

第一节　跨国公司与东盟产业集群互动的正效应

UNCTAD（2003）认为跨国公司以及外商直接投资在不同国家的经济发展进程中发挥着越来越重要的作用，它们所产生的贸易效应、就业效应以及知识、技术转移的效应等，对于特定东道国内部的经济增长以及产业结构变动等都起到了至关重要的作用。跨国公司与东盟产业集群的互动，在一定时期内对东盟经济发展、产业调整、技术进步和国家创新体系的形成具有推动作用。

一、跨国公司与产业集群的互动促进了东盟国家经济的增长

在东盟许多国家出口导向政策的影响下，东盟各国的经济增长很大程度上都依靠外资和出口带动。美国经济学家钱纳里和斯特劳特的“两缺口理论”认为，FDI 能弥补东道国经济起飞所需的“资本缺口”和“外汇缺口”，提高国内投资水平，促进国内资本开放，从而加速东道国经济增长。跨国公司与东盟产业集群的互动吸引了更多跨国公司对东盟的追加投资以及东盟本地资本的跟随投资，无论是东盟外国直接投资的流量和存量，还是外国直接投资流量与东盟国内固定投资的比重和外国直接投资存量与东盟国内生产总值的比重，均表明外国直接投资已成为东盟各国经济建设的重要资金来源。据联合国贸易与发展会议的统计，1980—2005 年，东盟国家的外国直接投资的流量从 24.14 亿美元增至 371.33 亿美元，增长了 14.4 倍；外国直接投资存量从 247.22 亿美元增至 3748.14 亿美元，增长了 14.2 倍。2005 年，东盟国家的外国直接投资流量占国内固定投资比重为 18.3%，外国直接投资存量占国内生产总值比重为 43.2%，

均高于世界平均水平[1]。

另外，跨国公司投资东盟的主要原因是基于其全球战略的考虑，东盟国家只是跨国公司全球工业产业链上的一个重要节点，所以由跨国公司占主导地位的东盟产业集群的大部分产品都是面向出口的，因而跨国公司的投资同直接出口存在密切的关系，即跨国公司的投资越多，东盟的出口贸易增长越快，推动了东盟国家的经济增长。有关数据表明，20 世纪 80 年代是东盟地区外资的高速增长期，出口贸易的增长率也创下了新高。在 90 年代，马来西亚、菲律宾外国子公司的出口在工业制成品出口总额中的比重占 50% 以上，在新加坡这一比重高达 90%，90 年代末对泰国 777 公司（它们在 1990 年占该国工业制成品出口总额的将近 1/3）的一份调查表明，其出口的将近 3/4 来自外国子公司和合资企业。

另外，东盟产业集群的发展对当地经济的增长也起到了一定的推动作用。新加坡裕廊岛石化产业集群 2017 年实现工业总产值 795.85 亿新元，占新加坡制造业总产值的 26.06%，对新加坡的经济贡献巨大。新加坡近年重点引进外资培育的战略性新兴产业集群——生物医药产业集群，2019 年实现工业总产值 362.7 亿新元，占制造业总产值的 10.8%。本世纪初，马来西亚的电子产业集群和泰国的汽车产业集群的发展，使电子业和汽车业分别成为马来西亚和泰国经济的支柱产业，也在一定程度上推动了当地经济的发展。拥有 15 条汽车装配线和 700 多家一级供应商的泰国东部和中部汽车产业集群成为东盟的汽车制造中心，汽车业是继电子业之后泰国的第二大产业，2000—2005 年泰国汽车的出口量快速增长（见图 6–1），汽车与汽车零部件的出口值也在不断地增加（见图 6–2）。2007—2013 年，泰国的汽车产量从 128.7 万辆增加至 245.7 万辆，创下过去 52 年的最高纪录。2012—2016 年，泰国汽车出口额从 242.9 亿美元增至 272.2 亿美元，其中，汽车零部件出口额为 69.24 亿美元。近年来，泰国的

---

[1] UNCTAD. World Investment Report 2006：FDI from Developing and Transition Economies – Implications for Development[M]. New York and Geneva United Nations，2006：301-315.

汽车零部件行业发展较快，国内汽车零部件生产已初具规模，形成了较为完备的汽车零部件产业链，泰国已能提供从轮胎到制动圆筒、从传动部件到车内装饰的任何一种汽车零配件。与此同时，泰国在全球汽车市场的占有率不断提升。2000年、2005年、2010年和2016年，泰国占世界汽车出口额的比重分别为0.4%、0.9%、1.7%和2%[❶]。

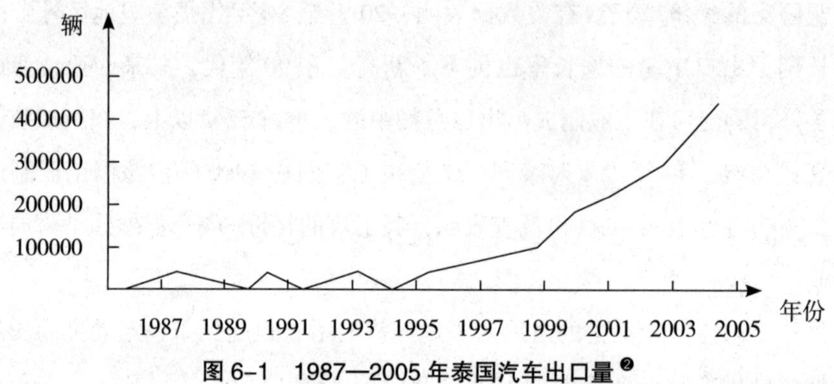

图 6-1　1987—2005 年泰国汽车出口量[❷]

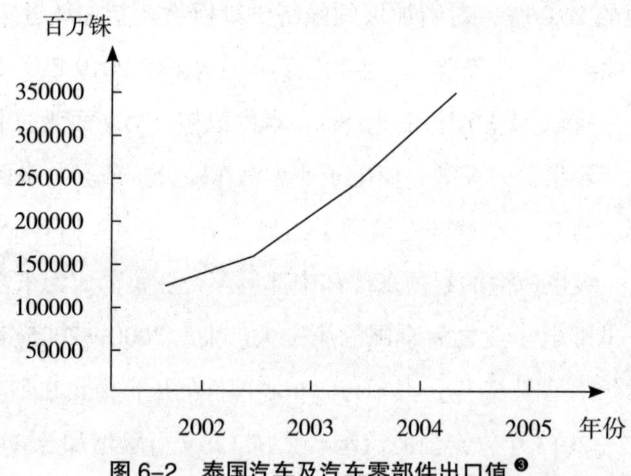

图 6-2　泰国汽车及汽车零部件出口值[❸]

---

❶ 王勤，林少霞.泰国汽车产业的国际竞争力 [J]. 南亚东南亚研究，2019（3）：15.

❷ 资料来源：Ministry of Commerce Trade Statistics.

❸ 同上。

二、跨国公司与产业集群互动推动了东盟产业结构的调整

跨国公司与东盟产业集群的互动使跨国公司对东盟的投资由劳动密集型的产业向资本技术密集型的产业调整。20 世纪 80 年代下半期，日本和“亚洲四小龙”向东盟国家以转移劳动密集型和部分技术密集型产业与工序为主，东盟传统的制造业产业集群得到发展。进入 90 年代，欧美日开始将部分技术、资本密集型产业和工序转移到当地，它们在电子信息、石化、汽车工业等部门的投资急剧扩大，这些新兴的制造业产业集群得到飞速的发展。从 1999 年跨国公司在马来西亚电子业投资情况看，其中有九成投资计划属于资本和技术较密集型的高科技投资项目。在东盟制造业内部，近年来传统的劳动密集型行业的地位日益下降，而新兴的技术资本密集型行业的地位得到一定的提升，并成为一些国家制造业的主导或支柱工业。

同时，跨国公司与东盟产业集群之间的互动在一定程度上也促进了东盟国家产业内产品附加值的提高。以马来西亚电子行业为例，由于跨国公司在马来西亚电子产业的投资是沿着产业价值链的两端向上提升的，所以马来西亚电子产品出口的技术含量和产品附加值不断得到提高（见表 6–1）。马来西亚槟城和巴生港电子产业集群区内的许多跨国公司起初以最终产品的装配起步，随着时间的推移，逐步向价值含量更高的产品发展。例如，美国 Texas Instruments 公司就是从简单的半导体装配开始，目前已发展到复杂的电子自动交换器；摩托罗拉公司早期从事混合电路装配，后来逐步开始生产收音机接收器、步话机、新型集成电路、手提电脑，产品技术密集度不断增加；富士公司主要生产闪存晶片，1995 年该公司基本停止生产技术含量不高的 Linear Devices，1996 年又将低端集成电路部分转移到中国，1997 年停止了静态随机内存的生产，1999 年开始进行组装闪存晶片、技术更为复杂的 C Bending–Small–Package 生产系统；集成电路制造商 Intersil 公司在马来西亚子公司的检测工序也已经进入高级化阶段❶。

---

❶ 李毅．马来西亚工业化进程中的技术学习与技术进步 [M]. 厦门：厦门大学出版社，2003：93-94.

表 6–1　马来西亚电子产品出口结构（单位：%）[1]

	1978 年	1985 年	1990 年	1995 年	2001 年
半导体	72.0	68.4	44.1	34.3	30.2
电子设备和零部件	13.7	7.0	13.8	24.4	39.5
消费用的电子	2.6	8.9	20.9	22.1	11.8
工业和商业用的电子	3.3	5.5	12.6	10.4	11.7
电子工业机器和设备	8.0	9.4	8.1	8.2	6.2
家用电器	0.4	0.8	0.5	0.6	0.6

新加坡的电子产业集群内也存在升级现象，1970 年跨国公司在新加坡制造的电子产品全部为消费类电子产品，1980 年消费类电子产品和电子部件在新加坡电子产品产量中占的比重仍然高达 93.2%。随着全球电子信息技术的高速发展，跨国公司加快了对新加坡产业转移的进程，带动了新加坡电子业内部的结构升级。到 1998 年，消费类电子产品仅占新加坡电子产品产量的 5.1%，而计算机、通信设备和办公自动化设备等高技术高附加值产品在电子产品产量中所占的比重上升到 70.4%，从而大大提高了新加坡电子业的技术含量和国际竞争力。[2]

在泰国，跨国公司在汽车部门投资的附加值也在不断提高。日本设在泰国的企业原来主要依靠从日本进口主要零部件，进行组装生产。在当地设立的一些零部件生产企业也大多是生产技术含量较低的产品。近年来，这种局面已经开始发生变化，泰国也开始生产一些关键零部件，以满足跨国公司竞争的需要。比如，日本汽车零部件主要生产厂家电装公司，在曼谷以南 60 千米处的一个工业开发区建立了一家生产最先进汽车零部件的工厂，使其成为向世界提

[1] 资料来源：Hew D, Loi W N. Entrepreneurship and SMEs in Southeast Asia[M]. Singapore: Institute of Southeast Asian Studies，2004：134.Table 8.2.

[2] Wong P K. “Globalization of US, European and Japanese production network and the growth of Singapore’s electronics industry” [J]. International Journal of Technology Management，2002，24（7/8）：857-859.

供高性能汽车零部件的中心。现阶段，泰国零部件制造已达国际水平，这些零部件不仅满足国内需要，而且对外出口，其中一部分已返销日本和欧美国家。

跨国公司对东盟的投资正在产生显著的溢出效应，带动了东盟相关行业和当地公司的发展。比如，一些韩国跨国公司不仅参与生产升级，也通过从制造业扩展到其他行业（服务业、建筑业和分销业等）进行投资。例如，2016 年，由于越南物流市场快速增长，三星 SDS 与越南最大的航空物流公司签订协议，提供全球内陆运输、仓储和报关服务；快速增长的越南电子商务市场引领乐天集团基于其乐天联盟零售网络（如乐天百货、乐天商场、乐天家庭购物）在越南建立网上购物网站，网上商城将为韩国中小企业提供商业机会，向新兴东道国市场提供商品和服务[1]。

三、跨国公司与产业集群互动带动了东盟当地中小企业的发展

对于东盟而言，跨国公司的投资增加了国内的资本存量，更重要的是，跨国公司的投资产生乘数效应，通过前后向联系，引发了东盟当地企业扩大投资并进驻到跨国公司为主的产业集群内或附近。而且抢先进入东盟的跨国公司所产生的示范效应使后来者越来越多，追加投资和辅助投资不断增加。另外，跨国公司还通过为东盟提供有吸引力的投资机会动员当地储蓄，成为引发国内个人和企业投资的催化剂。东盟当地很多中小企业成为跨国公司的供应商或辅助商，从而参与到全球化的生产进程中去，成为国际生产网络中的一部分。在跨国公司的支持与合作中，东盟中小企业的实力得到增长，有些甚至成为民族支柱企业或跨国公司。

泰国汽车产业集群的 15 条外国汽车装配线就引发了泰国国内 400 多家的一级供应商和 1000 多家的二级供应商为它们提供零部件和原材料，这些零部件企业通过为跨国汽车公司提供零部件和原材料而参与到当地或全球的汽车生产网络中，获得了很多好处。根据 2007 年对泰国 5 个省份（曼谷、北榄

---

[1] UNCTAD，东盟秘书处 .ASEAN Investment Report 2017[R].

府、北柳府、春武里府和罗勇府）的 250 家汽车零部件企业的一份调查显示，83.4% 的企业通过加入当地产业集群而参与到当地、地区或全球生产网络中，81.3% 的企业加入当地汽车制造商的汽车俱乐部或零部件生产商联合会，73.3% 的零部件供应商经常得到汽车制造商的培训，85.7% 的企业经常与汽车俱乐部的成员交流产品、设计、生产流程等方面的知识。这些省份的汽车零部件企业通过加入产业集群的生产网络中得到的益处主要体现在：50% 的企业获到汽车制造商的技术支持，42.8% 的企业扩大了经济规模，66.6% 的企业的生产率得到明显提升或有所提升[1]。随着全球汽车产业分工的日益深化，跨国汽车制造商实行零部件“全球化采购”策略，同时又推行本土化策略。由于外国公司转让技术，泰国的汽车铸造业有很大的发展，已能生产提供制动圆筒、圆盘、旋转板、毂盘、支架、离合器罩，还能生产发动机整体气缸、排气管、飞轮、球窝接合、万象节、推杆等产品。在电子零部件领域，合资企业占主导地位，生产电器配线、振荡器、电子信号灯等，而泰国当地工厂主要生产劳动密集型产品如车座部件、后视镜、方向盘等[2]。

在马来西亚槟城电子产业集群中，虽然跨国公司仍然占据主要地位，但多年来跨国公司和当地中小企业在人力资源培训、技术信息共享方面的联系也推动了本地供应商的发展，特别是在金属冲压和精密工具、合同制造和装配生产、塑料和包装材料生产等领域。这些供应商大多数都是从跨国公司中脱离出来的，他们曾经是跨国公司的雇员，在获得技术和营销专业知识后，他们离开跨国公司并建立起自己的企业。槟城强有力的供应商群集对跨国公司投资的区位决策的重要性不断提高，跨国公司也日益注重与槟城当地供应商之间的关联，跨国公司主要通过转让技术、提供培训、分享信息和财务支持来帮助槟城当地供应商，从而促进了槟城本地企业的发展。有些跨国公司在槟城有专门的

[1] Kuroiwa I, Toh M H. Production Networks and Industrial Clusters[J]. Institute of Southeast Asian Studies，2008：223-226.

[2] 王勤，林少霞 . 泰国汽车产业的国际竞争力 [J]. 南亚东南亚研究，2019（3）：15.

供应商开发计划，英特尔马来西亚公司就开展了一项最全面的支持供应商发展和提升计划，许多供应商在这项计划下依靠自己的努力最终发展成为跨国公司。荣科（ENGTEK）集团 40 多年前还是一家默默无闻的小企业，由于与超微（AMD）、博世、富士通、惠普、迈拓以及希捷等跨国公司的全球生产体系建立起关联，从而成为一家计算机硬盘驱动器和半导体产业的全球供应商。

另外，在东盟政府本地含量的政策要求以及跨国公司自身降低成本的战略的考虑下，跨国公司都加大了在东盟本地的采购，东盟产业集群内的本地含量比重不断提高，比如马来西亚槟城电子产业集群的本地化水平从 1976 年的 0.2% 上升到 2001 年的 25.1%（见图 6-3），上升速度很快。Rasiah（2001）对槟城电子产业集群中的电子仪器设备行业中的中小企业的研究发现，外资半导体装配业与当地相关机器设备企业的关联呈现增长趋势[❶]。槟城电子产业集群内的跨国公司与当地中小企业的互动有力地促进了当地中小企业的技术创新活力，也推动了当地中小企业的发展。

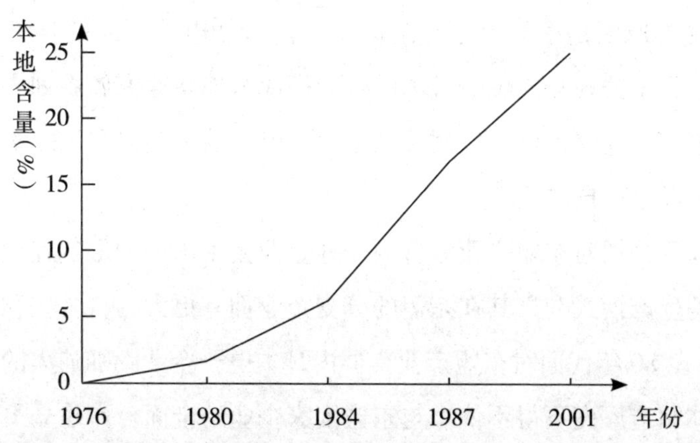

图 6-3　1976—2001 年马来西亚槟城自由工业区内电子行业的本地含量[❷]

---

❶ Rasiah R. The Importance of Size in the Growth and Performance of the Electrial Industrial Machinery and Apparatus Industry in Malaysia[M]. Nyland C. Malaysian Business in the New Era, Cheltenham: Edward Elgar Publishing，2001.

❷ 资料来源：根据 Hew D, Loi W N. Entrepreneurship and SMEs in Southeast Asia[M]. Singapore: Institute of Southeast Asian Studies，2004：137. Table 8.4 的资料绘制。

四、跨国公司与产业集群互动提高了当地企业的技术水平

以跨国公司为主的东盟产业集群区内，跨国公司通过产业链与当地企业发生前向或后向的关联，在这种关联中当地企业获得跨国公司先进技术溢出的好处。但是，这种技术溢出的程度取决于跨国公司与当地辅助企业之间的关系，如果跨国公司与本地零部件供应商的关联程度高，跨国公司对东盟国家的技术贡献就大，否则就小。1994 年联合国发展计划署对马来西亚槟城电子产业集群中的几十家电子产业企业（包括跨国公司和当地辅助企业）进行大规模的调查，发现槟城地区辅助性电子企业的当地化程度比较高，有 46.2% 的企业采购的原料一半以上来自本地，在产业集群内基本形成了跨国公司与本地辅助企业良好的技术互动学习网络，槟城当地辅助企业从跨国公司的关联中获得了技术溢出的好处，其中 64.3% 通过下包获得，54% 通过代工获得[1]。而 Suresh Narayanan（1997）对马来西亚巴生港的电子产业集群的调查则表明，巴生港地区跨国公司的技术溢出效果没有槟城显著，只有 20.8% 通过下包获得，12.5% 通过代工获得。其主要原因是由于巴生港地区生产消费性电器产品的日资公司过于集中，日资公司子公司只向位于日本的分包商或其他企业家族系列内部采购零部件，而与东盟本地辅助供应商的关系较少，巴生港企业只有 12.5% 的企业采购的原料一半以上来自本地[2]。

美日跨国公司对东盟产业集群内当地企业技术水平的影响程度是不同的，美国企业的生产模式允许其在东盟的分支企业拥有更大的自主权和技术技能。20 世纪 70 至 80 年代面对东盟产业集群内日本电子企业咄咄逼人的竞争态势，美国半导体制造厂商不得不依靠与东盟国家企业的全面合作建立柔性灵活的供应网络，以此摆脱依赖日本零部件的危险，多数美资企业发现加强东盟子公司

❶ UNDP. Technology Transfer to Malaysia: The Electronics and Electrical Goods Sector and the Supporting Industries in Penang, 1994.

❷ Narayanan S, Lai, Cheah. Technology Transfer in the Electronics and Electrical Sector: A Study of the Klang Valley，1997.

产品制造和工艺创新的技术能力有利于它们在全球的竞争优势，因此不断对东盟子公司进行技术平台的升级：从手工装配到自动化装配，从产品装配到检测，从简单零部件到关键部件，从组件承包商到全球供应商。由此可以看出，美国跨国公司允许东盟当地企业存在技术升级的空间❶。

另有研究表明，跨国公司所产生的技术溢出和扩散效应的大小，相当程度上还取决于当地企业与跨国公司之间的技术差距和东道国的技术学习能力。但由于东盟发展中国家当地的产业基础比较薄弱，跨国公司对当地产业集群的技术创新和技术溢出水平并没有预期中的那么显著。根据印度尼西亚的一项统计，FDI、技术转让协议、资本货物进口以及对世界贸易的参与都没有成功提升印度尼西亚的创新水平，但在一定程度上对印度尼西亚当地的机械操作水平和适应性发展是有所帮助的❷。

近年来，东盟国家的高技术产品占工业制成品出口的比重不断上升，这主要源自于跨国公司的技术引进。据联合国工业发展组织的统计，1985—1998年，东盟四国的高技术产品的出口比重均大幅增加，但同时高技术产品出口对外国直接投资的依赖程度也提高了。新加坡、马来西亚高技术产品出口的比重分别从20.4%和14.8%升至56.7%和46.9%，同时每单位高技术产品出口的研发投入和引进的外国直接投资的研发支出均增加，而两国研发投入的增加主要是来自于跨国公司的技术深化活动；泰国、菲律宾高技术产品出口的比重分别从2.4%和5.8%升至28.3%和64.3%，两国高技术产品出口比重的提高也主要依赖于引进外国直接投资的研发支出的增加❸。

---

❶ 李毅．马来西亚工业化进程中的技术学习与技术进步[M]. 厦门：厦门大学出版社，2003：105.

❷ Thee K W. The Role of Foreign Direct Investment in Indonesia’s Industrial Technology Development[J]. International Journal of Technology Management, 2001，10（10）：1-16.

❸ UNIDO. Industrial Development Report 2002/2003[R]. 2003.

五、跨国公司与产业集群互动推动了东盟国家研发和创新体系的发展

跨国公司与东盟产业集群之间的互动使越来越多的跨国公司把全球价值链中的研发环节也转移到东盟国家，从而促进了东盟国家各种科技园区与科技研发中心的成立，推动了东盟国家研发和创新体系的发展。例如，新加坡在1981年建立科学生产园区，成为该国最大的工业技术研究中心和主要的发明中心。政府给予在科技园区的外资公司许多优惠条件，如外资公司有权独资在园区开办企业，享受减免税优惠，成倍减少与科研活动有关的费用税等。进入90年代以后，跨国公司在新加坡建立的研发中心对新加坡国家创新体系的结构合理化起到了重要的作用，新加坡目前约有230家跨国公司的研发部门，它们对新加坡科研能力和技术水平的提升做出了很大的贡献。

根据 Norlela Ariffin 和 Martin Bell（1999）对1996年马来西亚槟城和巴生港电子产业集群的25家代表性跨国公司的样本调查，有三成公司的子公司与母公司进行着深度的创新性联系，包括半导体、晶片和电信公司[1]。西门子公司1991年在槟城成立西门子全球光纤半导体中心，松下电器20世纪90年代初起陆续在马来西亚成立松下空调研发中心、松下压缩机与发动机研发中心和松下小家电研发中心，索尼公司在马来西亚设立了4个研发中心，主要从事研究影像设计，用作新的电视底盘的衍生模式、无线电通信盒、高保真接收机设计，机械电子产品衍生模式设计以及音频产品设计。据马来西亚科技信息中心（MASTIC）的调查，从1994年起，外资企业的研发集中于技术密集型行业的应用性开发，如电子电器和化工产业，是这些部门产业研究开发的主力。

在泰国，跨国公司与汽车产业集群的互动使很多公司把研发功能转移到当地。丰田公司在泰国设立了地区研究开发中心，以推动新款汽车的设计和技术发展；三菱公司也从2003年开始把皮卡的开发功能从日本转移到泰国，强化汽车开发力度；本田汽车公司在泰国修建了亚洲地区的汽车和摩托车研发中心。为培

---

[1] Ariffin N, Bell M. Firms, Politics and Politics Economy[M]//Jomo K S. Industrial Technology Development in Malaysia. New York: Routledge，1999：150-190.

养汽车工业急需的技术与管理人员，日本汽车制造商还在泰国设立了汽车培训学院，如 TOYOTA Asia Pacific Safety Training Center（TOYOTA Thailand）、DENSO Training Academy（DENSO Thailand）和 Summit Auto Body Industry 等。

近年来，一些跨国公司正在增加其在东盟地区的研究和基于知识的活动。他们在不同行业建立研发设施，强化和拓展区域价值链。然而，这种研发投资活动主要集中在一些东盟成员国。雀巢（瑞士）于 2016 年在新加坡开设了雀巢亚洲研究中心。松下（日本）最近在新加坡对制冷压缩机业务部门的投资主要集中在研发上。真空设备制造商戴森（英国）于 2017 年在新加坡开设了一个价值 5.61 亿美元的技术中心，用于开展先进的研发活动。2017 年，欧司朗光电半导体（德国）在马来西亚开设了全球固态照明总部和研发中心。摩托罗拉（美国）在槟榔屿建立了一家研发机构，是其在槟榔屿以外最大的研发机构。本田（日本）于 2016 年和日产（日本）于 2017 年分别在泰国开设了研发工厂。在印度尼西亚，苹果（美国）于 2016 年底宣布计划在未来几年开设两个研发机构后，在 2017 年开设了其第一个研发中心。2017 年，三星电子（韩国）正在越南建立一个价值 3 亿美元的移动研发中心，丹卡（日本）在新加坡成立了一个化学研发机构——丹卡生命创新研究中心[1]。

第二节 跨国公司与东盟产业集群互动的负效应

由于跨国公司整体的战略毕竟是基于全球化的视角，因此我们在看到跨国公司与东盟国家产业集群互动发展过程中推动了东盟国家经济发展的同时，也应该认识到其中可能也存在一些负面效应，主要体现在以下几个方面。

---

[1] ASEAN Secretariat, UNCTAD. ASEAN investment report 2017 [R]. Jakarta: The ASEAN Secretariat, 2017.

一、跨国公司与产业集群互动使东盟国家经济波动增大

亚洲金融危机后的东盟国家经历了严重衰退、迅速复苏、再陷衰退、又呈复苏、再次衰退和继续复苏的增长轨迹。东盟经济增长的急剧波动，其重要原因之一是东盟国家成为跨国公司全球生产网络中的重要生产基地，使得东盟国家的许多产业集群都是以跨国公司为主导的，尤其是东盟国家电子产业集群对东盟经济产生的影响最大。在马来西亚和新加坡，信息技术产品出口比重分别高达 65% 和 64%，占国内生产总值比重分别高达 25% 和 19%。菲律宾、泰国和印度尼西亚的相应比重也很高。据计算，1992—1999 年电子信息产品价格下降对新加坡、马来西亚、菲律宾和泰国造成的损失部分相当于它们国内生产总值增长部分的 6.71%、3.31%、1.13% 和 0.96%[❶]。据新加坡贸工部的研究显示，世界半导体工业每下降 1%，新加坡经济增长就会下降 0.12%。而 2001 年全球半导体工业增长波动达 60 个百分点，它对新加坡经济增长的影响高达 6.8 个百分点[❷]。

2008 年由美国次贷危机引起的全球经济危机使欧美日国家的跨国公司自身难保，其对东盟国家的投资力度及生产也造成了很大的冲击，对其所在的东盟产业集群的发展造成了一定的影响，导致东盟国家经济受挫。据研究公司 Forrester 预测，2009 年全球 IT 市场将会缩水近 10%。日立、索尼、松下等世界电子巨头纷纷传出亏损消息，许多跨国公司被迫推迟或关闭在东盟国家的投资，比如英特尔在越南胡志明市兴建的越南首座 IC 封装及测试工厂至少延后三季投产，松下宣布关闭在马来西亚及菲律宾的三家数码相机、平板电视工厂[❸]。在泰国日系汽车厂商和美系电子零部件厂商等生产的工业产品 2009 年 4 月出口同比大幅下降 26%；新加坡截至 2009 年 5 月出口连续 13 个月同比下滑，

---

❶ 国际货币基金组织 . 世界经济展望（中译本）[M]. 北京：中国金融出版社，2003：100.

❷ Singapore: Ministry of Trade and Industry. Economic Survey of Singapore 2001. 2002 年。

❸ 《巨头纷纷报亏：日本电子业几乎全军覆没》，中华人民共和国商务部网站，2009 年 2 月 5 日。

其中占出口四成的半导体、计算机零部件等电子产品的出口状况较差[1]。

近年来，发达经济体纷纷开启了“再工业化”发展之路，比如，美国的“再工业化战略”、德国的“工业 4.0 战略”、日本的制造业“重生战略”等，重塑其制造业比较优势，以期维持其在全球价值链中的“链主地位”。这些势必会影响到发达国家跨国公司对东盟的投资，进而影响到以出口为主的东盟产业集群的发展，从而引起东盟国家经济的较大波动。

二、东盟产业集群仍处于低端环节且产业链不完整

跨国公司与东盟产业集群的互动，使东盟本地辅助企业获得了技术溢出的好处，但这种由于下包和代工获得的技术效果有限，使本地辅助企业仅停留在代工角色，在整个产业链中处于较低端位置。跨国公司对东盟本土供应商的技能培训通常只是制造工艺技术，而不是产品技术诀窍，产品技术诀窍仍由欧美日跨国公司总部拥有。而且在与跨国公司长期合作的过程中，东盟许多企业作为跨国公司的供应商慢慢产生了惰性，失去了创新的动力，只按照跨国公司的要求进行定制生产，处于产业链中的最低端环节，赚取微薄的代工费用。

东盟电子产业集群主要由外国跨国公司掌控，本土性的厂商非常少，东盟电子产业集群内的关键零部件主要还是由外国公司而不是本国公司提供的，前端的设计环节也缺少知名企业，加上周边的支援产业不够，所以东盟整个电子产业集群的上中下游卫星体系并不完整。目前，东盟电子产业集群内的国际分工体系大致可划分为三个层次：第一层是以美日欧为主的跨国公司，它们支配着核心零部件的研发、装配，其中包括硬盘驱动器和 IC 等；第二层，主要以新加坡的品牌制造商为主；第三层以马来西亚、泰国、菲律宾、越南为主，主要从事装配以及为区域内提供零配件和辅助服务的中小型企业。在泰国的汽车产业集群中，15 条外国跨国公司装配线处在泰国汽车产业结构的顶端，主导着泰国汽车产业集群的发展，甚至 709 家一级供应商中以外资为主的公司也达到

---

[1] 《全球制造业基地出口不振》，中华人民共和国商务部网站，2009 年 6 月 25 日。

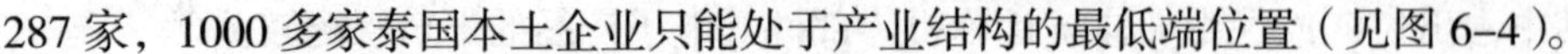
287 家，1000 多家泰国本土企业只能处于产业结构的最低端位置（见图 6–4）。

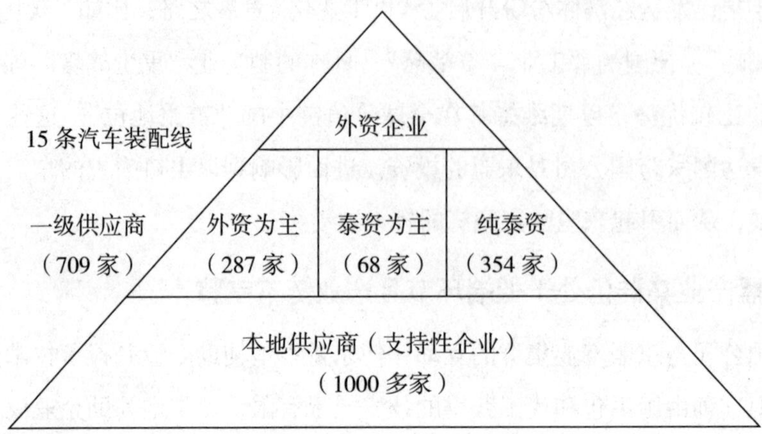

注：一级供应商直接为 OEM 制造商供应零部件，709 家一级供应商中，386 家为汽车装配厂商提供零部件，201 家为摩托车厂商提供零部件，122 家同时为汽车和摩托车厂商提供零部件。

图 6–4　泰国汽车制造商及零部件生产商的构成[1]

Hobday（2001）比较利用代工制（OEM）发展电子产业的中国台湾、中国香港与利用跨国公司发展电子产业的马来西亚时发现，马来西亚（也包括新加坡）本地电子厂商的配套能力远落后于处在相似发展阶段时的中国台湾和中国香港。[2] 这说明跨国公司与东盟当地辅助企业的生产垂直联系还不够充分和紧密，东盟国内的产业链还不够完整。

张彦（2020）认为在后危机时代，印度尼西亚、泰国、越南制造业的发展是显著的，共同推动了东盟制造业的发展。但东盟制造业在 2010—2017 年的全球价值链的平均位置度为 0.87，说明东盟制造业在全球价值链分工体系中的地位不高。另外，

---

❶ 资料来源：Kuroiwa I, Toh M H. Production Networks and Industrial Clusters[J]. Institute of Southeast Asian Studies，2008：210.

❷ Hobday M. East Versus Southeast Asia Innovation System: Comparing OEM-and TNC-led Growth in Electronics[M]//Nelson R, Kim L. Technology, Learning and Innovation. Cambrige: Cambrige University Press，2001：161.

他将制造业细分成低端、中低端、中高端制造业后发现，东盟低端制造业的位置度最高，2010—2017年的平均位置度为0.90；中低端制造业的位置度其次，2010—2017年的平均位置度为0.86；中高端制造业的位置度最低，2010—2017年的平均位置度为0.84，这说明东盟制造业的优势主要体现在低端制造业领域[1]。

三、以跨国公司为主的东盟产业集群使东盟本土企业面临更激烈的竞争

跨国公司之间的集聚生存是彼此在生意模式、价值观、商业目的等方面多有相似之处而形成的合作组织，是长期作为合作伙伴累积的结果。丰田、本田、IBM、戴尔、摩托罗拉、日立等这类大跨国公司背后，都有一大批为其服务的跨国公司存在。当跨国公司进入东盟后，这些供应商也集聚地进入，留给东盟本土企业与跨国公司合作的市场机会可能会越来越少。1995年对在新加坡的12家日本电子公司的调查显示，58.3%的日本公司通过企业内部网络进口零部件，许多日本电子巨头的供应商，通过在新加坡投资为在新加坡和东盟地区的用户工厂服务，把它们在日本的供方－买方关系搬到新加坡。一些大型跨国公司甚至通过在东盟建立自己的零部件生产厂实现反向垂直一体化。

在集聚效应的高额利润诱导下，大量跨国公司在东盟国家注资生产，追求规模经济与集聚效应带来的丰厚收益。在这种趋势下，核心企业规模越来越大，充分利用东盟当地产业集群的集聚效应，以低成本、多层次合作快速发展。与此同时，行业进入与退出壁垒也在不断增加，由于区域集中带来的巨大经济利益，以及市场集中造成的巨大压力，使产业的进入和退出壁垒都相应提高，东盟国家在主导产业的调整和培育上可能丧失部分主导权。这样一来，由该行业的龙头企业所构建的市场壁垒，将完全封锁国内市场，本土企业面对跨国公司的技术屏障、市场屏障、人力资源屏障，很难在该行业的高附加值环节争得一席之地[2]。由此可以看出，跨国公司与东盟产业集群之间的互动会促使东盟本土企业处于产业链的低附加值环节，其生产所需要的技术含量较低，易

---

❶ 张彦．全球价值链调整下的东盟制造业发展［J］．东南亚研究，2020（2）：26.

❷ 孙雪莹．基于全球价值链角度的FDI与产业升级研究［J］．现代商贸工业，2019，21（17）：2.

模仿程度高，进入退出壁垒较小，因此企业的数目较多，类似于卖方完全竞争市场，然而其面对的却是完全垄断的买方市场，这样东盟本地企业基本以很低的价格销售产品，利润微薄，竞争惨烈。因此，本土企业在东盟产业集群中发挥的作用非常有限。比如，马来西亚的电子行业中，中小企业占据企业总数的38.4%，但只贡献2.4%的增加值、4.6%的劳动力和3.8%的工资[1]。

四、跨国公司与产业集群互动使东盟产业集群发展存在风险

一般来说，产业集群之间存在相互竞争，也存在衰败的可能。当某个产业集群的竞争力下降或出现其他更有竞争优势的产业集群时，其地位就会被替代，跨国公司的全球战略布局就会发生转移。产业集群主要有生产型、技术型和市场型三种，东盟许多产业集群是属于生产型，此种集群的竞争优势主要体现在要素成本的低廉、分工与协作效率的提高，以及由此形成的柔性专业化的地方生产网络系统。在价值链环节上，生产型集群是处于附加值较低的产业链位置，相比较其他两类产业集群，其竞争优势较容易获得，因此跨国公司容易受产业集群竞争力的相对优势影响而改变它的全球布局。一旦有一个更有竞争力的同类产业集群出现，跨国公司基于全球战略的考虑就会发生投资的转移。20世纪80年代，由于新加坡劳动力工资水平的上涨和持续性的熟练劳动力短缺等原因，跨国公司将原来位于新加坡的电子装配活动以及其他一些相关联价值活动向外转移，主要迁移到泰国、马来西亚以及中国沿海地区，并逐渐在泰国、马来西亚和中国沿海地区等地形成了新的电子零部件集群。

另外，跨国公司与东盟产业集群之间的互动关系使东盟国家的许多产业集群都是以跨国公司为主导。根据2007年菲律宾产业集群调查报告显示，以大马尼拉为例，在接受调查的516家公司中，62%的公司是外资企业，13%的公司是合资企业[2]。东盟的本土中小企业大多为跨国公司提供特定的零配件，由于

---

[1] Hew D, Loi W N. Entrepreneurship and SMEs in Southeast Asia[J]. Singapore: Institute of Southeast Asian Studies，2004：139.

[2] Morato, Eduardo. Fine Jewelry in Meycauayan, Bulacan. Asian Institute of Management, Policy Center，2005.

零配件的生产具有特殊性，所以这类中小企业的销售市场很有限，只能为其上游的跨国公司服务，市场影响力难以构建，同时由于数目众多，利润微薄，技术简单，前景很不乐观。在这种结构之中，还有另外一个风险，这类本土中小企业完全依托外部联系，即与国外市场联系，与国内市场联系不足，没有构建本土市场影响力，如果这些核心跨国企业撤资或者缩小在当地的产量，那么周围的中小企业就只能接受倒闭关门的现实，东盟产业集群就会迅速衰落，其所在的产业就会受到影响。所以，跨国公司与东盟产业集群互动使东盟的产业发展存在过分地依赖跨国公司的风险。

以马来西亚槟城电子产业集群为例，由于槟城电子产业集群过度地依赖跨国公司的投资，所以槟城电子产业集群对国际市场变化与外围突发因素就显得非常敏感和脆弱。在20世纪90年代中期的亚洲金融危机中，槟城的电子业就面临很大的冲击。在2008年美国次贷危机中，以电子业为主导产业的槟城就首当其冲，不仅工厂订单锐减50%，1.5万员工还面对被裁员的威胁[1]。为什么两次危机对槟城电子产业集群的冲击那么大？笔者认为，这除了与槟城的电子业所占比重大有关之外，实际上与槟城电子产业集群的竞争力有密切关系。在全球化的进程中，面对印度和越南等国家，槟城没有了低廉的劳动力优势和市场优势。欧美日跨国公司基于全球竞争战略的考虑，很容易把在槟城的投资转移到这些国家。而且在全球化趋势中，槟城也没有好握好机会，积极地进行产业结构转型，依然维持着亚洲传统的生产模式——一个以欧美日作为核心出口市场的电子制造业。这类制造业模式，大多时候只是依照跨国企业的科技，进行生产与组装，然后出口（或直接出口到美国，或出口到中国，进行加工后，转手出口到美国），甚少涉及创新与研发活动。这也导致槟城的电子产业群很大程度上必须仰赖欧美日国家的需求和跨国公司的投资，而无法开创本身的需求市场。正因为这样的产业结构，使得槟城电子产业集群对外围需求的变化特别敏感和脆弱。而中国台湾新竹与槟城一样，发展初期都是靠跨国公司，但新竹电子业在发展的过程中积极进行产业升级，开

[1] 30年来过度信赖制造业槟城在经济危机中脆弱。

发本土的研发能力，吸引了更多的跨国公司上游企业的投资，所以面对全球的竞争和经济衰退，新竹的电子产业集群依然具有较强的竞争力。

本章小结

从以上两节的分析可以看出，跨国公司与东盟产业集群之间的互动对东盟经济发展是一把双刃剑，它既推动了东盟经济的增长，又使东盟经济面临的风险加大。在东盟经济发展的一定时期内，特别是在资本短缺时期，以跨国公司为主导的产业集群确实对东盟产生了正效应，但20世纪后期对东盟的负效应越来越明显。

跨国公司与东盟产业集群互动的正效应主要体现在以下五个方面：一是促进了东盟国家投资和贸易的增长，从而推动了东盟国家经济的增长；二是使东盟国家的产业结构由劳动密集型的产业向电子、石化、汽车等资本技术密集型的产业调整，同时也促进了东盟国家行业内产品附加值的提高；三是带动了东盟本地中小企业的发展，在跨国公司的支持与合作中，有些东盟中小企业成长为民族支柱企业甚至跨国公司；四是提高了当地企业的技术水平，跨国公司通过产业链与当地企业发生前向或后向的关联，在这种关联中当地企业获得了跨国公司先进技术溢出的好处；五是推动了东盟国家研发和创新体系的发展，跨国公司与东盟产业集群之间的互动使越来越多的跨国公司把全球价值链中的研发环节也转移到东盟国家，从而促进了东盟国家各种科技园区与科技研发中心的成立，推动了东盟国家研发和创新体系的发展。

跨国公司与东盟产业集群互动的负效应主要体现在以下四个方面：一是使东盟国家的经济波动增大，跨国公司与产业集群互动使东盟经济过分依赖跨国公司的投资；二是使东盟国内产业集群在全球价值链中处于较低端环节，附加值小，产业集群的竞争力低；三是削弱了东盟本土企业的竞争力，东盟本土企业成为跨国公司的定制供应商，缺乏创新和研发能力，只能赚取微薄的加工费；四是使东盟产业集群面临发展的风险，东盟产业安全受到威胁。

第七章

>>>>>>>>

新发展格局下中国企业对东盟的直接投资：实证分析

第一节　新发展格局下中国企业扩大对东盟直接投资的必然性

当前世界贸易保护主义和逆全球化思潮盛行，传统全球价值链面临巨大的挑战，全球价值链区域化的趋势日益明显。在此背景下，中国政府明确提出加快推动形成以国内大循环为主体、国内国际双循环相互促进的新发展格局。双循环的目的是要提升中国在全球价值链中的位置。2020 年 12 月，中国、东盟十国、日本、韩国、澳大利亚、新西兰 15 国领导人正式签署区域的全面经济伙伴关系协定（RCEP），标志着全球最大的自贸区成功启航，是东亚区域经济一体化新的里程碑。RCEP 将有助于我国和东亚地区进一步优化区域价值链。新发展格局下中国—东盟区域合作将迎来新机遇。根据商务部统计，2020 年，中国与东盟进出口贸易额 6846 亿美元，同比增长 6.7%。在新冠肺炎疫情全球大流行期间，中国与东盟贸易和投资逆势双增长，并且中国与东盟首次互为第一大贸易伙伴，这充分表明中国与东盟合作具有强大的内生动力。截至 2019 年年底，中国在东盟国家累计投资总额 1123 亿美元，而据东盟与中日韩宏观经济研究办公室（AMRO）预测，到 2035 年中国对东盟国家投资余额将达 5000 亿美元[1]。据第 24 次东盟投资领域理事会议发布的《2020—2021 年东盟投资报告：在工业 4.0 时代投资》，东盟仍是具有吸引力的投资目的地，其在全球 FDI 的占比从 2019 年的 11.9% 上升至 2020 年的 13.7%，东盟也是基础设施国际项目融资的重要目的地，占全球份额从 2018 年的 7.9% 升至 2020 年的

[1] 毕世鸿．双重冲击下的中国与东盟国家供应链重组 [J]. 印度洋经济体研究，2021（4）：113-129.

12.5%[1]。

一、中国与东盟区域经济合作的进程不断加深

东盟是中国的友好睦邻、重要的经贸合作伙伴。长期以来，双方在贸易、投资等领域不断深度融合和拓展。1991 年，中国与东盟开始正式对话。2002 年 11 月 4 日,《中国与东盟全面经济合作框架协议》（10+1 协定）签署，中国–东盟自贸区建设正式启动，确定了包括相互投资和湄公河流域开发在内的五大重点合作领域。2009 年 8 月 15 日,《中国—东盟自由贸易区投资协议》签署，2010 年 1 月 1 日，中国—东盟自由贸易区正式建立。2013 年 10 月，国家主席习近平出访印度尼西亚、马来西亚并出席 APEC 第 21 次领导人非正式会议，发表题为《携手建设中国—东盟命运共同体》的重要演讲，提出构建覆盖太平洋两岸的亚太互联互通格局。

中国与东盟在次区域经济合作方面也取得了一定的进展。1992 年，在亚洲开发银行（ADB）倡议下，大湄公河次区域 6 国（中国、缅甸、老挝、泰国、柬埔寨、越南）举行首次部长级会议，共同发起了大湄公河次区域经济合作（GMS）机制，推动交通运输、电信、旅游能源、贸易、投资、环境、人力资源开发和农业 9 个方面的合作。此后,GMS 事务部长会议原则上每年举行一次，继续加强区域投资合作、促进贸易往来。2012 年，泰国首先提出加强澜湄次区域合作的设想，中国给予积极回应。2014 年 11 月第 17 次中国—东盟领导人会议上，中国提出的建立澜沧江—湄公河对话合作机制的倡议，得到了其他 5 国（柬埔寨、老挝、缅甸、泰国、越南）的共同响应。2016 年 3 月，澜沧江—湄公河合作首次领导人会议在海南省三亚市举行，会议发表了《澜沧江—湄公河合作首次领导人会议三亚宣言》和《澜沧江—湄公河国家产能合作联合声明》两份重要文件，取得积极成果。三亚宣言中包含 20 多项具体的务实合作措施，在产能合作联合声明中，电力、电网、汽车、冶金、建材、配套工业等领域合

[1] 驻东盟使团经济商务处 .2020—2021 东盟投资报告（一）[R/OL].（2021-09-24）.

作被放在优先位置。此外，中老、中泰铁路，中缅陆水联运等大项目正在加速推进，建立澜湄边境地区经济区和产业园区、投资区和交通网也在探讨中。2018 年 1 月 10 日，澜湄合作第二次领导人会议在柬埔寨金边召开，发表了《澜湄合作五年行动计划》和《澜湄合作第二次领导人会议金边宣言》。

中国–东盟自贸区建成后，区域市场规模扩大，投资领域限制放宽，营商环境得以改善，该区域逐步成为全球外国直接投资（FDI）的热点地区，并跻身世界上吸引 FDI 流量最大的地区。据统计，2010—2018 年，中国–东盟区域吸引的 FDI 从 2252.8 亿美元增至 2876.9 亿美元，增长 27%；该区域吸引的 FDI 占全球 FDI 总流量的比重从 16.2% 增至 22.2%，占发展中国家 FDI 总流量的比重从 36%增至 40.7%[1]。2019 年年末中国对东盟直接投资存量为 1098.91 亿美元，占中国对外投资存量的 5%，共有超过 5600 家企业在东盟设立直接投资企业[2]。

二、东盟一体化建设为中国企业对东盟的投资提供了契机

东盟自 1967 年成立以来，致力于推进内部一体化进程。1992 年 1 月，在新加坡举行的第四届首脑会议上，文莱、新加坡、马来西亚、菲律宾、泰国和印度尼西亚东盟 6 国首脑签署了《1992 年新加坡宣言》和《东盟加强经济合作框架协定》，并决定今后每三年举行一次正式首脑会议。六国经济部长还签署了为实现东盟自由贸易区铺路的《有效惠普关税协定》（CEPT）。1995 年 12 月，第五次东盟首脑会议通过了《曼谷宣言》，签署了 38 项旨在促进相互间政治、经济等领域合作的文件，其中包括《有效惠普关税协定修正案》和《东盟服务业框架协定》，还决定建立东盟投资区（AIA）。1998 年 10 月，东盟通过了《东盟投资区框架协议》。2003 年 10 月，东盟十国领导人在巴厘峰会上通过了《东盟国家协调一致宣言Ⅱ》，提出到 2020 年建成东盟共同体。2015 年 12 月 31 日，以政治安全共同体、经济共同体和社会文化共同体三大支柱为基础的东盟共同体正式成立，同时通过了愿景文件《东盟 2025：携手前行》，为东盟未来 10 年

---

[1] UNCTAD. World Investment Report 2019：Special Economic Zones[R]. 2019：212-214.

[2] 商务部. 2019 年中国外资统计公报 [R/OL].（2019-12-26）.

的发展指明方向。共同体成立以来，东盟成员国之间的贸易壁垒、市场分割被逐步打破，贸易自由化和便利化程度得到进一步提高，《东盟互联互通整体规划 2025》继续强调了物理联通、制度沟通和民心相通的重要性，互联互通是中国与东盟合作的优先领域，与中国“一带一路”愿景倡议不谋而合，为双方互利合作打造了新抓手和新亮点。

东盟经济共同体（AEC）的第一个蓝图是 2007 年 11 月在新加坡举行的第 13 届东盟首脑会议上通过的《东盟经济共同体蓝图》（以下简称“《2007 蓝图》”），该蓝图重点明确了共同体建设的四大支柱：①打造共同市场和生产基地，旨在进一步加速货物、服务、投资、技术工人和资金在本地区的自由流动；②提高区域竞争力，通过采用共同的机制、标准以及加强跨区域合作等方式，营造有利于企业发展并鼓励创新的区域环境；③共享经济增长，重点鼓励中小企业投入区域和全球价值链生产中，同时帮助新东盟成员国加强实现一体化的能力建设；④融入全球经济，加深与外部经济联系，加大力度参与全球供应网络建设。《2007 蓝图》在推动东盟经济一体化建设方面取得了很大进展，主要体现在：东盟吸引外资竞争力增强、东盟内部关税大幅下降、贸易便利化程度提高、服务贸易领域进展显著。因此，2007—2014 年，东盟经济总量增长了 1 万亿美元，并首次超过中国，成为全球吸引外资最多的发展中经济体。在东盟内部，国家间投资依然拥有最高占比，高达 16. 4%[1]。

2015 年年底东盟共同体宣布建成后，东盟又推出了《东盟经济共同体 2025 蓝图》（以下简称“《2025 蓝图》”），对今后构建经济互联性强、具有竞争力和创新力、高度一体化的东盟做出了规划。《2025 蓝图》提出未来 AEC 建设将具有 5 大特点：①经济高度一体化。东盟将推动货物、服务、投资、资本和技术工人在东盟范围内自由流动，促进建成东盟贸易和生产网络，同时为企业和消费者打造更加统一的市场。②具有竞争力、创新力并充满活力。东盟将制

[1] ASEAN Secretariat, UNCTAD. ASEAN investment report 2019[R]. Jakarta: The ASEAN Secretariat, 2019.

定竞争政策引导企业行为，鼓励创新和加强知识产权保护，深入参与全球价值链，在区域层面加强监督管理。③加强互联互通和行业合作。在东盟互联互通总体规划（MPAC）基础上，进一步加强区域内软、硬件网络建设，增强东盟整体竞争力。④有韧性、包容性并以人为本。东盟将帮助中小企业及私营经济发挥更大作用，充分利用公私合营模式（PPP），缩小发展差距。⑤深入参与全球化。东盟将通过推进双边自贸区、RCEP 等谈判，以补充域内经济合作内容，并借此进一步融入全球经济。2021 年东盟秘书处发布的《〈东盟经济共同体蓝图 2025〉中期评估报告》显示，东盟经济共同体自 2015 年正式建成以来，建设成效显著。2015—2019 年，东盟国家每年吸收外资由 1187 亿美元涨至 1589 亿美元；服务业产值已占地区生产总值的一半以上（54%），对吸引外资贡献率接近 50%；在东盟国家设立企业的平均时间由 2017 年的 24.5 天缩减至 14.5 天[1]。

东盟经济共同体旨在建成一个有竞争力、发展平衡并与国际接轨的单一市场和生产基地，进一步融入全球价值链和供应体系。这一过程如发展顺利，将为进一步推动中国企业对东盟的国际直接投资提供一系列契机。主要表现在以下几个方面：①有利于中国对东盟的直接投资。自中国—东盟自贸区建立以来，双边货物贸易快速增长，服务贸易相对滞后，双向投资呈非对称格局。AEC 的建设有利于进一步削减东盟内部非关税壁垒，便利货物、服务、投资、资本和技术工人在东盟范围内自由流动，中资企业可利用到东盟国家投资设厂的方式享受共同体内部的优惠投资、税收等政策。②有利于产能与装备制造合作的开展，推动双方产业升级。目前，大多数东盟国家尚未完成工业化进程，同时面临能源资源和环境约束、技术创新能力薄弱等挑战，制造业改造升级的任务十分艰巨。东盟经济共同体建设刚刚起步，各国急于抓住机遇，因此与外界开展产能合作的愿望较为迫切。中资企业可抓住良好机遇，对接当地需求，延伸产业链条，实现优势互补、合作共赢，共同深入参与全球价值链。③有利

[1] 中国驻东盟使团.2015—2025，东盟经济共同体交出了一份怎样的成绩单？[N/OL].（2021-05-11）.

于“一带一路”倡议对接。以基础设施建设为重要内容的互联互通建设是制约东盟一体化发展的重要瓶颈，也是东盟经济共同体未来重点建设的领域。东盟将进一步明确本地区重点基础设施建设项目，与中资企业开展经贸合作的领域将不断扩大，未来将有更多中资企业参与到东盟的基础设施建设、铁路、港口、油气管道、能源等大型项目中。

三、RCEP提升了中国企业投资东盟的信心

世界银行《世界经济展望》数据显示，2020 年 RCEP 生产总值和贸易额约占全球的 32.2% 和 29.1%。RCEP 是一个旨在通过削减关税及非关税壁垒建立统一市场的高水平自由贸易协定，其内容涵盖了投资、贸易等多个领域，RCEP 的签署有助于提高成员国之间的政策透明度，营造良好的制度环境，极大地促进各成员国之间的直接投资。例如，由于原产地规则的相关规定，在《中国—东盟全面经济合作框架协议》下，东盟国家无法利用中国的中间品进行加工，再利用《日本与东盟自贸协定》向日本出口。而 RCEP 的原产地累积原则允许将产品生产中所使用的 RCEP 其他成员国原产材料视为该产品生产国的原产材料，进而使上述贸易变成可能，即创造了特定的贸易活动。因此，该协定有助于中国优化对外贸易和投资布局，不断与国际高标准贸易投资规则接轨，构建更高水平的开放型经济新体制。在中国和东盟，中小企业占比均超过 90%，RCEP 将有利于减少非关税壁垒，为中小企业参与地区和全球价值链提供更多机会。同时，RCEP 将推进投资便利化，确保市场准入的平等性，这将为双边投资合作带来更多机遇[1]。RCEP 推动投资便利化，主要表现在以下几个方面：第一，所有成员国采用负面清单模式对一些非服务行业投资作出高水平开放承诺，扩大区域内外商投资市场准入范围。同时，这也将在更大程度上提高共建“一带一路”的潜力，为推动区域经济良好发展提供助力。第二，RCEP 鼓励多个成员国之间的联合投资活动，促进商业配对活动，组织和支持

---

[1] 刘旭．中国东盟携手打造互利共赢典范 [N]. 国际商报，2021-10-15.

关于国际投资政策法规的会议，以促进区域内的跨境投资。第三，强调投资便利化，包括简化投资申请及批准程序、促进投资信息的传播、向投资者提供咨询服务等，为投资者提供便利的投资环境。第四，扩大对国际投资的保护。协定的投资章节以较为宽泛的概念定义了“投资”，在更大范围内强调了对待内外资的非歧视原则以及对外资的公平有效待遇和保护。此外，规定了“场所选择—磋商自愿调节—请求设立专家组—第三方参与解决”的争端解决流程，各方应在不损害各自立场的前提下，积极讨论并协调解决投资争端和投诉[1]。

随着中国与东盟的双边贸易投资日益紧密，越来越多中国企业首选东盟作为海外拓展的目的地。中国与东盟的产业链、供应链、价值链日益融合，东盟消费市场前景广阔，东盟也是人民币国际化进展较为迅速的地区之一，这些都为中国企业在东盟的直接投资提供了良好的发展环境，特别在绿色经济、价值链升级和数字化领域。2021 年 5 月 27 日，渣打银行发布的《商业无国界：中国—东盟贸易走廊》报告显示，中国企业期待在《区域全面经济伙伴关系协定》（RCEP）生效后加速投资东盟：有近九成的受访企业（88%）计划在 RCEP 生效后的 3 ~ 5 年内对东盟增加投资超过 25%，42% 的企业增加投资的比例超过 50%，显示中国企业对于 RCEP 生效后的东盟机遇充满信心[2]。

四、“一带一路”和“双循环”发展战略推动了中国企业对东盟的投资

“一带一路”是“丝绸之路经济带”和“21 世纪海上丝绸之路”的简称，是由中国国家主席习近平 2013 年分别在哈萨克斯坦和印度尼西亚出访时提出的国际合作倡议。自“一带一路”倡议提出以来，中国一直是东盟最大的贸易伙伴，东盟凭借其优越的地理位置、相对安全稳定的政治经济环境、丰富的自然资源、低廉的劳动力成本、较为开放的市场条件和颇具潜力的市场容量，成为“一带一路”倡议合作的重点和优先地区。东盟在中国的对外投资格局中扮演着重要的角色，中国对东盟的直接投资规模不断扩大，特别是在新冠肺炎疫情暴发之后的 2020

[1] 余淼杰，蒋海威 .RCEP 助力中国构建双循环新发展格局 [J]. 江海学刊，2021（3）：9.

[2] 文枫 .RCEP 生效后中企将加速投资东盟 [J]. 中国对外贸易，2021（6）：33.

年，中国在东盟国家的投资额仍逆势增长。据中国商务部统计，截至 2019 年年底，中国在东盟国家的境外投资企业共 3499 家，累计投资总额 1123 亿美元，中国是东盟第三大外资来源地，是老挝、柬埔寨、缅甸的第一大外资来源地。中国对东盟投资额连续五年超过东盟对华投资，东盟连续成为中国重要对外投资目的地之一。中国对外直接投资流量前 20 位的目的国（地区）中，东盟占 6 个，分别为新加坡、印度尼西亚、马来西亚、老挝、越南和柬埔寨，除柬埔寨以外，均超过 10 亿美元。随着“一带一路”倡议的稳步推进，未来将有更多中资企业参与到东盟的基础设施建设、铁路、港口、油气管道、能源等大型项目中❶。

以国内大循环为主体的双循环新发展格局的目的不是闭关锁国，而是要畅通国内国际市场，促使中国积极参与到经济全球化以及全球价值链分工体系中去，通过加强在全球价值链中的中心节点位置，推动中国产业链从中低端走向高端，掌握更多的主动权，甚至成为“链主”。东盟不仅是“一带一路”倡议的重点区域，也是中国产业合作的重要伙伴，李克强总理在第 21 次中国东盟领导人会议上指出，双方应就增强和完善区域供应链、价值链作出共同努力，同时重点推动双方在电力、汽车、通信、交通、装备制造等领域的产能合作❷。

第二节　中国企业对东盟的直接投资现状

中国企业对东盟的直接投资始于 20 世纪 80 年代，迄今为止，大约经历了探索（20 世纪 80 年代—1991 年）、起步（1992—2003 年）、发展（2004—2014 年）和快速发展（2015 年至今）四个阶段。目前，中国在发达国家的投资准入环境严重恶化。在向发达国家直接投资遇到阻碍的关键时期，面向“一带一路”沿线新兴国家、发展中国家直接投资的重要性就凸显出来。东盟被中国视为

❶ 东盟投资指南（2020 年版）. 中华人民共和国商务部网站 .

❷ 李克强在第二十一次中国东盟领导人会议上的讲话 [N/OL].（2018-11-14）.

“一带一路”国际合作的优先方向。2017 年中国对东盟直接投资流量为 141.2 亿美元，占我国对外直接投资的比例达 8.9%。截至 2019 年年底，中国在东盟国家累计投资总额 1123 亿美元。中国是东盟第三大投资来源地，东盟是中国第二大直接投资目的地[1]。从 2019 年中国投资东盟的流量行业构成情况看，投资的第一行业是制造业 56.7 亿美元，同比增长 26.1%，占 43.5%，主要流向印度尼西亚、泰国、越南、马来西亚和新加坡；第二是批发和零售业 22.7 亿美元，同比下降 34.7%，占 17.4%，主要流向新加坡；租赁和商务服务业位列第三，投资额 11.9 亿美元，同比下降 20.8%，占 9.1%，主要流向新加坡、老挝、印度尼西亚。从 2019 年中国对东盟投资存量的行业构成看，投向制造业 266.0 亿美元，占 24.2%，是中国对东盟投资存量最大的行业，主要分布在印度尼西亚、越南、马来西亚、泰国、新加坡、柬埔寨、老挝等；租赁和商务服务业 188.5 亿美元，占 17.2%，主要分布在新加坡、印度尼西亚、老挝等；批发和零售业 178.1 亿美元，占 16.2%，主要分布在新加坡、马来西亚、泰国、印度尼西亚等[2]。

一、中国企业对新加坡的直接投资

自 2013 年“一带一路”倡议提出后，中国企业对新加坡的投资热情日益高涨，新加坡已成为中国对外直接投资存量第二大国。新加坡在中国对东盟的投资中发挥区域门户和贸易基地的关键作用，特别是在高附加值行业，如先进制造业、科技行业和制药业 / 生物科技等领域。越来越多的中国企业在新加坡设立海外业务的区域或全球总部。自 2010 年起，中国对新加坡的直接投资每年平均增长约 10%[3]。据商务部统计，截至 2019 年年底，有 7500 多家中资企业

---

[1] 对外投资合作国别（地区）指南—东盟（2020 年版）. 中华人民共和国商务部网站 .

[2] 中华人民共和国商务部 . 中国对外投资合作发展报告（2020）[R]. 中华人民共和国商务部网站 .

[3] TMF Group，新加坡经济发展局（EDB）. 中国跨境投资：取道新加坡，开拓东盟市场发展机遇 [R].2019.

对新加坡进行投资，累计直接投资达 526.37 亿美元，涉及所有主要行业，从累计投资金额来看，主要集中于金融保险业和贸易业。其中，中国投资占新加坡吸收外资比重相对较大的行业包括建筑业、贸易业和房地产业。投资以并购为主，绿地投资较少。主要投资项目包括：中银集团收购新加坡飞机租赁公司；华能国际收购新加坡大士能源、开发登布苏多联产项目和海水淡化厂项目；中石油投资修建油库、收购新加坡石油公司；海航集团收购集装箱租赁公司、飞机租赁公司、迅通集团；中国建研院收购新加坡 CPG 集团；中国 Nesta 财团收购普洛斯等[1]。新加坡政府承诺投资 5 亿新元在如人工智能（AI）、超级计算机和机器人等数码科技领域，吸引了包括阿里巴巴、百度、腾讯和滴滴出行在内的多家中国科技巨头。

在基础设施投资方面，中国在新加坡承包工程企业约 30 家，在房建和地铁建设领域具备相对优势，技术水平、施工质量和安全管理获新方充分认可。2013 年以来，中国企业中标新地铁项目标段位居各国之首，2017 年新加坡最大的房地产开发商和组屋建筑承包商均为中资企业。目前中国企业投标、履约及收款情况良好，在建项目进展顺利，正在密切关注樟宜机场扩建、大士港口建设、南北高速通道、地铁环岛线、大型综合度假设施等重大项目的发标动向[2]。为更好地为“一带一路”相关项目提供金融服务，中国商业银行和证券公司纷纷在新加坡设立分支机构。

新加坡国际企业发展局（IE Singapore）对中国企业的投资和“一带一路”倡议在新加坡的成功实施功不可没。2016 年，新加坡国际企业发展局与中国最大的三家银行（中国工商银行、中国建设银行和中国银行）分别签署了备忘录，至此，基础设施融资到位，为企业在新加坡投资“一带一路”工程开辟了通道。这项举措为新加坡企业提供了投资“一带一路”项目的渠道，同时为其提供了与中国企业在基础设施、物流以及其他项目等方面的合作机会。新加坡国际企

[1] 对外投资合作国别（地区）指南—新加坡（2020 年版）. 中华人民共和国商务部网站.

[2] 对外投资合作国别（地区）指南—新加坡（2020 年版）. 中华人民共和国商务部网站.

业发展局还积极举办圆桌会议，促进中国和新加坡企业关于“一带一路”项目的对话和合作。这些项目正是目前和未来新加坡可能参与合作的领域，包括基础设施、交通运输、物流、信息传播和技术、项目融资等。此外，新加坡联合早报（新加坡的中文报社）和新加坡工商联合总会（代表新加坡商业利益的商业机构）专门为“一带一路”倡议建立了一个门户网站。该网站是东盟第一个全面关注“一带一路”倡议的综合性网站，从东盟的视角解读“一带一路”，并且促进中国、新加坡和东盟之间开展与“一带一路”相关的商业活动。

二、中国企业对马来西亚的直接投资

2010 年马来西亚推行经济转型计划，陆续出台了一系列吸引外资的政策与措施，马来西亚已经成为中国海外投资的首选地之一。据测算，2011—2015 年间，中马 FDI 合作指数达到 25.43，居东盟地区首位，发展前景良好。随着“一带一路”的推进，中、马双方在制造业、房地产业、基建和金融业等领域合作日益紧密，中国对马来西亚的投资显著增加[1]。据中国商务部统计，2019 年中国对马来西亚直接投资流量 11.1 亿美元，截至 2019 年年底，中国对马来西亚直接投资存量 79.2 亿美元，中国连续五年成为马来西亚制造业最大外资来源地。中国在马来西亚投资的重点项目和企业主要有马中关丹产业园、关丹港项目、联合钢铁厂、中国银行马来西亚分行、中国工商银行马来西亚分行、中国建设银行马来西亚分行、华为技术有限公司、中兴通讯马来西亚有限公司、山东岱银纺织马来西亚有限公司、山东恒源收购壳牌炼油厂项目、中车轨道交通装备东盟制造中心项目、广垦橡胶种植培育项目、厦门大学马来西亚分校等；大型承包工程在建项目主要有东海岸铁路、吉隆坡捷运地铁 2 号线、巴勒水电站、马来西亚炼化一体化（RAPID）等，相关工程进展顺利[2]。

中国对马来西亚制造业投资的地理分布相对集中，约 76% 的中国对马来西亚制造业的投资流入彭亨州、登嘉楼州、柔佛州、砂拉越州和雪兰莪州。中

❶ 李好，黄潇玉．对马来西亚投资：中国的机遇与风险 [J]. 对外经贸实务，2018（1）：4.

❷ 对外投资合作国别（地区）指南—马来西亚（2020 年版）. 中华人民共和国商务部网站.

马两国合作开发的马中关丹产业园就位于彭亨州关丹市格宾（GEBENG）工业区内，面积约 6.07 平方公里，距离关丹港仅 5 公里，关丹市区 25 公里，关丹机场 40 公里，距离吉隆坡 250 公里，地理位置优越，交通便利。关丹港距离钦州港 1104 海里，航行仅需 3 ~ 4 天，到中国其他港口也只需 4 ~ 8 天时间。园区重点发展塑料及金属行业设备、汽车零部件、纤维水泥板、不锈钢产品、食品加工、碳纤维、电子电器、信息通信、消费类商品以及可再生能源十大重点产业。目前已入住园区的中资企业有联合钢铁（大马）有限公司、三一重工、天津致远、晶澳太阳能公司、中科恒源科技公司、桂林国际电缆集团和仲礼集团等。

三、中国企业对泰国的直接投资

自 2013 年中国首次提出“一带一路”倡议以来，泰国政府积极响应。泰国为了向“一带一路”倡议靠拢，提出建设泰国东部经济走廊（EEC）“泰国 4.0”战略，中国对泰国的直接投资净额逐年增加。截至 2019 年年末，中国对泰国直接投资存量 71.9 亿美元。泰国投资促进委员会（BOI）的 2020 年年度报告中显示，目前在泰投资企业中，中国已超过日本和新加坡成为第一投资来源国。中国投资者在泰国直接投资项目主要涉及制造业、金融服务业和电子商务行业三大行业领域。据驻泰中资企业商会统计，截至 2020 年年底，中国制造业在泰企业已有 89 家，其主要投资领域为五金器具制造业、车辆武器船舶制造业、金属制造、食品药品制造业、化工化纤产品制造业、橡胶制造业、家电电子产品制造业和其他制造业等[1]。基础设施投资方面，中国企业在泰国的重要业务领域为通信工程、电力工程和城市轨道交通建设方面，包括华为、中兴、中国建筑 、中国电建、中国铁建、中国中铁和中国港湾等多家企业在泰国承包工程市场占有一席之地。据泰国中华日报报道，泰国投资促进委员会（BOI）将全力以赴迎接来自中国的投资，为此出台了诸多的优惠政策，以吸引高新产业进驻

[1] 陈世杰.“一带一路”背景下中国制造业在泰国面临的机遇与挑战 [J]. 中阿科技论坛（中英文），2021（7）：3.

EEC。EEC 未来专注的招商项目领域主要是以下七大类：新能源汽车（NEV），包括了 EV 电池及零配件；物联网 LOT；数字及人工智能（AI）领域；自动化和机器人系统；生物科技特别是医疗和基因图谱等；特殊石化产品运用研发；吸引中国企业在泰国建立国际总部。[1]

据统计，截至目前泰国共在 17 个府建立了各类工业园 57 个，目前，有 2 家中资企业与泰国当地企业合作分别参与了两个工业园的开发（均采用“园中园”形式）。泰中罗勇工业园位于泰国安美德城市工业园内，主要吸引了汽配、机械、家电等百余家中国企业入园设厂，园区已发展成为中企在东盟最大的产业集聚平台和出口基地。泰中罗勇工业园积极引导在泰国具无限商机的汽配行业，以橡胶轮胎，铝、铁轮毂为主的产品已初步形成产业链，据统计，园区目前与汽配业产业链相关的零配件企业达20余家，占据园区企业五分之一以上。泰国湖南工业园位于泰国甲民武里工业园内，目前刚开发不久，已有企业入驻。整个园区分五大区进行规划和布局：纺织服装工业园区、家电电子工业园区、轻工机械制造园区、建材冶金工业园区和生活配套设施区。另有大量中资企业入驻泰国不同的工业园。

四、中国企业对印度尼西亚的直接投资

中国在印度尼西亚对外经贸关系中占有比较重要的地位，印度尼西亚是“21 世纪海上丝绸之路”首倡之国，近年来双边投资贸易合作呈快速上升的趋势。2013 年中国在印度尼西亚外资来源地中位列第 12，2019 年中国首次成为印度尼西亚第二大外资来源国。据中国商务部统计，2019 年，中国对印度尼西亚直接投资流量 22.2 亿美元，截至 2019 年年末，中国对印度尼西亚直接投资存量 151.3 亿美元。2020 年中国对印度尼西亚直接投资逆势上扬至 48.4 亿美元，到印度尼西亚寻求投资合作的中国企业不断增多，涉及领域日益广泛，大型投资项目不断涌现，中国对印度尼西亚投资主要领域包括基础设施、矿冶、农

[1] BOI 主动迎接后疫时代中国投资，重点专注高新科技产业 . 泰国中华日报 .（2021-4-19）.

业、电力、地产、家电与电子和数字经济等。在基础设施方面，中国企业在印度尼西亚主要投资和承包的项目有：风港电站、达延桥、泗水－马都拉大桥、佳蒂格德大坝等工程项目，爪哇7号、南苏1号等一大批电站建设项目，以及青山镍铁工业园、西电变电器生产项目等[1]。目前中国企业对印度尼西亚数字经济的投资主要集中在在线零售和互联网金融领域。2018年印度尼西亚电商领域的6家头部电商中，前3家Tokopedia、Bukalapak和Lazada得到了阿里的投资，Shopee得到了腾讯的投资，而JD.ID则由京东成立[2]。

印度尼西亚正在加速苏门答腊和爪哇两大经济走廊的建设，包括横贯苏门答腊岛的高速公路，以及港口、机场和铁道线等基础设施。目前在苏门答腊和爪哇两大经济走廊探讨投资契机的中国企业主要有：熔盛重工集团（化工业）、吉峰农机集团（农机）、葛洲坝集团（水利、建材）、上海建工集团（建筑业）、宁夏恒顺冶炼公司（镍矿、铁矿、煤炭）、重庆博赛矿业集团（矿业）、天津聚龙集团（棕榈油）、黄埔建筑公司（建筑业）、中国东方电气集团（电机、水利）等[3]。

综合产业园是中国企业实现产能合作，进行海外拓展的升级版。近年来，印度尼西亚也成为中国企业投资建设产业园区的密集地。中国企业在印度尼西亚建立了3个国家级境外经贸合作区，另有10余个在建或已建成的合作园区。其中，广西农垦工业园、青山镍矿和不锈钢工业园区、上海通用五菱工业园区和天津聚龙棕榈油农业园区等推动了印度尼西亚轻纺、家电、钢铁、建材、化工、汽车、机械和矿产品等重点产业发展和升级，提高了产业集中度，加快了印度尼西亚工业化进程。由中资投资的青山工业园区是印度尼西亚政府优先发展的14个工业园之一，成为印度尼西亚乃至全球最大的不锈钢生产基地和镍

---

[1] 对外投资合作国别（地区）指南—印度尼西亚（2020年版）. 中华人民共和国商务部网站.

[2] 林梅，周漱瑜. 印度尼西亚数字经济发展及中国与印度尼西亚的数字经济投资合作 [J]. 亚太经济，2020（3）：13.

[3] 大批中企近期前来投资：瞄准苏岛和爪哇两大经济走廊建设 [N].（印度尼西亚）《国际日报》，2016-11-20.

铁加工基地❶。

五、中国企业对越南的直接投资

近年来，中越经贸关系发展迅速，中国已连续16年成为越南第一大贸易伙伴。共有2300多家中国企业到越南进行投资，截至2019年年底，我国在越南累计投资项目2807个，协议投资162.6亿美元，是越南第七大外资来源地。目前，中国对越南投资主要集中于加工制造业、房地产和电力生产行业。较大的投资项目包括：铃中出口加工区、龙江工业园、深圳—海防经贸合作区、赛轮（越南）有限公司、百隆东方、天虹集团、申州国际、河内新希望集团有限公司、永兴一期火电厂、越南光伏等。加工制造业占中国对越南直接投资的70%，主要在纺织服装、摩托车、机械制造和汽车配件等领域。越南是中国在东盟重要工程承包市场，目前，中方承建的部分大型项目陆续建成投产。截至2019年年底，中资企业在越南累计签订承包工程合同额577.3亿美元，完成营业额408.6亿美元。累计承包工程合同额在东盟各国排第三位，累计营业额排第四位❷。

中国企业在越南的投资主要分布在越南的北部和南部地区，如海防市、河内市以及胡志明市、南部省区等地区，聚焦于三个合作平台：①光伏产业，由中国光伏企业集聚形成产业群，是中国最大的海外光伏产品生产基地；②电力装备制造，集中了一批大功率发电装备，是中国在东南亚最大的电力装备展示中心；③工业园区综合服务，越南境内均分布有中国企业工业园区，并成为中国企业对越投资的主要承接服务平台❸。目前，中资企业在越南共投资建设5个工业园区，即铃中出口加工区、龙江工业园、深圳—海防经贸合作区、仁会工业区B区和海河工业区，都取得不同进展。其中，铃中出口加工区已实施三期

---

❶ 吴崇伯，张媛．"一带一路"对接"全球海洋支点"——新时代中国与印度尼西亚合作进展及前景透视[J]．厦门大学学报（哲学社会科学版），2019（5）：11.

❷ 对外投资合作国别（地区）指南—越南（2020年版）．中华人民共和国商务部网站．

❸ 陈文，麦艺帆．中国企业在越南投资的政治风险与防范[J]．南亚东南亚研究，2021（4）：16.

项目，效果较好，成为越南工业区建设典范。龙江工业园成为中国国家级境外经贸合作区，有利于推动中国企业"集群式"走出去，扩大对越南投资合作规模。海河工业区位于越中边境，核心行业为纺织，园区建设起点高、规模大。

六、中国企业对菲律宾的直接投资

1975年6月9日，中菲两国在建立正式外交关系之际，签署了第一个政府间贸易协议，之后又签署了双边投资保护协议和避免双重征税协议。2005年4月两国政府签署了《促进贸易和投资合作的谅解备忘录》。2006年6月签署了《关于扩大和深化双边经济贸易合作的框架协议》。2017年3月双方签署《中菲经贸合作六年发展规划》。据中国商务部统计，2017年当年中国对菲律宾直接投资流量为1.09亿美元，截至2019年年末，中国对菲律宾直接投资存量为6.64亿美元。中国在菲律宾投资主要涉及矿业、制造业和电力等领域。按照菲律宾的法律，外资的建设承包商只能做外资项目，对承包菲律宾本国的工程项目有诸多限制。在菲律宾承包项目的中国企业有90多家，其中大多是大中型企业的分支机构。主要有中国中铁、中国铁建、中国路桥、中国港湾、中电建、中能建、中建、中技、中国地质工程等经营工程承包的大型企业，也有华为、中兴等电信设备供货商，国航、南航、厦航、东航、中国远洋等经营海空运输、船舶代理的企业以及中国国家电网公司等。

七、中国企业对柬埔寨的直接投资

中柬两国自1958年7月建交以来，双边经贸关系持续发展，尤其是1993年柬埔寨王国政府成立后，两国经贸合作关系得到全面恢复和发展。1996年7月，两国政府签署了《贸易协定》和《投资保护协定》。截至2019年年末，中国对柬直接投资存量64.64亿美元。投资产业主要分布在水电站、电网、通信、服务业、纺织业、农业、烟草、医药、能源矿产、产业园区等。主要中资企业有：中国华电集团公司、中国重型机械总公司、中国水电建设集团、中国大唐公司、广东外建、上海建工、云南建投、江苏红豆集团、柬埔寨光纤通信网络有限公司、优联发展集团有限公司、中国免税品集团有限公司、申洲有限公司等。其中，江苏红豆集团牵头在柬埔寨投资的“西哈努克港经济特区”是中国商务部首批境外经贸合作区之一。一期规划面积 5.28 平方公里，预计投资 3.2 亿美元。截至目前，已有约 160 家企业入驻。中国企业以 BOT 方式在柬投资建设的电站项目主要包括基里隆 I 号水电站项目、贡布省甘再水电站项目、基里隆 3 号水电站、国公省达岱水电站、斯登沃代水电站、额勒赛水电站、上丁省桑河二级水电站及西港燃煤电厂等。

中国企业在柬实施的承包工程涉及柬埔寨社会各领域，对柬埔寨经济建设和发展起了积极的推动和促进作用。截至 2017 年年底，累计合同金额达 110.8 亿美元。据中国商务部统计，2019 年中国企业在柬埔寨新签承包工程合同 246 份，新签合同额 55.76 亿美元。

八、中国企业对缅甸的直接投资

2017 年年末，中国对缅甸直接投资存量 55.25 亿美元。目前中资企业在缅甸投资主要注册独资或合资公司，投资领域主要集中在油气资源勘探开发、油气管道、电力能源开发、矿业资源开发及纺织制衣等加工制造业等领域，到缅甸考察加工制造业并投资建厂的中资企业逐渐增多。投资项目主要采用 BOT、PPP 或产品分成合同（PSC）的方式运营。

在缅甸进行投资合作的中资企业主要有：中石油东南亚管道公司（中缅油气管道项目）、中石化（缅甸油气区块勘探项目）、中国电力投资公司（伊江上游水电开发项目）、大唐（云南）水电联合开发有限公司（太平江一期、育瓦迪水电开发项目）、云南联合电力（瑞丽江一级水电开发项目）、汉能集团（滚弄电站项目）、长江三峡集团（孟东水电项目）、中国水电建设集团（哈吉水电站项目、勐瓦水电站承包工程项目）、中色镍业（达贡山镍矿项目）、北方工业（蒙育瓦铜矿项目）、中国机械进出口总公司（缅甸车头车厢厂承包工程项目）、中工国际（孟邦轮胎厂改造项目、浮法玻璃项目、桥梁项目、承包工程项目）、葛洲坝集团（其培电站、板其公路承包工程项目）、云南能投联合外经（仰光达吉达 106MW 天然气联合循环电站）、中国港湾（木姐—提坚—曼德勒高速公路、内比都—皎漂高速公路）、中交建（仰光新城开发）、泰豪国际（皎色 135MW 燃气电站）、云南建投（仰光新会展中心）等。

九、中国企业对老挝的直接投资

近年来，中资企业对老挝投资热情不断升温。中国在老挝的重要投资项目涉及经济合作区、铁路、电网、水电站、房地产和通信卫星等多个领域。根据老挝计划与投资部的年度报告，2016 年中国超越了越南，成为在老挝最大的外国直接投资来源国，中国在老挝的投资额从 2015 年的 8890 万美元飙升至 10 亿美元以上。截至 2017 年年底，中国投资者在老挝投资了约 771 个项目，投资总额为 74.3 亿美元，主要投资领域有：矿产项目 102 个，投资额 27.7 亿美元；电力项目 11 个，投资额 10.8 亿美元；农业项目 188 个，投资额 6.1 亿美元；工业和手工业项目 193 个，投资额约 5 亿美元。其中 557 个项目为 100% 中国独资，214 个项目为中老合资。据中国商务部统计，2017 年，我国对老挝直接投资流量达 12.20 亿美元，截至 2017 年年末，中国对老挝直接投资存量 66.55 亿美元。2017 年中国企业在老挝新签承包工程合同 159 份，新签合同额 52.11 亿美元，新签大型工程承包项目包括中国重型机械有限公司承建老挝南俄 4（Nam Ngum4）水电站；中铁国际集团有限公司承建中老铁路；中国电建集团承建南马江梯级水电站工程 EPC 合同等。

2012 年 7 月，中老两国政府签署《关于万象赛色塔综合开发区的协定》，总协议投资 3.6 亿美元，开发区将重点发展农副产品加工、林木加工、机械制造、能源、物流、家电生产、纺织服装以及旅游休闲等产业。截至目前，已有 36 家企业入驻园区，主要涉及清洁能源、农畜产品加工、电力产品制造、饲料加工、烟草加工、建材科技、物流仓储等。其中，中国农业龙头企业新希望集团入驻园区，设立了新希望老挝有限公司。赛色塔综合开发区是中老两国政府共同确定的国家级合作项目，是中国在老挝唯一的国家级境外经贸合作区，列入中国“一带一路”建设中的早期收获项目。2015 年 8 月，中老双方签署《中老磨憨—磨丁经济合作区建设共同总体方案》。2016 年 4 月，该合作区正式获得国务院批复同意设立，成为中国西南方向建设的第一个跨境经济合作区。2017 年 3 月，在老挝总理通伦访华期间，中老双方在北京签订了《中老磨憨—磨丁经济合作区总体规划》。

十、中国企业对文莱的直接投资

据中国商务部统计，2017 年当年中国对文莱直接投资流量 7136 万美元。截至 2017 年年末，中国对文莱直接投资存量 2.21 亿美元。2017 年中国企业在文莱新签承包工程合同 52 份，新签合同额 14.11 亿美元。新签大型工程承包项目包括中国化学工程第三建设有限公司承建恒逸文莱石油化工项目芳烃联合标段；南京南化建设有限公司承建 PMB 石油化工项目西部罐区和东部罐区施工总承包项目；中化二建集团有限公司承建恒逸文莱 PMB 石油化工项目加氢联合标段及焦化联合标段等。近年来，中国对文莱直接投资不断增加，主要有浙江恒逸集团、广西北部湾港务集团、中海油田服务股份有限公司、北京同仁堂、葫芦岛七星集团、广西海世通、北京芝视界科技有限公司等。

综上，中国企业对东盟直接投资在空间和行业的分布不均衡，但都呈现出相对集中的特征，中国企业对东盟的直接投资已形成了一定的产业集群效应，比如：围绕柳州五菱、上汽通用五菱、东风小康三个主要汽车品牌，中资企业在印度尼西亚集聚了 40 余家汽车零配件企业，能够生产除发动机、汽车电子零部件以外全部零配件，在芝加郎附近集聚，形成了规模庞大且完善的汽车产业集群，其中也有耐施特、曼胡默尔等国际企业共同参与。泰国汽车产业集中在曼谷周边，包括大城、佛统、春武里、罗勇、北柳、呵叻与巴真府七府，中国生产的零配件极具价格优势，泰国从中国进口汽车零配件的比重正在逐年增加，中国为其第二大进口来源，泰国则是中国汽车零配件出口的第 9 大目的地。位于印度尼西亚中苏拉威西省的中国印度尼西亚综合产业园区青山园区则布局着镍矿的采掘、出口及镍铁冶炼产业。

第三节　中国企业对东盟直接投资效率及影响因素

中国对东盟投资额连续六年超过东盟对华投资，东盟连续成为中国重要对外投资目的地之一。2020 年，东盟国家的整体外来投资下降，但中国对东盟全行业直接投资仍然增长了52.1%，其中前三大投资目的国为新加坡、印度尼西亚、越南，印度尼西亚、泰国、菲律宾为中国在东盟前三大工程承包市场。中国对东盟直接投资存在投资区域和投资产业分布不均的现象。国内许多学者对中国对外直接投资的影响因素进行研究，主要是从自然资源、市场潜力、劳动力成本、政治风险、文化认同、地理距离、技术差异、制度品质、营商环境等方面展开。近年来，引力模型和随机前沿引力模型也被广泛应用到对外投资领域的实证研究。目前对东盟直接投资的实证研究较少，下面将通过建立随机前沿引力模型，对2011—2019年中国对东盟直接投资效率进行测算，分析中国对东盟各国直接投资的发展潜力，以及经济发展、自然资源、双边贸易、基础设施、产业结构、政府治理、营商环境等影响因素对投资效率的影响程度。

一、模型建立及样本、数据说明

（一）模型建立

在 Battese and Coelli（1995）提出的面板数据模型基础上，根据中国和东盟的实际情况，选取相关解释变量，建立如下计量模型为中国对东盟的直接投资进行回归和技术效率分析。

1. 随机前沿面表达式

$$\ln OFDI_{jt}=\beta_0+\beta_1\ln GDP_{jt}+\beta_2\ln PGDP_{jt}+\beta_3\ln BTV_{jt}+\beta_4\ln INF_{jt}+\beta_5\ln RES_{jt}+\beta_6\ln SVA_{jt}+v_{jt}-u_{jt} \quad (1)$$

2. 技术非效率效应表达式

$$U_{jt}=\alpha_0+\alpha_1\ln COR_{jt}+\alpha_2\ln GOV_{jt}+\alpha_3\ln POL_{jt}+\alpha_4\ln REG_{jt}+\alpha_5\ln LAW_{jt}+\alpha_6\ln VOL_{jt}+\alpha_7\ln SAB_{jt}+\varepsilon_{jt} \quad (2)$$

3. 技术效率表达式

$$TE_{jt}=OFDI_{jt}/OFDI_{jt}^*=\exp(-u_{jt}) \quad (3)$$

（二）指标说明及数据来源

式（1）为随机前沿面表达式，其中，β_0是技术无效率因素的常数项，β_i

（$1 \leqslant i \leqslant 6$）为相关解释变量的系数。由于年度直接投资流量数据容易受到各种短期因素和单笔投资的影响，呈现出较强的无规则波动性，有些年份甚至可能出现负值，因此，本文选取中国对东盟分国别的直接投资存量数据作为测度指标，以保证结论的稳健。公式中 j 为东盟国家，$OFDI_{jt}$ 为中国在 t 时期对 j 国的直接投资存量，$GDP\ jt$ 为 t 时期 j 国的 GDP，$PGDP_{jt}$ 为 t 时期 j 国的人均 GDP，BTV_{jt} 为 t 时期中国与 j 国的双边贸易总额，INF_{jt} 为 t 时期 j 国的物流绩效指数，反映了 j 国的基础设施状况，RES_{jt} 为 t 时期 j 国的自然资源租金占 GDP 比重，反映了 j 国资源依赖程度，SVA_{jt} 为 t 时期 j 国的服务业附加值占 GDP 的比重，反映 j 国的产业结构。v_{jt} 为随机扰动项，u_{jt} 为非负随机扰动项，衡量技术非效率。$PGDP_{jt}$ 数据来源于东盟统计年鉴，BTV_{jt} 数据来源于商务部，其余数据均来源于世界银行数据库。

式（2）为技术非效率效应表达式，其中，α_0 是技术无效率因素的常数项，α_i（$1 \leqslant i \leqslant 7$）为相关解释变量的系数。在解释变量中，数据都来源于世界银行数据库，前六个指标是全球治理指标，该系列指标衡量东道国治理状况并且反映政府治理质量对本国经济发展和社会福利水平的影响，治理指标得分越高，代表治理水平的干扰力度越低，政府有关政策对经济发展越有利。COR_{jt} 表示 t 时期 j 国的抑制腐败力度，衡量东道国的廉洁水平，影响东道国寻租空间大小和管理效率；GOV_{jt} 表示 t 时期 j 国的政府效率，衡量东道国政府部门处理各个环节事务的效率，影响投资成本和便利性；POL_{jt} 表示 t 时期 j 国的政治稳定性，衡量东道国经济发展的客观环境，影响投资政策与产权保护的稳定性；REG_{jt} 表示 t 时期 j 国的监管质量，衡量东道国的市场良性运转和公平竞争的水平；LAW_{jt} 表示 t 时期 j 国的法律制度，衡量东道国经济运行的制度保障，影响投资成本与收益的确定性；VOL_{jt} 表示 t 时期 j 国的公民话语权与政府问责制，衡量东道国的民主水平，影响投资涉及的监督反馈机制。第七个指标是营商环境指标，主要衡量我国企业对东道国进行实体投资时整个存续过程中所涉及的各种程序和制度，得分越高，营商环境便利性越高。由于数据获取不够完整，因此本文就选取了其中一个数据较为完整且较能反映营商环境的指标

SAB_{jt}，SAB_{jt} 表示 t 时期 j 国的开办企业便利度，衡量开办企业的手续、时间、门槛和成本。

式（3）为 t 时期中国对 j 国直接投资的技术效率表达式。$0 < TE \leqslant 1$，当 $TE=1$ 时，说明投资达到生产前沿面，效率达到最大化，当 $0 < TE < 1$ 时，说明存在技术非效率，投资存在一定潜力提升空间。

二、实证结果及分析

（一）模型估计结果

根据以上研究方法和整理而得的面板数据，本文采用 stata 软件，对 2011—2019 年中国对东盟国家直接投资效率和影响因素进行回归分析，结果如表 7-1 所示。

表 7-1　模型估计结果

变量	待估参数	系数	标准差	t- 统计值
常数项	β_0	−7.71622***	1.975934	−3.91
$\ln GDP_{jt}$	β_1	0.173393	0.1149129	1.51
$\ln PGDP_{jt}$	β_2	1.216762***	0.1247219	9.76
$\ln BTV_{jt}$	β_3	0.2342607***	0.0791242	2.96
$\ln INF_{jt}$	β_4	1.383325***	0.4936017	2.80
$\ln RES_{jt}$	β_5	−0.1454541***	0.0382697	−3.80
$\ln SVA_{jt}$	β_6	1.165944**	0.5677167	2.05
常数项	α_0	−7.955367***	2.693866	−2.95
$\ln COR_{jt}$	α_1	2.60823***	0.7183551	3.63
$\ln GOV_{jt}$	α_2	6.482012***	1.26033	5.14
$\ln POL_{jt}$	α_3	−1.15888***	0.2184852	−5.30
$\ln REG_{jt}$	α_4	0.2231943	0.2765103	0.81
$\ln LAW_{jt}$	α_5	−0.6474281	0.942119	−0.69
$\ln VOL_{jt}$	α_6	−0.6175191**	0.2720183	−2.27

续表

变量	待估参数	系数	标准差	t− 统计值
$\ln SAB_{jt}$	α_7	−4.211785 ***	0.8004277	−5.26
γ				66.9555392
似然比检验值 = 129.2653618				

注：***、**、* 分别代表在 1%、5%、10% 的显著性水平上通过检验。

表 7–1 中，似然比检验值为 129.2653618，通过了 1 % 的显著性检验，γ 的 t 统计值为 66.9555392，通过 1% 的显著性检验，说明用此计量模型适用于此分析，投资效率不足主要来自技术非效率项 u_{jt} 的影响。

（二）结果分析

1. 随机前沿因素分析

根据表 7–1 中对 β 的估计，随机前沿面表达式如（4）所示：

$$\ln OFDI_{jt}=-7.71622+0.173393\ln GDP_{jt}+1.216762\ln PGDP_{jt}+0.2342607\ln BTV_{jt}+1.383325\ln INF_{jt}-0.1454541\ln RES_{jt}+1.165944\ln SVA_{jt}+v_{jt}-u_{jt} \quad (4)$$

β_1 估计值为 0.173393，t 统计值为 1.51，东盟国家的 GDP 与直接投资正相关，但不是很显著，说明东盟国家的市场规模和容量对直接投资的增长有一定的促进作用；β_2 估计值为 1.216762，t 统计值为 9.76，东盟国家的人均 GDP 与直接投资显著正相关，说明东盟国家的经济发展水平能显著促进直接投资的增长；β_3 估计值为 0.2342607，t 统计值为 2.96，中国东盟双边贸易总额与直接投资显著正相关，说明双边贸易总额的增长能促进中国对东盟的直接投资；β_4 估计值为 1.383325，t 统计值为 2.80，东盟国家的物流绩效指数与直接投资显著正相关，说明东盟国家的基础设施的改善能显著吸引中国对东盟的直接投资；β_5 估计值为 −0.145454，t 统计值为 −3.80，自然资源租金占 GDP 的比重与直接投资显著负相关；β_6 估计值为 1.165944，t 统计值为 2.05，服务业附加值占 GDP 的比重与直接投资正相关，而且比较显著。综合 β_5 和 β_6 两个数据，可以看出中国对东盟的直接投资更倾向于制造业和服务业。

2. 技术非效率因素分析

根据表 7–1 对 α 的估计，技术非效率表达式如（5）所示：

$$Ujt=-7.955367+2.60823\ln COR_{jt}+6.482012\ln GOV_{jt}-1.15888\ln POL_{jt}+0.2231943\ln REG_{jt}-0.6474281\ln LAW_{jt}-0.6175191\ln VOL_{jt}-4.211785\ln SAB_{jt}+\varepsilon_{jt} \quad (5)$$

α_1 估计值为 2.60823，t 统计值为 3.63，说明抑制腐败与中国对东盟的直接投资效率显著正相关；α_2 估计值为 6.482012，t 统计值为 5.14，说明政府效率与直接投资效率也显著正相关；α_3 估计值为 –1.15888，t 统计值为 –5.30，说明东盟国家的政治稳定性与直接投资效率显著负相关；α_4 估计值为 0.2231943，t 统计值为 0.81，监管质量与直接投资效率正相关，但不显著；α_5 估计值为 –0.647428，t 统计值为 –0.69，法律制度与直接投资效率负相关，但不显著；α_6 估计值为 –0.6175191，t 统计值为 –2.27，公民话语权和政府问责制与直接投资效率显著负相关；α_7 估计值为 –4.211785，t 统计值为 –5.26，开办企业便利度与直接投资效率负相关，而且非常显著。

3. 直接投资效率分析

根据公式（3），可以计算出中国对东盟各国 2011—2019 年的直接投资效率值，如表 7–2 所示。从表 7–2 可以看出，中国对东盟各国的直接投资效率值差异较大，说明中国对东盟的投资存在不均衡的现象，其中柬埔寨、缅甸和老挝的 TE 大于 0.5，接近 1，其他国家的都远低于 0.5，说明中国对东盟的直接投资总体潜力还是比较大的。

表 7–2　中国对东盟各国投资效率值

国家	2011 年	2012 年	2013 年	2014 年	2015 年	2016 年	2017 年	2018 年	2019 年
印度尼西亚	0.0388	0.0616	0.0835	0.1170	0.1396	0.1429	0.1339	0.1551	0.1542
文莱	0.0005	0.0005	0.0005	0.0005	0.0006	0.0022	0.0024	0.0022	0.0048
新加坡	0.0008	0.0008	0.0009	0.0013	0.0019	0.0019	0.0024	0.0022	0.0022

续表

国家	2011 年	2012 年	2013 年	2014 年	2015 年	2016 年	2017 年	2018 年	2019 年
柬埔寨	0.9531	0.9457	0.9406	0.9214	0.9046	0.9420	0.9515	0.9082	0.8674
泰国	0.0103	0.0150	0.0146	0.0177	0.0191	0.0231	0.0231	0.0219	0.0229
缅甸	0.9593	0.9512	0.9510	0.8665	0.9287	0.9409	0.9646	0.9202	0.8966
老挝	0.9379	0.8139	0.8033	0.8685	0.9016	0.9400	0.9194	0.9234	0.8964
菲律宾	0.0129	0.0122	0.0122	0.0129	0.0108	0.0103	0.0116	0.0109	0.0075
越南	0.1322	0.1294	0.1255	0.1267	0.1293	0.1766	0.1475	0.1358	0.1457
马来西亚	0.0033	0.0039	0.0057	0.0057	0.0083	0.0137	0.0177	0.0263	0.0226

三、主要结论

上面基于 2011—2019 年中国对东盟 10 个国家的面板数据，建立计量模型，实证测算了 2011—2019 年中国对东盟国家直接投资效率，并重点分析了影响投资效率的具体因素，主要结论如下。

第一，中国对东盟国家的直接投资与东盟国家的人均 GDP、双边贸易总额、基础设施状况显著正相关，与产业结构、GDP 正相关，与自然资源租金占 GDP 的比重显著负相关。扩大双边贸易、改善基础设施状况有利于中国对东盟的直接投资。中国对东盟的直接投资主要集中在制造业和服务业。

第二，中国对东盟国家的直接投资效率与抵制腐败、政府效率显著正相关，与政治稳定性、公民话语权和政府问责制、开办企业便利度显著负相关。抵制腐败和提高政府的工作效率有利于提高中国对东盟的直接投资效率，开办企业便利度、公民话语权和政府问责制不利于中国对东盟直接投资效率的提高。

第三，中国对东盟各国的直接投资效率值差异较大，中国对东盟的直接投资效率存在不均衡的现象。中国对东盟的直接投资总体潜力还是比较大的，其中柬埔寨、缅甸和老挝的投资潜力较小，其他国家的投资潜力巨大。

第四节　中国企业对东盟直接投资的具体策略建议

基于上面三节的分析，新发展格局下中国企业对东盟直接投资拥有巨大的发展潜力，在区域价值链重构浪潮中应积极抓住发展机遇，中国政府应出台相应的政策和措施，加强与东盟的贸易往来，同时鼓励有条件的优势产业和企业抱团出海，对东盟国家进行合理的投资布局，特别是在数字经济、新能源、基础设施等方面抢先抓住机遇，具体有以下几点建议。

一、充分发掘中国—东盟双边贸易潜力和加强基础设施投资

中国对东盟国家的直接投资与双边贸易总额、基础设施状况显著正相关，扩大中国—东盟双边贸易、改善东盟国家基础设施状况有利于中国对东盟的直接投资。中国与东盟地理位置毗邻，历史文化交融，资源禀赋、产业结构各具特色，经济贸易结构互补性强，开展经贸合作有着得天独厚的优势。据海关统计，30 年间，中国—东盟双边贸易由 1991 年的 83.6 亿美元增长到 2020 年的 6852.8 亿美元，年均增长 16.5%，比同期中国外贸整体年均增速高出 3.4 个百分点。2020 年，东盟成为中国第一大贸易伙伴，中国连续 12 年保持东盟第一大贸易伙伴地位。东盟地区基础设施投资需求巨大，2015—2030 年估计每年将在 1100 亿—1840 亿美元，这主要包含运输、电力和电信领域[1]。随着共建“一带一路”不断走深走实，中老铁路、印度尼西亚雅万高铁、中新共建国际陆海贸易新通道、中印和中马“两国双园”等一批重大基础设施项目顺利实施，不仅有效提升了中国与东盟国家互联互通水平，也使得双方跨境物流更加顺畅[2]。因此，中国与东盟还应继续深化“一带一路”倡议同《东盟互联互通总体规划 2025》对接，推进高质量基础设施合作；推动中国—东盟自贸协定及其升级议定书红利持续释放，同时东增区、澜湄合作等次区域合作不断走深走实；与东

[1] 驻东盟使团经济商务处 .2020-2021 东盟投资报告（二）[R/OL].（2021-09-24）.

[2] 刘昕 . 中国—东盟双边贸易潜力待发掘 [N]. 国际商报，2021-09-17.

盟国家共同努力推动 RCEP 协定于 2022 年 1 月 1 日正式生效，推动建立全球最大自贸区[1]。加快培育跨境电商“生态圈”，打造中国—东盟贸易新引擎，积极探索“跨境电商 + 国际联运”新模式，多方位打造跨境电商物流通道建设，逐步形成面向东盟的跨境物流体系[2]，以充分发掘中国—东盟双边贸易潜力，促进中国对东盟的直接投资。

二、合理布局对东盟的地域和产业投资

东盟国家发展差异较大，各个国家的经济和产业的发展水平参差不齐，中国对东盟各国的直接投资的效率也各不相同。从前几章的内容可以看出，东盟许多国家产业集群的发展离不开欧美日等发达国家直接投资的身影，中国与东盟产业既竞争又互补，因此中国应结合自己的产业优势，统筹规划“内循环”与“外循环”，找准自己在区域价值链中的位置，对东盟国家进行合理的投资布局，以提高在区域价值链乃至全球价值链中的发言权和主动权。根据前面对各国投资潜力的分析，中国可以扩大对新加坡、马来西亚、泰国、印度尼西亚、越南等具有较大的直接投资潜力国家的优势产业的投资，而对柬埔寨、缅甸和老挝等目前投资效率较高国家主要是加大基础设施的投资，改善其投资环境，以充分挖掘其投资潜力。

对新加坡可考虑以知识密集型、技术导向型投资为主，比如地区总部和生物医药、光电、计算机通信设备等产业。对泰国、马来西亚则应以市场导向型为主，比如汽车和电子等产业，特别是日系汽车相对薄弱的多用途 SUV 车型市场和纯电动汽车市场。目前除了已经在泰国投资建厂的上汽正大名爵汽车（MG）和中国长城汽车（GW）外，长安汽车、吉利集团、江淮汽车和比亚迪等中资企业也积极准备在泰国投资电动汽车。对印度尼西亚可考虑资源和市场导向型并重，比如矿冶和卫厨等产业。矿业是外商投资印度尼西亚的传统热点

---

[1] 刘旭．中国东盟携手打造互利共赢典范 [N]. 国际商报，2021-10-15.

[2] 胡光磊．加快培育跨境电商“生态圈”，打造中国—东盟贸易新引擎 [N]. 南宁日报，2021-9-27.

行业，目前矿业已成为印度尼西亚第一大外商投资行业，约占利用外资总量的1/6。据中国商务部数据显示，中国是印度尼西亚最大的陶瓷玻璃进口国，占比60.1%。由于印度尼西亚本国陶瓷卫浴的产品质量、成本、汇率等方面原因，印度尼西亚本土企业不愿意进行大批量生产，这就给外资企业带来了较大的投资机会。越南在资源、劳动密集型产业方面具有优势和潜力，可以对其开展资源或产能转移型投资。据越南冶金工业协会统计显示，由于生产流程封闭，专业化的程度低，越南的国产金属及冶金材料设备只能满足市场需求的10%，未来几年里，越南金属及冶金工业市场发展前景相当可观，中国冶金设备、工业炉、钢铁、管材、板材、金属深加工设备等产品投资越南的前景广阔。对柬埔寨、老挝和缅甸，可以加大基础设施、油气资源开发和纺织制衣等加工制造业的投资。

三、抢占互联网和数字经济领域的投资高地

东盟数字经济市场发展潜力巨大。根据谷歌与淡马锡联合发布的东南亚数字经济研究报告，截至2019年，东南亚数字经济整体规模突破千亿美元，预计2025年将达3000亿美元规模，其中，以数字经济较之GDP占比而言，印度尼西亚与越南并驾领跑于整个东南亚地区，同时，泰国、菲律宾、印度尼西亚和马来西亚等4个东盟国家的移动互联网用户在线时长位居全球前十；2020年东南亚互联网交易总额超过1000亿美元，用户数量增加4000万，首次突破4亿。据亚洲开发银行估计，到2030年，东盟经济体每年需2100亿美元基础设施投资，以5G技术为代表的东盟通信市场已成为全球资本涌入的热点。联合国贸发会议发布的《东盟FDI及数字经济》报告显示，2019年，东盟通信市场规模达480亿美元。鉴于东盟的人口规模和经济总量，且目前通信基础设施建设相对较弱，其通信技术市场仍需较大规模投资，市场有很大发展空间。泰国、菲律宾、马来西亚、新加坡、印度尼西亚、越南等国均通过了在2019—2020年开展5G建设的方案。

《2020—2021年东盟投资报告：在工业4.0时代投资》显示，新冠疫情

加速了东盟地区的数字化。预计到 2025 年，数字基础设施（5G 网络、数据中心等）及工业化 4.0 技术将为东盟主要行业（农业、服务业和制造业）带来约 1400 亿 ~ 1500 亿美元额外收入，仅 5G 网络就将贡献 40% ~ 50%，其中制造业是主要获益部门。东盟国家对 5G 基础设施投资需求巨大，预计 2020—2025，平均资本支出约为每年 140 亿美元，华为、中兴等公司已经与东盟国家诸多移动运营商在 5G 领域开展合作。近年来，东盟地区的数据中心和云服务投资迅速增加，其中数据中心 40% 以上是外资或合资企业。2020 年，东盟数据中心数量超过 295 个，其中 70% 集中于新加坡、印度尼西亚和马来西亚。东盟数据中心市场预计未来几年将迎来大幅增长，从 2019 年约 19 亿美元增长到 2024 年 35 亿美元以上[1]。2018 年出台的《中国—东盟战略伙伴关系 2030 年远景》强调，要继续深化双方在智慧城市、数字经济、人工智能、“互联网 +”等新领域的合作[2]。中国和东盟国家抓住数字化转型机遇，已在数字基础设施、5G、人工智能、大数据等领域打造许多合作亮点。2020 年 9 月，华为在泰国投资设立 5G 创新中心，助力当地中小企业、初创企业、教育机构等提升数字技能，实现数字创新。2021 年 1 月，中国银联国际宣布与越南一家金融机构合作，将发行 60 万张银联虚拟卡，支持当地居民在线申卡、扫码支付。2021 年 4 月，腾讯云宣布在印度尼西亚的首个云计算数据中心全面投入运营，以满足当地相关行业不断增长的业务需求[3]。中国应继续积极利用电子商务、数字基础设施等方面的优势，加大对东盟数字经济领域的投资。

四、加大扶持东盟经贸合作园区建设的力度

产业园区是东盟国家吸引外资和推动产业集群发展的重要载体，拥有大量的优惠政策。中国在东盟设立的经贸合作区是中国企业对东盟直接投资的重要

---

❶ 驻东盟使团经济商务处 .2020-2021 东盟投资报告（五）.

❷ 邱琳 . 十八大以来中国外交对东南亚国际战略环境的主动塑造评析 [J]. 印度洋经济体研究，2019（3）：13.

❸ 刘慧 . 东盟加快发展数字经济 [N/OL]. 人民日报，2021-8-11.

平台，主要面向中国投资者，同时吸引来自其他国家和地区的世界知名企业入驻。截至2019年底，中国在东盟设立了25个境外经贸合作区，入驻企业超过600家，主要有印度尼西亚的中国·印度尼西亚经贸合作区、青山工业园区和聚龙农业产业合作区、泰国的湖南工业园和泰中罗勇工业园、马来西亚的马中关丹产业园、柬埔寨的西哈努克港经济特区、老挝的赛色塔综合开发区和中老磨憨—磨丁经济合作区、缅甸的皎漂经济特区以及越南5个工业园区（铃中出口加工区、龙江工业区、安阳工业区、仁会工业区B区和海河工业区）等。经贸合作区内聚集了众多来自中国、日本、韩国、法国、新西兰等国家的著名企业，产业聚集效应明显，有助于中国比较优势企业布局在区域乃至全球价值链中的位置，例如，广西农垦集团有限责任公司承建的中国·印度尼西亚经贸合作区，园区内的食品加工、机械制造、基建建材和物流仓储四大主要产业集群都有中国行业内的领军企业；由中国华立集团与泰国安美德集团在泰国合作开发的泰中罗勇工业园，园区的产业定位主要为汽配、机械、建材、家电和电子等有比较优势的中国产业；广西华锡集团通过推动东盟稀土资源勘查项目、东盟有色金属资源合作开发项目，进行全方位的资源保障和布局，同时建设自贸区稀土及有色金属保税仓，打造中国—东盟稀土和有色资源控制及流通的重要平台；致力于在东盟开拓再生资源产业园的汉和再生资源（控股）有限公司，已和泰国CMP绿色科技有限公司达成协议，将开展试探性园区经营合作[1]。

在东盟的中国境外经贸合作区大多数是由民营企业主导开发，以劳动密集型和资金密集型产业为主，个别园区以技术密集型的新能源、新材料为主。由于受到资金等因素的制约，基本采用以“开发一片、成熟一片”的思路进行“以园养园”式小规模化滚动开发[2]。因此，中国有关政府机关首先应对境外经贸合作区做好规划引导，其次应在企业用汇、资金融通、战略合作、集聚投资、人

---

❶ 于璐．深化产能合作共建“一带一路”[N]. 中国有色金属报，2021-9-18.

❷ 袁新国，袁锦富，王兴平．东南亚地区中国境外产业园区的主要特征及发展策略[J]. 规划师，2020，36（7）：9.

才培育等方面给主导企业更多的政策扶持，让中国的比较优势企业能带领国内的其他企业在东盟投资布局，以增强中国企业在全球和区域价值链中的竞争力。

本章小结

东盟是中国的友好睦邻、重要的经贸合作伙伴。长期以来，双方在贸易、投资等领域不断深度融合和拓展。随着中国与东盟区域经济合作进程的不断加深、东盟一体化建设的推进、区域全面经济伙伴关系协定（RCEP）的签署以及中国"一带一路"和"双循环"发展战略的实施，中国企业必然会扩大对东盟的直接投资。

东盟是中国"一带一路"国际合作的优先方向。目前，中国是东盟第三大投资来源地，东盟是中国第二大直接投资目的地。中国企业对东盟直接投资在空间和行业的分布不均衡，但都呈现出相对集中的特征，中国企业对东盟的直接投资已形成了一定的产业集群效应。

中国对东盟的直接投资潜力存在不均衡的现象，柬埔寨、缅甸和老挝的投资潜力较小，其他国家的投资潜力巨大。中国对东盟国家的直接投资与东盟国家的人均 GDP、双边贸易总额、基础设施状况、抵制腐败、政府效率显著正相关，与产业结构、GDP 正相关，与自然资源租金占 GDP 的比重、政治稳定性、公民话语权和政府问责制、开办企业便利度显著负相关。扩大双边贸易、改善基础设施状况有利于中国对东盟的直接投资。

新发展格局下中国企业对东盟直接投资拥有巨大的发展潜力，在区域价值链重构浪潮中应积极抓住发展机遇，中国政府应出台相应的政策和措施，加强与东盟的贸易往来，同时鼓励有条件的优势产业和企业抱团出海，对东盟国家进行合理的投资布局，特别是在数字经济、新能源、基础设施等方面抢先抓住机遇。

第八章

>>>>>>>>

结论与启示

第一节　结论

基于上文对跨国公司与东盟产业集群互动的成因、特征、机理以及经济效应的理论与实证分析，本书得出以下六点主要结论。

一、跨国公司的投资推动了东盟产业集群的发展

早期，跨国公司由于受东盟国家自然资源、劳动力成本和政府政策等因素的诱导而在东盟国家投资，早先是把一些组装与装配环节安排在东盟国家。而它在母国乃至全球的竞争对手，出于对先行进入者在东盟市场获取垄断优势的担心，为维持竞争优势，也进入初始跨国公司投资的同一区位进行投资，从而导致一系列的后续投资行为跟进。这种跨国公司之间的竞争效应，最终导致东盟国家某些以跨国公司为主导的产业集群的形成。随着东盟国家产业集群的逐渐形成，越来越多的跨国公司为了获得东盟产业集群网络独特的竞争优势，使之在全球的竞争中不落后，随后也纷纷加入东盟产业集群当中，从而进一步推动了东盟产业集群的成熟和发展，产业集群的配套能力得到增强，接着各跨国公司把更多的价值链环节（如生产、研发等）安排到东盟国家，吸引了更多的企业加入集群，产业集聚效应得到扩大和强化。另外，当跨国公司进入东盟某一区域成为初始跨国公司时，它的原有母国供应商，为了能够与投资东盟的跨国公司保持价值链关系，降低成本，往往跟随初始跨国公司进入东盟国家进行“群居生存”投资，从而在东盟特定区域形成了具有前后向价值链关系的外资企业集聚。另外，跨国公司在东盟产业关联计划以及降低成本的要求下，加大了在东盟本地的采购力度，促使东盟本土企业也纷纷加入到集群中来。因此，跨国公司的关联效应也推动了东盟产业集群的发展。

二、东盟产业集群的竞争优势吸引了跨国公司的更多投资

东盟产业集群具有空间集聚和专业化的双重特征，在东盟产业集群内，大量企业相互集中在一起，既展开激烈的市场竞争，又进行相互之间的协作。这种既有竞争又有协作的竞合机制为东盟产业集群创造了许多的竞争优势，如规模经济优势、劳动力市场共享优势等。同时，东盟产业集群内不仅聚集了同行业从事不同生产环节的企业，还集结了大量配套的专业化厂商、服务、研发机构和各类专门人才。集群内企业间联系紧密，产业关联程度较深，集群由于关联而产生了范围经济优势、社会资本优势、创新网络优势等竞争优势。东盟产业集群由于竞合与关联所产生的以上竞争优势，吸引了更多的跨国公司投资到集群中去，两者之间形成了互动关系。

三、五种外在因素影响了跨国公司与东盟产业集群的互动

竞争和关联是跨国公司与东盟产业集群互动的内在机理，而一些外在因素如世界生产体系的变迁、跨国公司所在产业的特性、东盟国家的政策条件、东盟国家的比较优势以及东盟区域一体化的进程等对两者互动发展的影响也不容忽视。全球性生产体系特征的三个变化，即跨国公司组织方式的变化、跨国公司生产布局的变化和跨国生产联系纽带的变化，为东盟国家的经济和产业发展创造了一定的机遇；并不是所有的产业的跨国公司投资都能产生良好的产业集聚效应，那些产业技术水平较高、国际化程度较高和产业价值链较长的行业，如电子、汽车、石化和生物制药等，产业集群效应越明显；东盟国家的积极税收政策、产业政策、外资政策和关联政策为跨国公司与东盟产业集群之间的互动创造了良好的外部环境；东盟国家区位优势结构、独特的地理位置，以及东盟区域一体化的进程，也促进了两者之间的互动。

四、跨国公司与东盟产业集群的互动对东盟经济产生积极影响

在东盟经济发展的一定时期内，特别是在资本短缺时期，两者互动弥补了东盟国内建设资金的不足，带动出口贸易的增长，从而推动了东盟经济和出口贸易的发展。两者互动推动了东盟国家产业结构从劳动密集型传统产业向技术

资本密集型的现代产业的调整，如电子业、石油化工和汽车已成为东盟一些国家的支柱产业；同时促进了东盟国家行业内产品附加值的提高。两者互动弥补了东盟国内资本、管理、技术方面的缺口，提高东盟国内中小企业参与国际化生产的程度。在与跨国公司的支持与合作中，东盟中小企业的实力得到增长，有些甚至成为民族支柱企业或跨国公司；两者互动使越来越多的跨国公司把全球价值链中的研发环节也转移到东盟国家，促进了东盟各国各种科技园区与科技研发中心的成立，从而一定程度上推动了东盟国家研发和创新体系的发展。

五、跨国公司与东盟产业集群的互动对东盟经济存在负面效应

由于跨国公司整体的战略毕竟是基于全球化的视角，因此我们在看到跨国公司与东盟国家电子产业集群互动发展过程中推动了东盟国家经济发展的同时，也应认识到其中可能也存在一些负面效应。首先，两者互动促使东盟国家经济增长波动增大，扩大了东盟国家经济的风险，这在亚洲金融危机和美国次贷危机中已得到了体现；其次，两者互动使东盟产业集群仍处于低端环节而且产业链不完整，东盟许多产业的关键零部件主要还是由外国公司而不是本国公司提供的，跨国公司占据着东盟产业集群的顶端，支配着产业集群的发展，东盟本地企业处于价值链的低端环节，只能赚取微薄的利润，而且长期处于依附地位使其丧失了创新的能力；再次，以跨国公司为主导的东盟产业集群使东盟本土企业面临越来越激烈的竞争，许多本土企业生存困难。最后，两者互动发展使东盟产业集群面临风险，一旦跨国公司的投资转移到其他地区，其所在的产业集群及地区经济将陷入困境。

六、中国企业对东盟的直接投资潜力巨大

东盟是中国“一带一路”国际合作的优先方向。目前，中国是东盟第三大投资来源地，东盟是中国第二大直接投资目的地。随着中国与东盟区域经济合作进程的不断加深、东盟一体化建设的推进、区域全面经济伙伴关系协定（RCEP）的签署以及中国“一带一路”和“双循环”发展战略的实施，中国企业必然会扩大对东盟的直接投资。因此，新发展格局下中国企业对东盟直接

投资拥有巨大的发展潜力，在区域价值链重构浪潮中应积极抓住发展机遇，中国政府应出台相应的政策和措施，加强与东盟的贸易往来，同时鼓励有条件的优势产业和企业抱团出海，对东盟国家进行合理的投资布局，特别是在数字经济、新能源、基础设施等方面抢先抓住机遇。

第二节　启示

东盟是我国非常重要的周边地区之一，中国与东盟大多数国家同属于新兴经济体国家。改革开放后，跨国公司对中国经济和产业发展的影响日益明显，由跨国公司参与的产业集群随处可见，跨国公司与中国产业集群之间存在良性的互动关系，但这种带有明显跨国公司战略意图的产业集群本身也存在许多问题。中国正处于产业升级的关键时期，如何通过“一带一路”和“双循环”发展战略的实施，抓住国际经济中产业转移的机遇，在当前重塑全球价值链以及区域价值链中占据有利位置，是我们必须积极思考的问题。从东盟国家跨国公司与产业集群之间互动的经验与教训中，我们可以得出以下四点重要启示。

一、制定和调整吸引跨国公司投资的产业集群化战略

第一，政府要采取优惠政策，有重点地吸引跨国公司的直接投资，吸引跨国公司在电子、石油化工、生命科学、工程、物流等行业的投资，鼓励对装备制造、新材料制造等高新技术产业的投资，鼓励跨国公司在中国设立研究开发中心和区域总部，限制对我国严重产能过剩的产业如钢铁、水泥、纺织等的投资。第二，政府应制定吸引跨国公司投资的集群化战略。在引资的过程中，高度重视利用外资的集群化，产业政策、区域发展规划的制定要突出空间集群的特征。政府在招商时可采用产业链招商方式，以某产业为依托，根据价值链链接关系的要求，将上下或横向关联企业一揽子引进。第三，各地方政府应根据本地的动态竞争优势，培育本地主导产业战略，加强相关基础设施的建设，构

建良好的区域文化和创新网络，拓宽融资渠道，以最大限度地增强本地产业集群对跨国公司的吸引力。第四，在促进产业集群发展方面，当地政府应更多地发挥服务职能，加快信息咨询服务建设，建立多层次信息平台，创办急需的劳动力教育培训机构，为集群的发展培养和输送高级生产要素。第五，政府应制定产业关联计划，加强跨国公司与本地企业之间的关联，重点扶持有发展优势和前景的本地企业，形成推动产业集群持续发展的本地“核心”企业，提高产业集群的根植性和竞争优势，避免由于跨国公司的战略变动而导致集群衰退的风险。

二、进一步加快产业集群的结构调整与技术升级

不管是东盟还是我国，开发区、科技园区、高新技术区等经济园区的建设对当地产业集群的形成与发展都功不可没。通常情况下，产业链招商与大项目招商都会依附在各种经济园区内。经济园区建设既体现了政府产业空间规划的意识，同时也有利于形成富有特色的集群。目前中国许多省的开发区已有意识地围绕逐步形成国家级高新技术开发区以参与国际竞争为目标的产业分工格局，省级高新园区完成以提升地方产业结构为目标的产业部署而展开。如果中国的开发区或高新技术园区在规划设计和整合时能围绕产业结构升级来进行，功能也朝着为产业链提供更高级的服务方向努力，招商引资时更注重外资的质量，同时加强开发区内企业与跨国公司基于产业链形成的专业化分工与协作，促进开发区内企业在资金、人才、信息、技术等方面的交流与合作，利用跨国公司的外溢效应更好地为集群内企业的发展服务，就能推动开发区内产业集群的升级。

三、加强国内各区域经济的合作，构建国内产业价值链

东盟区域经济一体化对跨国公司在该地区的投资起到了一定的作用，东盟各国的优势互补使跨国公司把更多的价值链环节布置在东盟地区，而且从新加坡的产业升级过程来看，新加坡正是利用了东盟区域一体化的优势，使自己成功地进行了产业转型，避免了成为“飞地经济”。我国由于地域宽广，各地区的资源和优势差异很大，东部粤港澳大湾区、长三角地区、京津冀地区拥有

资本、技术和高端人才等较高级生产要素条件，中西部长江中游地区、成渝地区、中原地区和关中平原地区拥有劳动力、资源等低级生产要素条件，快速增长的中国市场容量对跨国公司产生了很大的吸引力。但是目前中国国内这几大地区间的分工合作还处于早期发展阶段，因此如果国内东西部各区域能加强区域之间的合作，实现优势互补、互通有无，在国内构建起更为合理的地区间产业链布局，即东部沿海区域承担价值链的较高端环节，如成为总部中心、投融资中心、科技创新高地、数字经济和数字贸易重地以及高端制造业基地，中西部区域承接价值链中的较低端环节，东西部地区建立更好的产业关联，而不仅仅只依附跨国公司的全球价值链，这样既可避免国内各区域之间引资方面的恶性竞争，又能吸引跨国公司把更多的高端环节安排在中国的东部沿海地区，从而推动东部沿海地区的产业升级。这也是“以国内大循环为主体”的重点。另外，国内产业价值链的构建可以推动国内相关产业集群的发展，使国内相关产业集群对跨国公司的吸引力增强。因为跨国公司投资的区位选择并非是简单的产业集聚，而是更加注重产业之间的相关性，产业相关性程度直接影响跨国公司投资的根植性。

四、加大对东盟等“一带一路”国家的投资，构建以中国为主导的区域产业链

未来中国经济参与国际循环，以及实现国内国际双循环相互促进，绝不仅限于共建“一带一路”经济地理意义上的新循环，还应当立足于自主技术创新引领的以塑造新产业及其区域供应链为核心的国际循环。中国在以往参与的以美日欧主导的汽车、计算机设备以及手机为代表的三大产品和三大国际分工网络中处于中低端位置，为了从中低端国际分工地位向上攀升，应突破高端芯片、汽车发动机、人工智能、新能源等“卡脖子”技术，塑造中国企业主导的国际和区域产业链[1]。当前世界正进入智能化、大数据和万物互联的时代，许多国家出台“工业 4.0 计划”或提出“工业互联网”的概念，旨在利用信息技术

---

[1] 裴长洪，刘洪愧．构建新发展格局科学内涵研究 [J]. 中国工业经济，2021（6）：18.

促进本国的产业变革和产业升级，工业 4.0 代表了“互联网 + 制造业”的智能生产，将引领未来的国际产业链方向。中国和东盟国家也不例外，为了抓住数字化转型机遇，已在智慧城市、数字基础设施、5G、人工智能、大数据、互联网 + 等领域展开合作。在目前新的国际产业链还未重构之际，中国应首先采取措施促进国内产业价值链的智能化改造升级，在此基础上继续利用电子商务、数字基础设施等方面的优势，加大对东盟等“一带一路”国家数字经济领域的投资，积极构建以中国为主导的区域或国际产业链，以真正实际国内国际双循环相互促进的发展格局。

参考文献

[1] Rugman A M，Verbeke A. Multinational Enterprises and Clusters: An Organizing Framework[J]. Maragement International Review，2003.

[2] Anderson U, Forsgren M, Holm U. The Strategic Impact of External Network：Subsidiary Performance and Compentence Development In the Multinational Corporation[J]. Strategic Management Journal, 2002，23（11）.

[3] Antras, Pol, Helpman, Elhanan. Global Sourcing[J]. Political Economy，2004，112（3）：552–580.

[4] Ariffin N, Bell M. Firms, Politics and Politics Economy[M]//in Jomo K S. Industrial Technology Development in Malaysia, Routledge，1999：150–190.

[5] Arun Senkuttuvan. MNCs and ASEAN Development in the 1980s[J]. Institute of Southeast Asian Studies，1981.

[6] Bathelt H, Malmberg A, Maskell P.Clusters and Knowledge：local buzz, global pipelines and the process of knowledge creation.Progress in Human Geography[J]. 2004，28（1）: 31–56.

[7] Birkinshaw J. Regional Clusters and Mutinational Enterprises, Independence, Dependence, or Interdependence[J]. International Studies of Management and Organization，2000（30）：25–114 .

[8] Green C J, Brewer T L. Investment Issues in ASIA and The Pacific Rim[M]. Sydney: Oceana Publications Inc，1995.

[9] Chen H, Chen T J. Foreign Direct Investment as a Strategic Linkage[J]. Thunderbird International Business Review, 1998, 40（1）: 13–30.

[10] Chen T J, Chen H, Ku Y H. Foreign Direct Investment and Local Linkages[J]. Journal of International Business Studies, 2004（35）: 320–333.

[11] Crozet M, Mayer T, Mucchielli J L. How do Firms Agglomerate? A Study of FDI in France[J]. Regional Science and Urban Economics, 2004, 34: 27–54.

[12] Deichmann J, Karidis, Sayeks. Foreign direct investment in Turkey: regional determinants[J]. Applied Economics, 2003, 35: 1767–1778.

[13] Hew D, Loi W N. Entrepreneurship and SMEs in Southeast Asia[M]. Singapore: Institute of Southeast Asian Studies, 2004.

[14] Dunning J. Location and the Multinational Enterprise: A neglected factor?[J]. Journal of International Business Studies, 1998, 29（1）: 45–66.

[15] Ernst D. Global production networks and the changing geography of innovation systems. Implication for developing countries[J] . Economics of Innovation and New Technology , 2002 , 11（6）: 497–523.

[16] Feernstra R. Integration of Trade and Disintegration of Production in the Global Economy[J] . Journal of Economic Perspectives, 1998, 12（4）: 31–35.

[17] Fujita M, Krugman P, Venables J. The Spatial Economy: Cities, Regions and International Trade[M] . Cambrige, Mass: MIT Press, 1999.

[18] Fujita M, Thisse J F. Globalization and the Evolution of the Supply Chain: Who Gains and Who Loses?[J]. International Economic Review, 2006, 47（3）: 811–836.

[19] Gautam Ahuja. CollaborationNetworks, Structural Holes, and Innovation: a Longitudinal Study[J] . Administrative Science Quarterly, 2000, 45（3）: 425–455.

[20] Gereffi G, Kaplinsky R. The Value of Value Chains[J] . IDS Bulletin, 2001, 32（3）: 1–81 .

[21] Gefeffi G. Shifting governance structuresin global Commodity Chains, with Special Reference to the Internet[J].American Behavior Scientist，2001b，44（10）.

[22] Granovettor M. Economic Action and Social Structure : The Problem of Embeddedness[J]. American Journal Sociology, 1985，91：479–490.

[23] Grossman Gene, Helpman Elhanan. Integration vs. Outsourcing in Industry Equilibrium[J]. Quarterly Journal of Economic，2002，117（1）：85–120.

[24] Grossman Sanford, Hart Oliver. The Costs and Benefits of Ownership：A Theory of Vertical and Lateral Integration[J]. Political Economy，1986，94（4）：691–719.

[25] Gugler P, Brunner S. FDI Effects on National Competitiveness：A Cluster Approach[J]. International Advances in Economic Research 2007，13：268–284.

[26] Hans Jansson. Transnational Corporations in Southeast Asian[M]. Northampton: Edward Elgar Publishing Limited，1994.

[27] Head K, Ries J, Swenson D. Agglomeration Benefits and Location Choice：Evidence from Japanese Manufacturing Investments in the United States[J]. Journal of International Economics，1995（38）：223–247.

[28] Helpman E. Mutinational Corporations and Trade Structure[J]. Review of Economic Studies, 1985，52：443–457.

[29] Helpman E. A Simple Theory of International Trade with Multinational Corporations[J]. Journal of Political Economy，1984，92（3）：451–471.

[30] Humphrey J, Shmitz H. How Does Insertion in Global Value Chains Affect Upgrading in Industrial Clusters[J]. Regional Studies，2002（9）.

[31] Ikuo K, Toh M H. Production Networks and Industrial Clusters: Integrating Economies in Southeast Asia[M]. Singapore：Institute of Southeast Asian Studies，2008：158–189.

[32] Markusen J R, Venables A J. Foreign direct investment as a catalyst for industrial development[J]. European Economic Review，1999.

[33] Dunning J H. Trade, Location of Economic Activities, and the MNE：A Search for an Eclectic Approach[M]//Ohlin B. International Allocation of Economic Activity. New York: Holmes &Meier，1977.

[34] Dunning J H. Explaining the international direct investment position of countries: towards a dynamic or developmental approach[C]//John Black, John H. Dunning. International Capital Movements：Papers of the Fifth Annual Conference of the International Economics Study Group. New York: Macmillan，1982.

[35] John Humphrey, Olga Memedovic . The Global Automotive Industry Value Chain：What Prospects for Upgrading by Developing Countries ？ [R]. UNIDO Vienna，2003.

[36] Lindblad J T. Foreign Investment in Southeast Asian the Twentieth Century[M]. New York: Macmillan Press Ltd，1998.

[37] Julian Birkinshaw. characteristics of Foreign Subsidiaries in Industry clusters[J]. Journal of International Business Studies，2000（3）.

[38] Kaplinsky R. Globalisation and unequalisation ：What can be learned from value chain analysis? [J]. Journal of Development Studies ，2000 ，37(2)：117–146.

[39] Karaska G J . Manufacturing linkages in the Philadelphia economy：some evidence of external agglomeration forces[J]. Geographical Analysis ，1969 ，1(4)：54–369.

[40] Karel Jansen. External Finance in Thailand's Development—An Interpretation of Thailand' Growth Boom[M]. New York: Macmillan Press，1997.

[41] Kenney M, Florida R. Locating Global Advantage[M]. California ：Stanford University Press，2004.

[42] Kogut B. designing global strategies：comparative and competitive value Added chains [J].Sloan Management Review，1985，26（4）：15–28.

[43] Krugman J . Increasing returns and economic geography[J]. Political Economy，1991 ，99(3)：483–499.

[44] Kinoshita Y, Campos N. Why Does FDI Go Where it Goes？ New Evidence from the Transition Economies[C]. CEPR Discussion Paper，2003：39–84.

[45] Knikcerbocker. Oligopolisti Cultinational Enterprise [D]. Boston，Mass: Graduate School of Business Administration, Harvard University，1973.

[46] Lall. Multinationals and Structure in on Open Develop ing Economy：The Case of Malaysia [M] . Weltwirt Schaftliches Archir，1979，11151.

[47] Lecler Y. The Cluster Role in the Development of the Thai Car Industry[J]. International Journal of Urban and Regional Research，2002（4）.

[48] Linda Low. ASEAN Economic Co-operation and Challenges[M]. Singapore: Institute of Southeast Asian Studies，2004.

[49] Markusen A. Sticky places in slippery spacc: a typology of industrial districts[J]. Economic Geography，1996，72(3)：293–313.

[50] Mario Davide Parrilli. SME Cluster Development：a dynamic view of survival clusters in developing countries[M]. New York：Palgrave Macmillan，2007.

[51] Martin R ,Sunley P. Deconstructing Clusters：chaotic concept or policy panacea？ [J]. Economic Geography，2003(3)：5–36.

[52] Maskell P，Malmberg A. Localised learning and industrial competitiveness [J]. Cambridge Journal of Economics，1999，23(2)：167–185.

[53] Maxwell J. Fry. Foreign Direct Investment in Southeast Asia[M]. Institute of Southeast Asian Studies，1993.

[54] Morato, Eduardo，Fine Jewelry in Meycauayan, Bulacan, Volume IX, No.4 Makati City：Asian Institute of Management, Policy Center，2005.

[55] Nachum L, Keeble K. Foreign and Indigenous Firms in the Media Clusters of Central London [J] . ESRC Centre for Business Research, University of Cambridge Working Paper No.154，March 2000.

[56] Freeman N J, F L. Bartels. The Future Foreign Investment in Southeast Asia[M]. New York: Routledge Curzon, 2004：113–116.

[57] Paulo Guimaraes, Octavil Figueiredo, Douglas Woodward. Agglomeration and the Location of Foreign Direct Investment in Portugal[J] . Journal of Urban Economics, 2000, 47 : 115–135 .

[58] Petri P A. The East Asian Trading Bloc: An Analytical History[M]//Frankel J A, Kahler M. Regionalism and Rivalry: Japan and the United States in Pacific Asia. Chicago: University of Chicago Press, 1993: 21–52.

[59] Porter M E. The Competitive Advantage of Nations. New York: The Free Press, 1990.

[60] Porter M E. Clusters and New Economics of Competition[J]. Harvard Business Review, 1998.

[61] Porter M E. The Competitive Advantage of Nations[J]. New York: Free Press, 1998: 225.

[62] Porter M E. Locations, Clusters and Company Strategy[M]. Oxford: Oxford University Press, 2000.

[63] Rajah Rasiah. The Importance of Size in the Growth and Performance of the Electrial Industrial Machinery and Apparatus Industry in Malaysia. Malaysian Business in the New Era, Edward Elgar Publishing Limited, 2001.

[64] Rodriguez–Clare Andres. Mutinational, Linkages, and Economic Development[J]. American Economic Review. 1996 (86): 852–873.

[65] Steinle C, Schiele H. Which do industries cluster? A proposal on how to assess an industry's propensity to concentrate at a single region or nation[J]. Research Policy, 2002, 31: 849–858.

[66] Cohen S D. Multinational Corporations and Foreign Direct Investment—Avoiding Simplicity, Embracing Complexity[M]. Oxford: Oxford University Press, 2007.

[67] Storper M. The Regional World: Territorial Developmend in a Gobal Economic[M]. New York: The Guilford Press, 1997.

[68] Suresh Narayanan, Lai, Cheah. Technology Transfer in the Electronics and

Electrical Sector: A Study of the Klang Valley, 1997.

[69] Tambunan, Tulus. Development of Small & Medium Enterprise in Asean Country [M]. Readworthy Publications, New Deihi, 2009.

[70] Tetsushi Sonobe, Keijiro Otsuka. Cluster-based industrial development : an East Asian model[M]. New York : Palgrave Macmillan, 2006.

[71] Thee K W. The Role of Foreign Direct Investment in Indonesia's Industrial Technology Development[J] . International Journal of Technology Management, 2001, 10 (10): 1-16.

[72] Thompson ER. Clustering of foreign direct investment and enhanced technology transfer: Evidence from Hong Kong garment firms in China. World Development, 2002.

[73] Tina Soreide. FDI and industrialization: why technology transfer and new industrial structures may accelerate economic development[C]. Chr. Michelsen Institute working paper, 2001: 3.

[74] Tongzon J L. The Economies of Southeast Asia: Before and After the Crisis[M]. Second edition. Cheltenham: Edward Elgar Publishing Limited, 2002: 56-57.

[75] UNCTAD. World Investment Report 2006: FDI from Developing and Transition Economies - Implications for Development[R]. New York and Geneva, 2006: 301-315.

[76] UNCTAD. World Investment Report 2008: Transnational Corporations and the Infrastructure Challenge[R]. New York and Geneva, 2008.

[77] UNCTAD. World Investment Report 2019: Special Economic Zones[R]. New York and Geneva, 2019.

[78] UNDP. Technology Transfer to Malaysia: The Electronics and Electrical Goods Sector and the Supporting Industries in Penang. 1994.

[79] UNIDO. Industrial Development Report [R].2003.

[80] UNIDO.Industrial Development Report 2002/2003: Competing through Innovation

and Learning[R].United Nations Industrial Development Organization，2003.

[81] United Nations. Attracting Foreign Direct Investment in Pacific Island Countries: Lessons from East and South-East Asian Experience[R]. 1999.

[82] Venable A J. Equilibrium Locations of Vertically-linked Industries[J]. International Economic Review，1996（37）：341-359.

[83] Weber, A. Theory of the Location of Industries[M]. Chicago: The University of Chicago Press，1929.

[84] Wendy Dodson, Chia Siow Yue. Multinationals and East Asian Integration [M]. International Development Research Centre，1997.

[85] Wong K. Globalization of US, European and Japanese production network and the growth of Singapore’s electronics industry[J]. International Journal of Technology Management，2002，24（7/8）：857-859.

[86] World Bank. World Development Indication 2006[R]，2006.

[87] Yingqi Annie Wei, Balasubramanyam V N. Foreign Direct Investment—Six Country Case Studies[M]. Cheltenhan: Edward Elgar Publishing，2004：74-94.

[88] 马歇尔 . 经济学原理 [M]. 陈良璧，译 . 北京：商务印书馆，1964.

[89] 阿尔弗雷德·韦伯 . 工业区位论 [M]. 李刚剑，陈志人，张英保，译 . 北京：商务印书馆，1997.

[90] 任胜纲 . 跨国公司与产业集群的互动研究 [M]. 上海：复旦大学出版社，2007.

[91] 王益民 . 基于共同演化视角的跨国公司战略与产业集群互动研究 [M]. 北京：经济科学出版社，2007.

[92] 李恒，基于 FDI 的产业集群研究 [M]，北京：社会科学文献出版社，2008.

[93] 叶庆祥 . 跨国公司本地嵌入——理论、实证与政策选择 [M]. 杭州：浙江大学出版社，2008.

[94] 王缉慈，等 . 创新的空间：企业集群与区域发展 [M]. 北京：北京大学出版社，2001.

[95] 楚天骄 . 跨国公司在发展中国家 R&D 投资的区位模式研究 [M]. 上海：上海社会科学院出版社，2007.

[96] 蓝庆新 . 基于竞争优势的产业集群动态创新能力研究 [M]. 北京：北京对外经济贸易出版社，2009.

[97] 马建会 . 区域产业集群发展研究 [M]. 北京：中国财政经济出版社，2009.

[98] 马中东 . 分工视角下的产业集群形成与演化研究 [M]. 北京：人民出版社，2008.

[99] 商务部，国务院发展研究中心联合课题组 . 跨国产业转移与产业结构升级：基于全球产业价值链的分析 [M]. 北京：中国商务出版社，2007.

[100] 王传英 . 关联与集聚：影响东道国区域产业竞争力的关键因素 [M]. 北京：经济科学出版社，2008.

[101] 王会东 . 跨国公司商务网络：理论模型与应用分析 [M]. 北京：人民邮电出版社，2006.

[102] 张辉 . 全球价值链下的地方产业集群转型和升级 [M]. 北京：经济科学出版社，2006.

[103] 郑飞虎 . 全球生产链下的跨国公司研究：R&D 全球化与投资集群 [M]. 北京：人民出版社，2009.

[104] 祝影 . 全球研发网络：跨国公司研发全球化的空间结构研究 [M]. 北京：经济管理出版社，2007.

[105] UNCTAD. 1993 年世界投资报告：跨国公司与一体化国际生产（中译本）[R]. 北京：对外贸易教育出版社，1994.

[106] UNCTAD. 1997 年世界投资报告：跨国公司市场结构与竞争政策(中译本）[R]. 北京：对外经济贸易大学出版社，2001.

[107] UNCTAD. 1998 年世界投资报告：趋势和决定因素（中译本）[R]. 北京：中国财政经济出版社，2000.

[108] UNCTAD. 2001 年世界投资报告：促进关联（中译本）[R]. 北京：中国财政经济出版社，2002.

[109] UNCTAD. 2003 年世界投资报告：促进发展的外国直接投资政策(中译本) [R]. 北京：中国财政经济出版社，2005.

[110] UNCTAD. 2004 年世界投资报告：转向服务业（中译本）[R]. 北京：中国财政经济出版社，2006.

[111] UNCTAD. 2005 年世界投资报告：跨国公司和研发国际化（中译本）[R]. 北京：中国财政经济出版社，2006.

[112] UNCTAD. 2006 年世界投资报告：来自发展中经济体和转型经济体的外国直接投资（中译本）[R]. 北京：中国财政经济出版社，2007.

[113] UNCTAD. 世界投资报告 2013——全球价值链：促进发展的投资和贸易(中译本) [R]. 北京：中国财政经济出版社，2014.

[114] 中国出口信用保险公司 . 国别投资便利化状况报告（2018）[R].http：//fec.mofcom.gov.cn/article/tzhzcj/gbtz/201906/20190602875836.shtml，2019.

[115] 国际货币基金组织 . 世界经济展望（中译本）[M]. 北京：中国金融出版社 2003：101.

[116] 汪慕恒、周明伟 . 东盟国家外资投资发展趋势与外资投资政策演变 [M]. 厦门：厦门大学出版社，2002.

[117] 王勤 . 东盟国际竞争力 [M]. 北京：中国经济出版社，2007.

[118] 沈红芳 . 东亚经济发展模式比较研究 [M]. 厦门：厦门大学出版社，2002.

[119] 黄朝翰 . 东盟经济剖析：对印度尼西亚、马来西亚、菲律宾、新加坡和泰国的比较研究，暨南大学东南亚研究所 .

[120] 王士录 . 东盟科技发展与对外科技合作 [M]. 昆明：云南大学出版社，2006.

[121] 卢光盛 . 地区主义与东盟经济合作 [M]. 上海：上海辞书出版社，2008.

[122] 曾振木等著，戴至中译 . 心耘 [M]. 上海：上海教育出版社，2006.

[123] 余画洋，丘东晓 . 集群式增长和跨国公司的转包 [J]. 世界经济，2009(7).

[124] 陈景辉，邱国栋 . 跨国公司与东道国产业集群的“双向嵌入观”[J]. 经济管理，2008（11）.

[125] 孙雪莹 . 基于全球价值链角度的 FDI 与产业升级研究 [J]. 现代商贸工业，

2009（17）.

[126] 土步芳 . 世界各大主流经济学派产业集群理论综述 [J]. 外国经济与管理，2004（1）.

[127] 王缉慈，林涛 . 我国外向型制造业集群发展和研究的新视角 [J]. 北京大学学报（自然科学版）网络版（预印本），2007，2（2）.

[128] 王辑慈、朱凯 . 国外产业园区相关理论及其对中国的启示 [J]. 国际城市规划，2018（2）.

[129] 徐继业、花俊 . 空间经济学视角下的产业集聚与经济增长研究———对拥挤效应的探讨 [J]. 北方经济，2009（9）.

[130] 张廷海 . 跨国公司 FDI 的区位选择与空间集聚——基于东道国产业集群竞争的博弈分析 [J]. 财贸研究，2009（4）.

[131] 周建忠 . 东南亚石化工业现状及发展展望 [J]. 当代石油石化，2009，17（5）.

[132] 黄凯 . 布局新加坡—朗盛的迂回之谋 [J]. 中国外资，2008（4）.

[133] 汪慕恒 . 新加坡石化工业 [J]. 南洋问题研究，1994（3）.

[134] 魏剑锋 . 国外产业集群理论：基于经典和多视角研究的一个综述 [J]. 研究与发展管理，2010（3）.

[135] 杨建清 . 解读西方对外直接投资理论 [J]. 湖南商学院学报，2004（3）.

[136] 张彦 . 全球价值链调整下的东盟制造业发展 [J]. 东南亚研究，2020（2）.

[137] 王勤，林少霞 . 泰国汽车产业的国际竞争力 [J]. 南亚东南亚研究，2019（6）.

[138] 刘志彪 . 攀升全球价值链与培育世界级先进制造业集群 [J]. 南京社会科学工作者，2018（1）.

[139] 莎朗·塞 .RCEP 助推东盟投资增长 [J]. 中国东盟博览，2021（5）.

[140] 周国林，李耀尧，伏开放，等 . 外源型产业集聚与本土产业升级——基于中国开发区外商投资促进产业升级的分析 [J]. 广东商学院学报，2020（1）.

[141] 汪建成 . 产业集聚、FDI 溢出及其互动对企业创新升级的作用——基于中国汽车产业的实证研究 [J]. 中山大学学报（社会科学版），2017（1）.

[142] 周晨 .FDI 影响技术创新中间传导环节的实证分析——基于苏州地区

1995—2008 年的数据 [J]. 管理评论，2011（3）.

[143] 刘荷 . 跨国公司对我国物流产业集群的嵌入性分析 [J]. 福建行政学院学报，2017（4）.

[144] 曾慧萍 . 全球价值链视角下地方产业集群升级分析——以福建省为例 [J]. 南昌航空大学学报（社会科学版），2012（4）.

[145] 林奕杉 .RCEP 助力中马经贸合作投资领域持续拓宽 [J]. 中国对外贸易，2021（9）.

[146] 格伦·佩尼亚兰达 . 菲律宾投资指南 [J]. 王晓波，译 . 中国投资，2018（8）.

[147] 胡雪峰，王兴平，赵四东 . 越南工业区空间格局及产业发展特征 [J]. 热带地理，2019（11）.

[148] 赵永霞 . 世界纺织版图与产业发展新格局（五）——越南篇 [J]. 纺织导报，2020（2）.

[149] 李前 . 泰国值得投资的十大关键行业从传统制造到智能创新 [J]. 进出口经理人，2019（5）.

[150] 王勤，温师燕 . 东盟国家实施"工业 4.0"战略的动因和前景 [J]. 亚太经济，2020（2）.

[151] 饶兴鹤 . 东南亚石化业发展速度加快 [J]. 石油知识，2017（1）.

[152] 李骏卿，马尧，杜撰，等 . 中国纺织服装企业赴越投资现状及环境分析 [J]. 商场现代化，2018（2）.

[153] 刘小辰 . 浅析纺织服装企业"走出去"的对外投资状况 [J]. 现代丝绸科学与技术，2018（1）.

[154] 吴崇伯 . 东盟国家纺织服装业的最新发展与加强中国对东盟纺织业投资的对策研究 [J]. 创新，2013（4）.

[155] 吴崇伯，张媛 ."一带一路"对接"全球海洋支点"———新时代中国与印度尼西亚合作进展及前景透视 [J]. 厦门大学学报（哲学社会科学版），2019（5）.

[156] 余淼杰、蒋海威 .RCEP 助力中国构建双循环新发展格局 [J]. 江海学刊，

2021（3）.

[157] 文枫 .RCEP 生效后中企将加速投资东盟 [J]. 中国对外贸易，2021（6）.

[158] 李好，黄潇玉 . 对马来西亚投资：中国的机遇与风险 [J]. 对外经贸实务，2018（1）.

[159] 陈世杰 ."一带一路" 背景下中国制造业在泰国面临的机遇与挑战 [J]. 中阿科技论坛（中英文），2021（7）.

[160] 林梅，周濑瑜 . 印度尼西亚数字经济发展及中国与印度尼西亚的数字经济投资合作 [J]. 亚太经济，2020（3）.

[161] 陈文，麦艺帆 . 中国企业在越南投资的政治风险与防范 [J]. 南亚东南亚研究，2021（4）.

[162] 袁新国，袁锦富，王兴平 . 东南亚地区中国境外产业园区的主要特征及发展策略 [J]. 规划师，2020（7）.

[163] 邱琳 . 十八大以来中国外交对东南亚国际战略环境的主动塑造评析 [J]. 印度洋经济体研究，2019（3）.

[164] 裴长洪，刘洪愧.构建新发展格局科学内涵研究[J].中国工业经济,2021(6).

[165] 陈静 . 跨国公司和全球价值链关系研究 [D]. 北京：对外经济贸易大学，2015.

[166] 黄韬 . 新加坡生物医药科学产业发展研究（2000—2015 年）[D]. 厦门：厦门大学，2017.

[167] 商务部国际贸易经济合作研究院、中国驻东盟使团经济商务处、商务部对外投资和经济合作司 . 对外投资合作国别（地区）指南—东盟（2020 年版）.

[168] 商务部国际贸易经济合作研究院、中国驻新加坡大使馆经济商务处、商务部对外投资和经济合作司 . 对外投资合作国别（地区）指南—新加坡（2020 年版）.

[169] 商务部国际贸易经济合作研究院、中国驻马来西亚大使馆经济商务处、商务部对外投资和经济合作司 . 对外投资合作国别（地区）指南—马来西亚

（2020 年版）.

[170] 商务部国际贸易经济合作研究院、中国驻泰国大使馆经济商务处、商务部对外投资和经济合作司 . 对外投资合作国别（地区）指南—泰国（2020 年版）.

[171] 商务部国际贸易经济合作研究院、中国驻菲律宾大使馆经济商务处、商务部对外投资和经济合作司 . 对外投资合作国别（地区）指南—菲律宾（2020 年版）.

[172] 商务部国际贸易经济合作研究院、中国驻印度尼西亚大使馆经济商务处、商务部对外投资和经济合作司 . 对外投资合作国别（地区）指南—度尼西亚（2020 年版）.

[173] 商务部国际贸易经济合作研究院、中国驻越南大使馆经济商务处、商务部对外投资和经济合作司 . 对外投资合作国别（地区）指南—越南（2020 年版）.

[174] 商务部国际贸易经济合作研究院、中国驻柬埔寨大使馆经济商务处、商务部对外投资和经济合作司 . 对外投资合作国别（地区）指南—柬埔寨（2020 年版）.

[175] 商务部国际贸易经济合作研究院、中国驻缅甸大使馆经济商务处、商务部对外投资和经济合作司 . 对外投资合作国别（地区）指南—缅甸（2020 年版）.

[176] 商务部国际贸易经济合作研究院、中国驻老挝大使馆经济商务处、商务部对外投资和经济合作司 . 对外投资合作国别（地区）指南—老挝（2020 年版）.

[177] 商务部国际贸易经济合作研究院、中国驻老挝大使馆经济商务处、商务部对外投资和经济合作司 . 对外投资合作国别（地区）指南—文莱（2020 年版）.

[178] 驻东盟使团经济商务处 .2020–2021 东盟投资报告（一）.

[179] 中华人民共和国商务部 . 中外对外投资合作发展报告（2020）.

[180] 中企对印度尼西亚投资已形成集群效应 . 中国贸易新闻网 .

[181] 中国驻东盟使团 .2015—2025，东盟经济共同体交出了一份怎样的成绩单？ [R/OL].（2021–05–11）.

[182] 南博网 . 越南 2015 年至 2020 年纺织工业发展规划 [N/OL].(2012–02–28).

[183] 驻越南经商参处 . 越南工业到 2025 年发展战略及到 2035 发展展望 .[R/OL].（2014–08–29）.

[184] 美国退出 TPP 后对全球纺织供应链有何影响？ [N/OL]. 中国纺织报，2017–04–08.

[185] BOI 主动迎接后疫时代中国投资，重点专注高新科技产业 [N/OL]. 泰国中华日报，2021–04–19.

[186] 大批中企近期前来投资：瞄准苏岛和爪哇两大经济走廊建设 [N].（印度尼西亚）国际日报，2016–11–20.

[187] 陈本宗 . 越南纺织服装业吸引外国投资者 [N]. 越通社，2018–06–20.

[188] 刘昕 . 中国—东盟双边贸易潜力待发掘 [N]. 国际商报，2021–09–17.

[189] 刘旭 . 中国东盟携手打造互利共赢典范 [N]. 国际商报，2021–10–15.

[190] 胡光磊 . 加快培育跨境电商“生态圈”，打造中国—东盟贸易新引擎 [N]. 南宁日报，2021–09–27.

[191] 于璐 . 深化产能合作共建“一带一路”[N]. 中国有色金属报，2021–09–18.